Multiplikatoren gegen Rechtsextremismus

Elke Moning
Jendrik Petersen
Bernd Rückwardt
(Hrsg.)

Multiplikatoren gegen Rechtsextremismus

PETER LANG
Frankfurt am Main · Berlin · Bern · Bruxelles · New York · Oxford · Wien

Bibliografische Information der Deutschen Nationalbibliothek
Die Deutsche Nationalbibliothek verzeichnet diese Publikation
in der Deutschen Nationalbibliografie; detaillierte bibliografische
Daten sind im Internet über <http://www.d-nb.de> abrufbar.

Gedruckt auf alterungsbeständigem,
säurefreiem Papier.

ISBN 978-3-631-59219-9
© Peter Lang GmbH
Internationaler Verlag der Wissenschaften
Frankfurt am Main 2009
Alle Rechte vorbehalten.

**Das Werk einschließlich aller seiner Teile ist urheberrechtlich
geschützt.** Jede Verwertung außerhalb der engen Grenzen des
Urheberrechtsgesetzes ist ohne Zustimmung des Verlages
unzulässig und strafbar. Das gilt insbesondere für
Vervielfältigungen, Übersetzungen, Mikroverfilmungen und die
Einspeicherung und Verarbeitung in elektronischen Systemen.

Printed in Germany 1 2 3 4 5 7

www.peterlang.de

Inhaltsverzeichnis

Vorworte 7

Einleitung und Überblick 13

Wissenschaftliche Erklärungsansätze zum Phänomen Rechtsextremismus und neuer Impulse hinsichtlich gesellschaftlicher Gegenstrategien

Oskar Niedermayer
Rechtsextremismus: Einstellungen und Verhaltensweisen 17

Andreas Müller
Rechtsextremismus - ein Lagebild aus Sicht des Verfassungsschutzes 27

Jendrik Petersen
Kampf gegen Rechtsextremismus als notwendiges Aufgabenfeld
betrieblicher Bildung 35

Stefan Werner
Rechts überholen lassen?
Tiefe Wurzeln der Fremdenscheu, Entstehung von Rechtsextremismus
und Alltagsprävention 53

Elke Moning
Anforderungsprofil zur Thematik rechte Gewalt und
Konfliktmanagement - Lehrerinnen- und Lehrerausbildung im Kontext
veränderter gesellschaftlicher Herausforderungen 71

Facetten rechtsextremen Auftretens

Hans Berkessel
Rechtsextremismus im Alltag: Erscheinungs- und Ausdrucksformen
der rechten Subkultur und ihre Wirkung auf Jugendliche 91

Christian Dornbusch
RechtsRock 107

Michael Wörner-Schnappert
Rechtsextremismus im Internet Zahlen - Fakten - Gegenmaßnahmen
Beispiele aus der Arbeit von jugendschutz.net 121

Gesamtgesellschaftliche Reflexionen und Lösungsansätze

Sabine May
„Wölfe im Schafspelz" – eine Informations- und Aufklärungskampagne
gegen Rechtsextremismus 129

Angelika Stock
Kommunale Kriminalprävention als Netzwerkarbeit 133

Hans Jürgen Ladinek
„Argumentationstraining gegen Stammtischparolen" –
eine Möglichkeit menschenverachtenden, (rechts-) extremistischen
Äußerungen Paroli zu bieten 149

Herbert Heitland
(R)AUSwege aus dem Extremismus – Erfahrungen und Projekte
des Aussteigerprogramms (R)AUSwege 155

Lösungsansätze für Schule und Unterricht

Fritz Marz
Politisch - pädagogische Lösungsansätze in Schule und Unterricht 169

Bernd Rückwardt
Schule ohne Rassismus – Schule mit Courage (SOR/SMC) 185

Maurice Rückert / Fabian Müller
„Schule ohne Rassismus – Schule mit Courage"
Ein europaweites Projekt an Schulen und seine Umsetzung
am Leininger-Gymnasium in Grünstadt 191

Wolfgang Holzner
Möglichkeiten des Engagements in Schulen gegen rechtes
Gedankengut am Beispiel der AGgegenRECHTS an der
Integrierten Gesamtschule (IGS) in Kandel/Südpfalz 205

Hans Berkessel
Unterrichtsmaterialien: Rechtsextremistische Musik –
Einstiegsdroge in die rechte Szene 215

Autorenverzeichnis 229

Vorwort des Präsidenten der Universität Koblenz-Landau, Herrn Univ.- Prof. Dr. Roman Heiligenthal

Jeden Monat lassen sich Abgeordnete des Deutschen Bundestages von der Bundesregierung die neuesten Zahlen zur rechtsextremen Kriminalität in Deutschland übermitteln. Hieraus wird leider deutlich, dass es seit den 1990er Jahren nicht gelungen ist, fremdenfeindliche und rechtsextreme Tendenzen in unserem Lande zurück zu drängen. Im Gegenteil: Neben der Kriminalitätsstatistik gibt es eine Reihe von Hinweisen darauf, dass unter Jugendlichen eine Verfestigung und Ausbreitung rechter Tendenzen diagnostiziert werden muss. Der Rechtsstaat und dementsprechend wir alle als mündige demokratische Bürger müssen deshalb mit allen zur Verfügung stehenden Mitteln dagegen vorgehen.

Dauerhaft können Rechtsextremismus, Fremdenfeindlichkeit und Antisemitismus aber nur eingedämmt werden, wenn es gelingt, Jugendliche gegen rechtes Gedankengut stark zu machen. Das notwendige Rüstzeug muss aus drei Bereichen kommen: Es bedarf *erstens* einer geschichtlichen und politischen Orientierung. Es bedarf *zweitens* einer emotionalen Bildung, die Empathie- und Konfliktfähigkeit, die ein angemessenes Selbstwertgefühl, Offenheit und Neugier ermöglicht. Es bedarf *schließlich* einer sozialen Verankerung der Jungendlichen, die ihnen das Gefühl vermittelt, gebraucht zu werden und gefordert zu sein. Emotionale Bildung und soziale Verankerung sind sicherlich am schwersten zu gewährleisten. Wo die Familien dafür kein Fundament mehr legen können, müssen andere Institutionen am besonderen Beispiel der Schulen versuchen, einen Ausgleich zu bieten.

Die Reform der Bildungsinstitutionen, die zum Teil bereits angegangen wird, muss sich auf die Unterrichtsgestaltung, die Organisationsentwicklung und das pädagogische Personal beziehen. Das Bildungskonzept sollte sich an Werten wie Toleranz, den Menschenrechten und Vielfalt orientieren und zum Ziel haben, eine demokratische, partizipative und motivierende Lern- und Schulkultur zu entfalten. Dabei sind Gewalt- und Extremismusprävention wichtige Elemente in einer breiten demokratischen Schulentwicklung. Brauchbare pädagogische Ansätze einer umfassenden Bildungs-Strategie, die sich auch gegen Rechtsextremismus richtet, sind: Konzepte der antirassistischen Pädagogik, einer reflektierten interkulturelle Pädagogik, Konzepte der Diversity-Pädagogik, Konzepte und Programme der Demokratie- und Toleranzerziehung, sowie (historisch-) politische Bildung.

Um diesen Anforderungen auch gerecht werden zu können, müssen Lehrer, Erzieher und Sozialpädagogen entsprechend geschult und als Multiplikatoren gewonnen werden, die sich im Kampf gegen Rechtsextremismus engagieren und Zivilcourage zeigen.

Die Universität Koblenz-Landau im Allgemeinen und das Institut für Erziehungswissenschaften im besonderen sind sich dieser Aufgabe bewusst und integrieren deshalb diese Herausforderungen als integrale Bestandteile ihrer Lehramts- und Diplomandenausbildung.

Vor diesem Hintergrund ist dieser Sammelband mit dem Titel „Multiplikatoren gegen Rechtsextremismus" ein wichtiger Schritt, diesem Anspruch gerecht zu werden.

Vorwort des Direktors der Landeszentrale für Politische Bildung Rheinland-Pfalz, Herrn Dr. Dieter Schiffmann

Am Anfang des 21. Jahrhunderts gehören Fremdenfeindlichkeit und Rechtsextremismus als internationale und vielschichtige Phänomene zur Normalität fast aller westlichen Demokratien. Auch in Deutschland stellt Rechtsextremismus kein einheitliches Gefüge dar, sondern tritt mit unterschiedlichen Ausprägungen nationalistischer, rassistischer und antisemitischer Ideologieelemente und mit unterschiedlichen Zielsetzungen auf. Verklärung und Beschönigung des Nationalsozialismus und Leugnung des Holocaust sind dabei spezifisch deutsche Elemente. Dabei haben sich das Erscheinungsbild und die Methoden über die Jahre hinweg verändert und Jugendliche sind zur primären Zielgruppe geworden.

Die Bekämpfung dieser Strömungen ist eine gesamtgesellschaftliche Aufgabe, die alle angeht. Bei der Arbeit gegen Rechtsextremismus, Fremdenfeindlichkeit, Rassismus und Gewalt spielen Kontinuität und das Zusammenwirken aller gesellschaftlich relevanten Gruppen bzw. der mit dieser Thematik befassten Institutionen eine zentrale Rolle.

Der Schwerpunkt der politischen Bildung liegt dabei auf Information und Prävention: Demokratische Werte, das Eintreten für Toleranz, Interkulturalität und Integration müssen vermittelt werden. Alternative Jugendkulturen und Initiativen gegen Rechtsextremismus und für Pluralismus müssen gefördert werden. Erst wenn das Bewusstsein der Möglichkeiten und der persönlichen Verantwortung bei jedem einzelnen verankert ist, können wir der Bedrohung von Freiheit und Demokratie, die vom Rechtsextremismus ausgeht, wirksam begegnen.

Einen wichtigen Bestandteil der kontinuierlichen Aufklärungs- und Motivationsarbeit der Landeszentrale für politische Bildung bilden ganztägige Workshops für Multiplikatorinnen und Multiplikatoren, die ständig aktualisiert und überarbeitet und mit verschiedenen Kooperationspartnern durchgeführt werden.

Die Beiträge dieses Bandes gehen zurück auf die Info-Tagung „Fremdenfeindlichkeit und Rechtsextremismus? – Wir tun was! Eine Initiative für Rheinland-Pfalz". Das Konzept wurde von der Landeszentrale für politische Bildung in Zusammenarbeit mit der Universität Landau und dem Ministerium des Innern und für Sport Rheinland-Pfalz sowie weiterer Kooperationspartner entwickelt.

Die Tagung wurde seit 2006 bereits mehrfach, so zum Beispiel in Landau, Bad Dürkheim, Ludwigshafen, Worms und Wittlich, erfolgreich durchgeführt. Weitere Veranstaltungen werden unter anderem in Koblenz und Trier stattfinden.

Außer den Vertretern von Verfassungsschutz, Polizei, der Universitäten und dem Landesjugendamt sind an den Info-Tagungen jeweils auch Vertreter von jugendschutz.net und von verschiedenen Jugendorganisationen, die sich gegen Rechtsextremismus engagieren (zum Beispiel Netzwerk für Demokratie und Courage, Schule ohne Rassismus – Schule mit Courage), beteiligt.

Die einzelnen Beiträge des Bandes thematisieren das gesamte Spektrum fremdenfeindlicher und rechtsextremistischer Phänomene, so z.b. Ursachen, Einstellungen, Methoden, Rechtsextremismus und Musik oder Rechtsextremismus im Internet.

Sie liefern neueste Informationen und Analysen. Es werden praxisnahe transferierbare Themen und Beispiele für konkrete Lösungsansätze behandelt. Sie stellen Wege und Hilfestellungen beim Weg aus der rechtsextremen Szene und Formen der Auseinandersetzung mit der Problematik auf verschiedenen Ebenen – z.B. in Schulen, Betrieben oder dem privaten Umfeld – vor.

Die Landeszentrale dankt allen Beteiligten, die sich seit Jahren mit großem Engagement an der Konzeption und Durchführung dieser Tagungen beteiligen.

Vorwort des Sozialdezernenten der Stadt Ludwigshafen/Rhein, Herrn Wolfgang van Vliet

„Wer schweigt, scheint zuzustimmen." Wir alle wissen, Gründe für ein Schweigen gibt es viele: Angst vor Isolation oder Sympathieverlust, Angst selbst Opfer zu werden oder Mittäufertum. Schweigen aber hat einen Preis: Exzessive Gewaltanwendungen und die Äußerungen menschenverachtender Einstellungen haben einen Vorlauf in der Gesellschaft. Ohne ein Klima des mehr oder weniger stillschweigenden Wohlwollens wären keine Hetzjagden auf Menschen mit Migrationshintergrund möglich. Ohne ein solches Klima würden sich menschenverachtende Einstellungen nicht in allen Schichten der Gesellschaft festsetzen können.

Wir brauchen Menschen, die den Mut haben, ihre Stimme gegen entwürdigende Parolen zu erheben. Menschen, die Vielfalt schätzen und anderen die Achtung entgegenbringen, die sie für sich selbst erwarten. Unabhängig von Alter, Herkunft und Bildung kann das jeder lernen. Ich glaube an das lebenslange Lernen und an die Entwicklungschance jedes Menschen. Mein Appell richtet sich daher an alle Akteure und Interessierte im Feld der Prävention, in ihren Bemühungen nicht nachzulassen und niemanden, der auf dem rechtsextremen Weg ist, auszugrenzen. Vielmehr wünsche ich mir, dass Menschen in die Gemeinschaft zurückkehren können, wo demokratische Werte und Menschenrechte für alle herrschen.

Ich freue mich, dass die Landeszentrale für politische Bildung die rheinland-pfälzische Initiative „Fremdenfeindlichkeit und Rechtsextremismus – Wir tun was!" zusammen mit dem Ministerium des Innern und für Sport und der Universität Koblenz-Landau umgesetzt hat. Die Informationsreihe, die viele Städte in Rheinland-Pfalz erreichte, war eine hervorragende Plattform, die viele Akteure vor Ort zusammengeführt hat. Auch wir in Ludwigshafen haben zum einen von einer solchen Tagung profitiert und zum anderen durften wir unser Wissen und unsere Erfahrungen zur Verfügung stellen. Dafür danke ich den Veranstaltern, den Kooperationspartnern und allen Teilnehmerinnen und Teilnehmern sehr herzlich. Dass aus den vielen Tagungsbeiträgen von Wissenschaft und Praxis nun ein Sammelband hervorgeht, der mit weiterem Expertenwissen angereichert wurde, freut mich in besonderer Weise.

Liebe Leserinnen und Leser, ich wünsche Ihnen eine anregende Lektüre.

Einleitung und Überblick

Auch nach über zwei Generationen ist es in Deutschland und Europa im Jahre 2008 weiterhin notwendig, sich mit dem Phänomen Rechtsextremismus zu befassen und sich dabei *erstens* zu fragen, warum es nach Auschwitz immer noch Menschen gibt, die sich mit einer derartig menschenfeindlichen Ideologie identifizieren können und *zweitens* nach Wegen zu suchen, wie zumindest Zweifelnde und unerfahrene Menschen wie Jugendliche vor derartig primitiven Erklärungs- und Problemlösungsmodellen geschützt werden können. Sicherlich sind Globalisierung, Internationalisierung, der Zuzug von Menschen fremder Kulturen, Mentalitäten und Hautfarben aus meist armen bis sehr armen Teilen der Welt Herausforderungen für unsere europäische und deutsche Gesellschaft. Sie werden aufgrund der tatsächlichen oder einfach nur vermuteten Mehrbelastungen unseres Gemein- und Sozialwesens oftmals als Bedrohungen empfunden, gegen die man sich in irgendeiner Form zur Wehr setzen muss. Um dieser zu einseitigen Betrachtung, die oftmals in Polemik ausartet, zu begegnen, ist *Zivilcourage aller Bürger in unserem Lande notwendig*. Es geht mit anderen Worten um die wichtige Aufgabe, *unseren* demokratischen und pluralistischen Rechtsstaat *von innen heraus glaubwürdig und mit Mut gegen extremistische Positionen zu schützen*. Engagierte Demokraten aus *vielen* Denkrichtungen und Berufsfeldern haben sich deshalb *zusammengeschlossen*, um auf diversen Tagungen und in diesem Sammelband mit ihren Artikeln und Anregungen einen Beitrag hierzu zu leisten. Ihr Ziel war es nicht, mit „erhobenem Zeigefinger" geradezu oberlehrerhaft auf die besondere Anfälligkeit insbesondere der deutschen Gesellschaft für (neo)nazistisches Gedankengut hinzuweisen, was auch töricht wäre, sondern vielmehr *im positiven Sinne* Menschen in unserer Gesellschaft zu gewinnen, die ihren (auf den ersten Blick manchmal bescheiden scheinenden) Einfluss geltend machen können, um gegen Intoleranz, Hass und Gewalt *zu wirken und aufzustehen*.

Im *ersten Abschnitt* mit dem Titel „Wissenschaftliche Erklärungsansätze zum Phänomen Rechtsextremismus und neuer Impulse hinsichtlich gesellschaftlicher Gegenstrategien" werden der augenblickliche Stand der Forschung dargelegt und aus theoretischer Sicht Diskussionsgrundlagen geliefert, wie dieser Problematik begegnet werden kann. *Oskar Niedermayer* belegt in seinen Ausführungen auch mit Hilfe empirischer Daten, wie eng der Zusammenhang zwischen Unzufriedenheit der Bürger und den Wahlerfolgen der rechtsextremen Parteien nicht nur in Ostdeutschland ist. *Andreas Müller* weist auf die Gefahr hin, dass rechtsextreme Parteien die Notsituation gerade junger Menschen ausnutzen, um geschickt und perfide zugleich „Hilfsangebote" zu unterbreiten. Diese umfassen unter anderem Hausaufgabenhilfen, Jugendhilfe oder Hilfen bei der Ausbildungsplatzsuche. Die wirklich dahinter stehende Absicht ist natürlich die Indoktrination der dankbaren jungen Menschen mit neonazistischem Gedankengut. *Jendrik Petersen* identifiziert den Kampf gegen Rechtsextremismus als notwendiges Aufgabenfeld betrieblicher Bildung. Dahinter steht der Appell, dass sich Unternehmen und deren Management hinsichtlich derartiger gesellschaftlicher Herausforderungen nicht abseits stellen können, sondern auch aus ökonomischer Sicht aktiv den Kampf gegen Rechtsextremismus mitgestalten müssen. *Stefan Werner* wiederum betont die besondere Bedeutung des Gefühls von Akzeptanz, Kameradschaft und Zusammenhalt bei jungen Menschen. Wird ihnen dieses Bedürfnis seitens der Gesellschaft nicht befriedigt, ist die Gefahr sehr groß, dass sie sich Gruppierungen anschließen, die ganz andere Interessen verfolgen. *Elke Moning* stellt in ihrem Aufsatz die Frage nach den Kompetenzen, die Lehrende bereits für den schulischen Kontext erwerben müssen um handlungskompetent mit den Anfängen jugendlicher Desorientierung, Gewaltbereitschaft, politisch extremistischen Denkweisen umzugehen bzw. konkret präventiv daran arbeiten zu können. Ihre Argumentation dient als Ausgangspunkt, um in einem ersten Schritt wichtige Tätigkeitsbereiche für Lehrerinnen und Lehrer herauszuarbeiten, die in ein Anforderungsprofil zum Umgang mit rechter Gewalt und zur Befähigung zum Konfliktmanagement münden.

Der *zweite Abschnitt* mit dem Titel „Facetten rechtsextremen Auftretens" schildert das umfangreiche Repertoire, mit dem rechtsextremistische Gruppierungen versuchen, insbesondere junge Menschen für sich zu begeistern. *Hans Berkessel, Christian Dornbusch* und *Michael Wörner-Schnappert* beschreiben aus ihrer jeweiligen Perspektive die Möglichkeiten, die rechtsextreme Gruppierungen zu nutzen versuchen, um durch Angebote die jugendliche Freizeitgestaltung zu beeinflussen. Rechtsextreme Musik oder geschickt aufgemachte Internetauftritte mögen hier als wichtige Beispiele dienen.

Der *dritte Abschnitt* soll unter der Rubrik „Gesamtgesellschaftliche Reflexionen und Lösungsansätze" engagierte Bürger anregen, sich extremistischen Beeinflussungsversuchen gerade junger, noch nicht so lebenserfahrener Menschen entgegenzustellen. Vor diesem Anspruchshintergrund sind die Anregungen von *Sabine May, Angelika Stock, Hans Jürgen Ladinek* und *Herbert Heitland* dahingehend besonders zu wertschätzen, als sie einfach Mut machen, sich als Demokraten für unsere pluralistische Gesellschaftsordnung einzusetzen und Demagogie und Intoleranz aktiv zu begegnen.

Der *abschließende vierte* Abschnitt widmet sich der Erkenntnis, dass die Schule immer stärker mit Erziehungsaufgaben betraut wird. Auch wenn die Familie qua Grundgesetz immer noch besonders geschützt werden soll, obliegt es oftmals immer stärker insbesondere engagierten Lehrenden, ihren Schülern demokratische Werte zu vermitteln und sie in punkto Ausrichtung gegen Intoleranz und Hass zu sensibilisieren. Aus diesem Grunde haben *Fritz Marz,* und *Bernd Rückwardt* aus didaktisch-politikwissenschaftlicher Perspektive des Lehrerberufs, *Maurice Rückert* und *Fabian Müller* als engagierte Schüler und junge demokratische Staatsbürger mit Zivilcourage sowie *Wolfgang Holzner* und *Hans Berkessel* als aktive Lehrende ihre Anregungen dargelegt, um Schüler, Lehrende, Eltern und sonstige Interessierte im Umfeld von Schulen anzusprechen, *sich für unsere Demokratie einzusetzen und nicht gleichgültig wegzuschauen.*

Wir hoffen, mit diesem Sammelband *Mut zu machen, für unsere demokratischen Werte einzustehen – auch wenn es mal unangenehm werden kann.*

Elke Moning,
Jendrik Petersen

Oskar Niedermayer

Rechtsextremismus: Einstellungen und Verhaltensweisen

Rechtsextremismus ist ein vielschichtiges Phänomen, für das es noch keine allgemein akzeptierte Definition gibt. Der Begriff ist weder im Grundgesetz noch in anderen Gesetzen zu finden, in der Verwaltungspraxis, insbesondere bei den Verfassungsschutzämtern, spielt er jedoch eine große Rolle. Dort gelten als rechtsextremistisch alle Bestrebungen, die gegen die freiheitliche demokratische Grundordnung, den Bestand und die Sicherheit des Bundes oder eines Landes gerichtet sind oder eine ungesetzliche Beeinträchtigung der Amtsführung der Verfassungsorgane des Bundes oder eines Landes oder ihrer Mitglieder zum Ziele haben. In der Politikwissenschaft wird das Phänomen in der Regel breiter definiert, zu einem einheitlichen Begriffsverständnis hat man jedoch noch nicht gefunden. Jaschke (2001, S. 30), dem wir uns hier anschließen wollen, versteht unter Rechtsextremismus die „Gesamtheit von Einstellungen, Verhaltensweisen und Aktionen, organisiert oder nicht, die von der rassisch oder ethnisch bedingten sozialen Ungleichheit der Menschen ausgehen, nach ethnischer Homogenität von Völkern verlangen und das Gleichheitsgebot der Menschenrechts-Deklaration ablehnen, die den Vorrang der Gemeinschaft vor dem Individuum betonen, von der Unterordnung des Bürgers unter die Staatsräson ausgehen und die den Wertepluralismus einer liberalen Demokratie ablehnen und Demokratisierung rückgängig machen wollen.

Im politischen Alltag tritt der Rechtsextremismus in verschiedenen Erscheinungsformen auf (vgl. hierzu grundlegend Stöss 2005). Zunächst ist zwischen rechtsextremen[1] Einstellungen und rechtsextremen Verhaltensweisen zu unterscheiden. Auch wenn in der Wissenschaft keine Einigkeit darüber besteht, wie rechtsextreme Einstellungen inhaltlich zu bestimmen sind, wird in der Regel davon ausgegangen, dass es sich dabei um ein mehrdimensionales Einstellungsmuster handelt. Die rechtsextremen Verhaltensweisen können differenziert werden in (1) Wahlverhalten (Wahl einer rechtsextremen Partei), (2) unorganisierte Aktivitäten (Verhaltensweisen von Einzelnen oder Gruppen ohne feste Organisation), (3) organisierte Aktivitäten (z.B. in einer der rechtsextremen Parteien) und (4) rechtsextrem motivierte Gewalttaten. Im Folgenden sollen sowohl zum Einstellungs- als auch zum Verhaltensbereich einige grundlegende Informationen vermittelt werden, wobei der Bereich der unorganisierten Aktivitäten und der rechtsextremistisch motivierten Gewalt außen vor bleibt, da sich die anderen Kapitel dieses Bandes ausführlich mit diesen Erscheinungsformen des Rechtsextremismus beschäftigen.

---

[1] Wir machen hier zwischen den Begriffen „rechtsextrem" und „rechtsextremistisch" keinen Unterschied.

Wendet man sich zunächst dem Einstellungsbereich zu, dann stehen dort als Datenerhebungsmethoden einerseits standardisierte Interviews im Rahmen von Umfragen unter der Bevölkerung bzw. unter bestimmten Bevölkerungsgruppen und andererseits unstandardisierte Tiefeninterviews mit kleinen Personengruppen, z.B. rechtsextremen Gewalttätern, zur Verfügung. Empirische Untersuchungen rechtsextremer Einstellungsmuster im Rahmen allgemeiner Bevölkerungsumfragen sollen der interessierten Öffentlichkeit vor allem aufzeigen, wie viele Rechtsextremisten es in Deutschland gibt. Die Beantwortung dieser Frage hängt wesentlich von der Art der theoretischen Konzeptualisierung und Operationalisierung des Untersuchungsgegenstandes ab, d.h. die Forschung muss eine Antwort auf vier Teilfragen liefern: (1) Welche theoretische Dimensionen umfasst ein rechtsextremes Weltbild?, (2) Wie werden die einzelnen Dimensionen gemessen?, (3) Auf welche Weise werden die Einzelmessungen zusammengefasst?, (4) Ab welchem Ausmaß rechtsextremer Einstellungen ist jemand ein Rechtsextremist? Diese Fragen sind von den bisherigen Studien meist unterschiedlich beantwortet worden, so dass es keine vergleichbaren Datenreihen über längere Zeit hinweg gibt, die Auskunft über die zeitliche Entwicklung des rechtsextremen Einstellungspotenzials in der deutschen Bevölkerung geben könnten.

Angesichts dieser unbefriedigenden Situation haben sich Rechtsextremismusexperten aus ganz Deutschland 2001 und 2004 zu zwei Tagungen in Berlin getroffen, um den Versuch zu machen, eine allgemein akzeptierte Methode zur empirische Messung rechtsextremer Weltbilder zu entwickeln. Die Teilnehmer kamen darin überein, dem rechtsextremen Weltbild die folgenden sechs Dimensionen zuzurechnen: (1) Fremdenfeindlichkeit, die die Eigenschaften der eigenen Volksgruppe besonders hoch bewertet und dazu neigt, fremde Volksgruppen zu benachteiligen oder gar auszugrenzen, (2) Chauvinismus, also ein übersteigerter Nationalismus, der es prinzipiell in Kauf nimmt, zur Erreichung seiner Ziele auch die Rechte anderer Nationen zu verletzen, (3) Sozialdarwinismus, der nicht nur in der Natur sondern auch im gesellschaftlichen Bereich die Herrschaft der Stärkeren über die Schwächeren betont, (4) Befürwortung einer rechtsautoritären Diktatur, (5) Verharmlosung des Nationalsozialismus und (6) Antisemitismus, also die Feindschaft gegenüber Juden, die als minderwertig und gefährlich angesehen werden.

Zur Messung jeder dieser Dimensionen wurden mehrere Statements erarbeitet, die in empirischen Untersuchungen getestet wurden, um herauszufinden, welche Aussage die jeweilige theoretische Dimension im Rahmen eines kurzen Standardinstruments zur Messung rechtsextremer Einstellungen am besten repräsentiert. Ausgewählt wurden folgende Aussagen: Fremdenfeindlichkeit: „Wenn Arbeitsplätze knapp werden, sollte man die Ausländer wieder in ihre Heimat zurückschicken", Chauvinismus: „Andere Völker mögen Wichtiges vollbracht haben, an deutsche Leistungen reicht das aber nicht heran", Sozialdarwinismus: „Es gibt wertvolles und unwertes Leben", Befürwortung einer rechtsautoritären Diktatur: „Wir sollten einen Führer haben, der Deutschland zum Wohle aller mit starker Hand regiert", Verharmlosung des Nationalsozialismus: „Der Nationalsozialismus hatte auch seine guten Seiten" und Antisemitismus: „Auch heute noch ist der Einfluss der Juden zu groß".

Dieses Instrument war Teil einer repräsentativen Bevölkerungsumfrage im September/Oktober 2005 im Rahmen eines Forschungsprojekts zur Bundestagswahl 2005, das vom Verfasser zusammen mit Bettina Westle und Steffen Kühnel geleitet wurde[2]. Die Ergebnisse zeigen, dass viele der Einstellungen, die dem rechtsextremen Denken zugeordnet sind, nicht nur von einer kleinen Minderheit der Bevölkerung vertreten werden, sondern durchaus ‚in der Mitte der Gesellschaft' verankert sind: Dass der Nationalsozialismus auch seine guten Seiten hatte, denken 15 Prozent der Bevölkerung, 17 Prozent sind der Meinung, dass es wertvolles und unwertes Leben gibt, eine Haltung, die auch angesichts des Euthanasieprogramms der Nationalsozialisten erschreckend und unverständlich ist. Ein Fünftel der Bevölkerung meint, wir sollten einen Führer haben, der Deutschland zum Wohle aller mit starker Hand regiert, und 22 Prozent empfinden den Einfluss der Juden auch heute noch als zu groß, eine Argumentationsfigur, die regelmäßig von rechtsextremen Organisationen vertreten wird. Die höchste Zustimmung findet mit jeweils einem Drittel die chauvinistische Aussage, andere Völker mögen Wichtiges vollbracht haben, an deutsche Leistungen reicht das aber nicht heran, und die fremdenfeindliche Meinung, wenn Arbeitsplätze knapp werden, sollte man die Ausländer wieder in ihre Heimat zurückschicken. Im Osten Deutschlands ist die Zustimmung zu dieser Aussage mit 42 Prozent noch deutlich höher als im Westen (33 Prozent). Stärkere Zustimmung erhält in Ostdeutschland auch die Zustimmung zu einer rechtsautoritären Diktatur mit 25 Prozent gegenüber 19 Prozent im Westen, wobei im Westen wiederum die antisemitistische Haltung etwas größeren Zuspruch findet (Ost 19, West 23 Prozent).

Nun ist nicht jeder, der der einen oder anderen dieser Aussagen zustimmt, schon gleich ein Rechtsextremist. Die Antworten auf die einzelnen Aussagen müssen daher zusammengefasst werden, um das Ausmaß abschätzen zu können, in dem die Person ein rechtsextremes Weltbild aufweist. Dies ist auf unterschiedliche Art möglich, wobei alle Alternativen ihre Vor- und Nachteile haben. Wir haben uns in unserer Studie für die einfachste Art entschieden und aus den Antworten eine additive Skala gebildet[3]. Dies impliziert u.a., dass die sechs theoretisch unterschiedenen Dimensionen jeweils mit dem gleichen

---

[2] Eingeleitet wurde die Vorlage der Statements durch folgende Formulierung: „Ich lese Ihnen nun einige Sätze vor, zu denen es unterschiedliche Meinungen gibt. Bitte sagen Sie mir, ob Sie völlig zustimmen, eher zustimmen, eher ablehnen oder völlig ablehnen".

[3] Den Antworten auf die sechs Aussagen wurden jeweils Punkte zugeordnet, und zwar von 0 = „lehne völlig ab" bis 3 = „stimme völlig zu". Der Skalenwert wurde dann durch Addition der Punktzahlen berechnet, sodass die Rechtsextremismusskala von 0 bis 18 Punkte aufweisen konnte.

Gewicht in die gesamte Rechtsextremismusskala eingehen. Es lassen sich natürlich Argumente dafür finden, dass bestimmte Dimensionen schwerer wiegen sollten, aber das genaue quantitative Ausmaß einer solchen Gewichtung lässt sich theoretisch nicht sinnvoll begründen. Die Rechtsextremismusskala bildet ein Kontinuum ab, das von überhaupt nicht bis sehr stark rechtsextrem eingestellt reicht. Dies ist theoretisch auch gerechtfertigt, da ein rechtsextremes Weltbild in unterschiedlich starker Ausprägung vorhanden sein kann. Will man aber die Frage beantworten, wie viele Rechtsextremisten es in Deutschland gibt, muss man eine Grenze definieren, ab der eine Person zum rechtsextremistischen Einstellungspotenzial gehören soll. In unserer Untersuchung wurde diese Grenze beim Skalenmittelpunkt gesetzt, d.h. eine Person wird zum rechtsextremistischen Einstellungspotenzial gerechnet, wenn sie auf der Rechtsextremismusskala mehr als die Hälfte der Höchstpunktzahl erreicht hat. Darüber hinaus wurde noch eine Gruppe definiert, die man als den „harten Kern" mit einem stark ausgeprägten, geschlossenen rechtsextremistischen Weltbild bezeichnen kann. Zu dieser Gruppe gehört ein Befragter, wenn er ohne Ausnahme allen sechs obigen Aussagen zustimmt.

Die Ergebnisse dieser Skalenbildung sind in Tabelle 1 zusammengefasst. Nach unserer Art der Operationalisierung des Untersuchungsgegenstandes gehören 9 Prozent der Deutschen zum rechtsextremen Einstellungspotenzial, eine Größenordnung, die sich auch mit den Ergebnissen anderer Studien deckt. Im Osten Deutschlands ist diese Gruppe mit 11 Prozent etwas größer. In beiden Landesteilen macht der harte Kern der Rechtsextremisten weniger als zwei Prozent der Bevölkerung aus. Diese Zahlen unterschätzen allerdings das reale Ausmaß der Verbreitung rechtsextremistischer Einstellungen etwas, da sich die Prozentsätze auf die Gesamtheit der Befragten beziehen und nicht nur auf die Gruppe derer, die zu allen sechs Aussagen eine Meinung geäußert haben. Über ein Fünftel der Befragten hat jedoch mindestens eine der sechs Aussagen nicht beantwortet. Da in diesem Fall die Haltung des Befragten nicht vollständig bekannt ist, kann er dem rechtsextremistischen Einstellungspotenzial nicht zweifelsfrei zugeordnet werden, obwohl er möglicherweise durchaus rechtsextrem eingestellt ist.

Personen mit hoher Bildung sind deutlich weniger anfällig für rechtsextremes Gedankengut als solche mit niedriger Bildung und Frauen deutlich weniger als Männer (vgl. Tabelle 1). Dies entspricht auch den Ergebnissen von Analysen der Wählerschaft rechtsextremer Parteien. Solche Parteien werden jedoch deutlich überdurchschnittlich von Jüngeren gewählt und rechtsextrem motivierte Gewalttaten werden fast ausschließlich von Jüngeren verübt, während rechtsextreme Einstellungen – wie nicht nur unsere Untersuchung zeigt – von den Älteren überdurchschnittlich vertreten werden. Es ist daher in der Diskussion um den Rechtsextremismus und seine Verursachungsfaktoren notwendig, zwischen seinen verschiedenen Erscheinungsformen zu unterscheiden.

Tabelle 1: Rechtsextremes Einstellungspotenzial in verschiedenen Bevölkerungsgruppen (Herbst 2005, Angaben in Prozent; gesamt: 9 Prozent)

	REX-POT		REX-POT
Ost	11	Frauen	7
West	9	18-24 Jahre	8
niedrige Bildung	11	25-34 Jahre	9
mittlere Bildung	10	35-44 Jahre	7
hohe Bildung	5	45-59 Jahre	9
Männer	12	60- Jahre	12

Quelle: DFG-Projekt „Bürger und Parteien"

Diese Notwendigkeit zeigt sich auch in der Tatsache, dass die zum rechtsextremen Einstellungspotenzial gerechneten Personen zwar deutlich überproportional die rechtsextremen Parteien wählen bzw. gar nicht zur Wahl gehen, aber mehrheitlich Wähler der normalen demokratischen Parteien sind; auch dies ein Ergebnis, das durch andere Studien bestätigt wird.

Die rechtsextreme Parteienlandschaft ist in Deutschland durch drei Parteien geprägt: die 1964 gegründete NPD, die 1983 gegründeten Republikaner und die 1987 gegründete DVU. Unterscheidet man innerhalb der rechtsextremen Parteifamilie unterschiedliche Typen nach Art und Intensität des Nationalismus bzw. Chauvinismus und nach der Haltung zum demokratischen politischen System, so gehören die Republikaner dem Typ der gemäßigt nationalistischen und fremdenfeindlichen, eher systemkonformen, die DVU zum Typ der nationalistisch-völkischen, eher systemkritischen und die NPD zum Typ der (neo-) faschistischen bzw. (neo-) rassistischen, systemfeindlichen Parteien (vgl. Stöss 2005, S. 179).

Bei Bundestagswahlen konnte bisher keine dieser drei Parteien die Fünf-Prozent-Hürde überspringen (vgl. Tabelle 2). Das höchste bisherige Wahlergebnis erreichte 1969 die NPD, der es entgegen mancher Befürchtungen mit 4,3 Prozent jedoch nicht gelang, in den Bundestag einzuziehen. Nach dieser Wahl versank sie in der Bedeutungslosigkeit und es ist ihr erst bei der Bundestagswahl von 2005 wieder gelungen, mehr als 1 Prozent der Wählerschaft für sich zu gewinnen. Die Republikaner starteten bei ihrer ersten Bundestagswahlteilnahme 1990 mit knapp über 2 Prozent, konnten jedoch seit 2002 nur 0,6 Prozent erzielen. Die DVU trat bei Bundestagswahlen bisher nur 1998 an und erreichte gut 1 Prozent.

Tabelle 2: Ergebnisse der rechtsextremistischen Parteien bei Bundestagswahlen seit 1965 (in Prozent)

Jahr	NPD	DVU	REP	Jahr	NPD	REP	DVU
1965	2,0			1987	0,6		-
1969	4,3			1990	0,3	2,1	-
1972	0,6			1994	-	1,9	-
1976	0,3			1998	0,3	1,8	1,2
1980	0,2			2002	0,4	0,6	-
1983	0,2			2005	1,6	0,6	-

Quelle: amtliche Wahlstatistiken

Auch in absehbarer Zukunft sind die Chancen einer parlamentarischen Repräsentation einer rechtsextremen Partei auf der Bundesebene relativ gering. Obwohl man gerade die NPD längerfristig nicht unterschätzen sollte und diese Partei durch eine Neupositionierung im Rahmen des das deutscher Parteiensystem prägenden Sozialstaatskonfliktes neue Wähler hinzugewinnen konnte, spricht eine Reihe von Gründen gegen einen bundespolitischen Erfolg (vgl. Niedermayer 2004, S. 60f.): Rechtsextreme Parteien sind in Deutschland durch die nationalsozialistische Diktatur in den Augen der überwiegenden Mehrheit der Wähler diskreditiert, erhalten aus diesem Grund auch keine nennenswerte Medienunterstützung und sind in großem Maße gesellschaftlich ausgegrenzt. Zudem konnte diese Parteifamilie trotz etlicher Versuche ihre organisatorische Zersplitterung in mehrere Parteien nie überwinden, auch wenn die DVU und die NPD Anfang 2005 in einem ‚Deutschland-Pakt' vereinbart haben, bis 2009 nicht gegeneinander anzutreten und man hört, dass sich die Republikaner dieser Vereinbarung im Hinblick auf die Europawahlen 2009 angeschlossen haben. Auch verfügt keine der Parteien über eine charismatische, medientaugliche Führungspersönlichkeit, die bundesweit eine breitere Wählerschicht ansprechen könnte. Des Weiteren schränkt das Festhalten an Glaubenssätzen die programmatische Reformfähigkeit der Parteien ein, und das Handeln ihrer regionalen politischen Repräsentanten ist meist nicht dazu geeignet, ihnen bundesweite Reputation zu verschaffen.

Dies bedeutet jedoch nicht, dass diese Parteien keinerlei Wahlerfolge erzielen können. Ihre Wahlchancen steigen mit der Möglichkeit, rechtsextreme Orientierungsmuster mit gravierender politischer Unzufriedenheit und Protest gegen die etablierten Parteien zu verbinden. Da die Hemmschwelle zur Protestwahl bei den von den Wählern im Vergleich zur Bundestagswahl als weniger wichtig angesehenen Europa- und Landtagswahlen deutlich geringer ist, bietet sich bei diesen ‚Nebenwahlen' die Chance, Wahlerfolge zu erzielen, die beim Vorliegen einer optimalen Konstellation von Bedingungsfaktoren zuweilen spektakulären Charakter erhalten. Bei der Europawahl 1989 konnten die Republikaner mit 7,1 Prozent sogar die Hürde zur parlamentarischen Repräsentation überwinden und mit 6 Abgeordneten in das Europäische Parlament einziehen, ein Erfolg, der jedoch seither von keiner anderen rechtsextremen Partei wiederholt werden konnte.

Anders sieht es auf der Landesebene aus. Hier gelangen rechtsextremen Parteien immer wieder spektakuläre Wahlerfolge. Abbildung 1, die die kumulierten Prozentsätze aller jeweils an einer Wahl teilnehmenden Parteien wiedergibt, zeigt, dass verschiedene Wahlerfolgs-Wellen existieren.

Abbildung 1: Kumulierte Stimmenanteile der rechtsextremen Parteien bei Landtagswahlen seit 1987 (in Prozent)

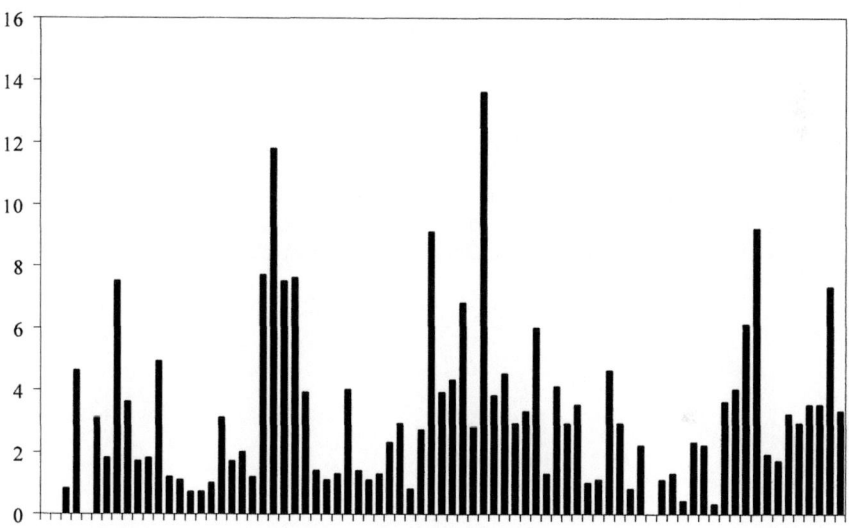

Quelle: Eigene Berechnungen auf der Basis der amtlichen Statistik

Den Republikanern gelang der erste große Erfolg bei der Berliner Abgeordnetenhauswahl 1989 mit 7,5 Prozent, gefolgt von Baden-Württemberg 1992 mit 10,9 Prozent. Dort konnten sie 1996 auch mit 9,1 Prozent ihr letztes spektakuläres Wahlergebnis erzielen. Den bisherigen absoluten Höhepunkt des Erfolges rechtsextremer Parteien bei Landtagswahlen erreichte 1998 die DVU in

Sachsen-Anhalt mit 12,9 Prozent[4], konnte daran aber nie mehr anknüpfen. Die NPD machte bei Landtagswahlen erst 2004 wirklich von sich reden, als sie in Sachsen 9,2 Prozent erreichte; 2006 konnte sie diesen Erfolg in Mecklenburg-Vorpommern mit 7,3 Prozent fortsetzen.

In den Achtzigerjahren zog als erste rechtsextreme Partei die DVU wegen einer Besonderheit des Wahlrechts 1987 mit einem Abgeordneten in die Bremer Bürgerschaft ein. Weitere Landtagsmandate erreichte die Partei in Brandenburg 1999 (5) und 2004 (6), in Bremen 1991 (6), 1999 (1), 2003 (1) und 2007 (1), in Sachsen-Anhalt 1998 (16) und in Schleswig-Holstein 1992 (6). Den Republikanern gelang der Einzug in den Landtag von Baden-Württemberg 1992 mit 15 und 1996 mit 14 Abgeordneten sowie in das Berliner Abgeordnetenhaus 1989 mit 11 Abgeordneten, die NPD zog 2004 in Sachsen mit 12 und 2006 in Mecklenburg-Vorpommern mit 6 Abgeordneten in den Landtag ein.

Die NPD konzentriert sich schon seit einiger Zeit darauf, vor allem in den neuen Bundesländern auf der kommunalen Ebene Fuß zu fassen, um durch die Verankerung auch im vorpolitischen Raum die Chancen auf eine parlamentarische Repräsentation zu erhöhen. Einem flächendeckenden Erfolg dieser Strategie steht noch die relativ geringe Mitgliederzahl entgegen, die vom Verfassungsschutz 2006 auf etwa 7000 geschätzt wurde (vgl. Abbildung 2). Andererseits ist die NPD die einzige der drei rechtsextremen Parteien, die ihren Mitgliederstand seit der Vereinigung halten und in neuerer Zeit sogar Mitglieder hinzugewinnen konnte, während die anderen beiden Parteien dramatisch an Mitgliedern verloren haben. Diese Tatsache sowie die Wahlerfolge und andere Indikatoren sprechen dafür, dass die NPD mittlerweile zum Gravitationsfeld im Rechtsextremismus geworden ist, eine Entwicklung, die für die Zukunft nichts Gutes verheißt.

---

[4] Zusätzlich kandidierten dort die Republikaner, die auf 0,7 Prozent kamen.

Abbildung 2: Mitgliederentwicklung der rechtsextremen Parteien seit 1991

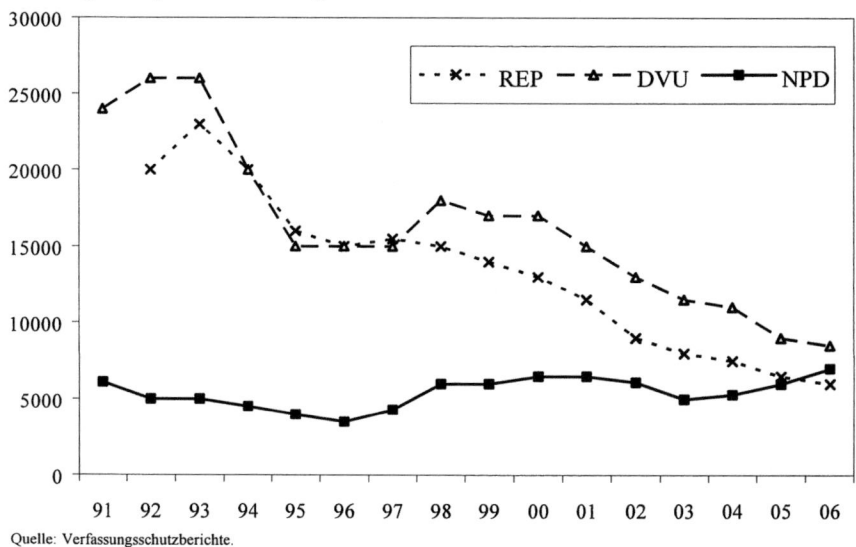

Quelle: Verfassungsschutzberichte.

Literatur:

Jaschke, Hans-Gerd (2001): Rechtsextremismus und Fremdenfeindlichkeit. Begriffe – Positionen – Praxisfelder. Opladen: Westdeutscher Verlag (2. Aufl.).

Niedermayer, Oskar (2004): Wahlerfolge ethnozentristisch-autoritärer Parteien in Deutschland. In: Braun, Stephan/Hörsch, Daniel (Hrsg.): Rechte Netzwerke - die neue Gefahr. Wiesbaden: VS Verlag für Sozialwissenschaften, S. 57-65.

Stöss, Richard (2005): Rechtsextremismus im Wandel. Berlin: Friedrich-Ebert Stiftung.

Andreas Müller

Rechtsextremismus - ein Lagebild aus Sicht des Verfassungsschutzes

Der Rechtsextremismus ist eine zentrale Herausforderung für Staat und Gesellschaft. Sich mit dem Phänomen Rechtsextremismus intensiv auseinanderzusetzen ist mit Blick auf die Geschichte und auf die aktuellen Geschehnisse eine stete Verpflichtung für die Zivilgesellschaft. Hierfür gibt es eine Reihe von Gründen:

- Die rechtsextremistische Weltanschauung, die gegen Menschenwürde und Demokratie gerichtet ist, hat sich mit dem Ende der Naziherrschaft nicht von der politischen Bühne verabschiedet. Auch heute noch findet sie inmitten unserer Gesellschaft Anhänger.

- Rechtsextremistische Brandstifter betreiben im Namen dieser Weltanschauung Hetze gegen Minderheiten und gegen den demokratischen Rechtstaat.

- Menschen werden von Rechtsextremisten zu Feindbildern herab gewürdigt und an Leib und Leben gefährdet.

Hinzu kommen Ereignisse, die ein Vordringen von Rechtsextremisten und ihrer Anhängerschaft in der Gesellschaft dokumentieren, so beispielsweise die Wahlerfolge der NPD in Sachsen 2004 und in Mecklenburg-Vorpommern 2006.

Eine effektive Auseinandersetzung mit dem Rechtsextremismus erfordert umfassende Kenntnis über seine Entwicklungen und Tendenzen als Grundlage für die Abwehr solchen Gedankenguts und entsprechender Bestrebungen. Die folgende Darstellung gibt in diesem Sinne das aktuelle Lagebild aus der Sicht des Verfassungsschutzes wieder. Dabei ist zu beachten, dass der Verfassungsschutz ausschließlich die Verhaltensebene des Rechtsextremismus beobachten und analysieren darf. Die Erforschung von Meinungen und Einstellungen ist ihm nicht gestattet.

Rheinland-Pfalz ist weder ein "Hochburg" des Rechtsextremismus in Deutschland, noch eine "Insel der Seligen". Im Vergleich der Bundesländer nehmen wir seit mehreren Jahren im Hinblick auf das Personenpotenzial, die jährlich zu verzeichnenden Gewalttaten und den Aktionismus einen Platz im unteren Drittel ein. Gezählt werden in Rheinland-Pfalz insgesamt etwa 1.550 Rechtsextremisten, das entspricht rund vier Prozent der Gesamtzahl von ca. 38.600 im Bundesgebiet. Von den in Rheinland-Pfalz erkannten Rechtsextremisten sind rund 100 gewaltbereit. Deren Zahl ist seit mehreren Jahren in etwa konstant. Der in den letzten Jahren in einigen anderen Bundesländern vergleichsweise starke Anstieg dieses Potenzials zeigt sich in Rheinland-Pfalz nicht. Während der Bundesdurchschnitt der erkannten Rechtsextremisten je 100.000 Einwohnern bei etwa 47 liegt, beläuft er sich in unserem Bundesland auf 38 Rechtsextremisten je 100.000 Einwohner. Im Jahr 2006 verzeichnete die Polizei 24 rechtsextremistisch motivierte Gewalttaten in Rheinland-Pfalz, davon waren 22 Körperverletzungsdelikte. Im Jahr 2005 waren es insgesamt 22 Gewalttaten, davon 19 Körperverletzungsdelikte. Auch diese Zahlen sind gemessen an denen in anderen Bundesländern vergleichsweise niedrig. Die Belastungsquote lag 2006 bei 0,59 Taten/100.000 Einwohner, während der Bundesdurchschnitt bei 1,67 Taten/100.000 Einwohner lag.

Die Größenordnung des rechtsextremistischen Potenzials, seine Zusammensetzung und der Grad der Aktivitäten sind regional unterschiedlich ausgeprägt. Teile der Pfalz sind seit Jahren Schwerpunkte des Rechtsextremismus. Dies trifft gleichermaßen für das Auftreten von gewaltbereiten Rechtsextremisten der Skinheadszene, wie auch für Neonazis und die rechtsextremistische Partei NPD zu. Rechtsextremisten aus dem Pfälzer Raum unterhalten Kontakte zu Gesinnungsgenossen in den benachbarten Bundesländern Baden-Württemberg, Hessen und Saarland. Für die Neonaziszene koordiniert das "Aktionsbüro Rhein-Neckar" Aktionen im Rhein-Neckar-Raum mit Auswirkungen insbesondere in der Vorderpfalz. Rheinhessen galt bislang nicht als besonderer Schwerpunkt rechtsextremistischer Umtriebe. Allerdings treten in jüngster Zeit auch dort Rechtsextremisten verstärkt in Erscheinung. Ein weiterer regionaler Schwerpunkt war bis Ende 2005 die Region Westerwald. Nach umfangreichen exekutiven und justiziellen Maßnahmen gegen Angehörige der neonazistischen "Kameradschaft Westerwald" sind dort keine Aktivitäten mehr wahrnehmbar.

Das Bild der Rechtsextremisten unterliegt auch in Rheinland-Pfalz Veränderungen. Die landläufige Vorstellung von den unbeweglichen Ewiggestrigen entspricht nicht der Wirklichkeit. Zum besseren Verständnis muss zunächst auf die wesentlichen Konstanten eingegangen werden. Nahezu konstant zeigt sich die rechtsextremistische Weltanschauung. Der Dreh- und Angelpunkt rechtsextremistischen Denkens ist die unhaltbare Behauptung, die Menschen seien aufgrund ihrer Abstammung und anderer sie prägender Faktoren ungleichwertig. Rechtsextremisten unterscheiden zwischen höherwertigen und minderwertigen Menschen und verstoßen damit gegen die Menschenwürde und den Gleichheitsgrundsatz. Zu den wesentlichen Elementen des Rechtsextremismus zählen auf der Grundlage dieses Menschenbilds:

- Rassismus,
- völkischer Kollektivismus und
- Nationalismus.

Diese Merkmale bedingen u.a. die dem rechtsextremistischen Denken inne wohnende Ausgrenzung aller Menschen, die dem selbst definierten "Ideal" des rassereinen Volksgenossen nicht entsprechen. Nach Auffassung der Rechtsextremisten haben diese keinen Platz in der Gesellschaft.
Mit alledem eng verknüpft ist im Rechtsextremismus ein ausgeprägtes Feindbilddenken. Rechtsextremisten projizieren auf ihre Feindbilder gebetsmühlenartig echte und vermeintliche gesellschaftliche Probleme. Damit schaffen sie die Grundlage für ihre typische Vorgehensweise, Probleme lösen zu wollen. Sie bedienen sich in der Regel undifferenzierter Schuldzuweisung und Stigmatisierung. Der Behauptung "Die Ausländer sind an allem schuld!" folgt in aller Regel als vermeintliche Lösung des Problems die Forderung "Ausländer raus!".

Insofern gehören auch

- Fremdenfeindlichkeit,
- Antisemitismus und die
- systematische Herabwürdigung von Minderheiten

zu den prägenden Merkmalen des Rechtsextremismus.

In ebenso unüberwindbarem Widerspruch zum Grundgesetz steht die Vorstellung der Rechtsextremisten vom anzustrebenden Staats- und Regierungssystem. Sie lehnen kategorisch die freiheitliche demokratische Ordnung Deutschlands und deren tragende Säulen Volkssouveränität und Parlamentarismus ab. In ihrer Ideenwelt haben Meinungsvielfalt, Mehrparteiensystem, freie Wahlen und Gewaltenteilung keinen Platz. Rechtsextremisten streben ein autoritäres Herrschaftssystem an, in dem die Meinung des Einzelnen nichts zählt und der Befehl die freie Willensbildung ersetzen soll. Ihr Ziel ist eine gleichgeschaltete Volksgemeinschaft. Ebenso wie die rechtsextremistische Weltanschauung in ihren wesentlichen Punkten gleich geblieben ist, zeigt sich das rechtsextremistische Spektrum strukturell seit langem uneinheitlich. Es gibt Vereine, vereinsähnliche Gebilde, Parteien, „Kameradschaften" und unstrukturierte Bewegungen. Der Verfassungsschutz ordnet diese folgenden Bereichen zu:

- Gewaltbereite bzw. gewalttätige Rechtsextremisten (hauptsächlich rechtsextremistische Skinheads),
- Neonazis,
- rechtsextremistische Parteien,
- sonstige Rechtsextremisten (z.B. Revisionisten).

In den vergangenen Jahren hat es eine ganze Reihe von Veränderungen und neuen Entwicklungen im rechtsextremistischen Spektrum gegeben. Jüngere Szeneangehörige prägen heute stärker das Bild. Bundesweit sind inzwischen etwa 25 % der erkannten Rechtsextremisten Jugendliche, Heranwachsende oder junge Erwachsene. Die Altersgruppe zwischen etwa 15 und 30 Jahren ist gegenüber den vorausgegangenen Jahrzehnten damit stärker vertreten. Mit dem gesunkenen Durchschnittsalter hat sich in den letzten Jahren die Tendenz zu eher losen, informellen Strukturen verstärkt. Deutlich wird dies vor allem im subkulturellen, Spektrum der rechtsextremistischen Skinheadszene. Im vergangenen Jahrzehnt ist dieses Potenzial bundesweit auf etwa 10.000 Personen angewachsen. In Rheinland-Pfalz gehören etwa 12 % der erkannten Rechtsextremisten zu der bezeichneten Altersgruppe. Allerdings tendiert auch hier die Zahl junger Mitläufer und Sympathisanten, die noch kein in sich geschlossenes, verfestigtes rechtsextremistisches Weltbild haben, nach oben.

Auch das äußere Erscheinungsbild der Rechtsextremisten hat sich verändert. In der Vergangenheit war die öffentliche Wahrnehmung regelmäßig von einem martialischen Äußeren geprägt. Inzwischen kleiden sich viele junge Rechtsextremisten aus der Skinhead- und Neonaziszene "im Trend" und modisch. Die plump-plakative Selbstinszenierung durch Springerstiefel, weiße Schnürsenkel, Bomberjacke, Glatze etc. weicht einem Äußeren abseits vom "dumpfen Neonazityp". Manche jungen Rechtsextremisten imitieren sogar das Aussehen linksextremistischer Autonomer, so z.B. durch schwarze Kleidung ohne einschlägige Symbole, Palästinensertuch und andere Attribute. In Teilen der linksextremistischen Autonomenszene pflegt man bereits seit geraumer Zeit ein einheitliches Erscheinungsbild, das u.a. durch Auftritte bei Demonstrationen in schwarzer Kleidung ("schwarzer Block").

Ebenso hat sich die Sprache der Rechtsextremisten gewandelt. Im öffentlichen Raum wird ein unverhohlen aggressiver Sprachgebrauch vermieden. Bekannte ideologische (z.B. rassistische) Inhalte werden vorsichtiger formuliert, wie Aussagen "Wir haben nichts gegen Fremde - in der Fremde" oder "Wir sind nicht ausländerfeindlich, sondern inländerfreundlich" belegen. Zudem werden andere politische Bewegungen bewusst nachgeahmt, indem die NPD beispielsweise die im linksextremistischen Spektrum gebräuchlichen Begriffe "Antiimperialismus" und "Antikapitalismus" übernommen hat.

Rechtsextremisten greifen immer häufiger aktuelle Themen auf. Die Sozial-, Ausländer- und Zuwanderungspolitik sowie die Globalisierung stehen ganz oben auf ihrer Agenda. Auch ihre antiamerikanische Agitation hat sich verstärkt. Diese thematische Ausrichtung soll nach außen den Eindruck vermitteln, politisch auf der Höhe der Zeit zu sein und sich um die Belange des "kleinen Mannes" zu kümmern. Rechtsextremisten suggerieren dadurch, sie könnten Orientierung geben sowie individuelle und gesellschaftliche Probleme lösen. Die Wirklichkeit zeigt, dass weder ihre Problembeschreibungen noch ihre vermeintlichen Lösungen realistisch bzw. tragfähig sind. Es ist für Rechtsextremisten typisch, dass sie komplexe Zusammenhänge und Probleme verkürzt und außer Achtlassung von wichtigen Fakten darstellen.

Intensiviert haben rechtsextremistische Kreise auch ihr Bemühen, in den demokratischen Diskurs einzugreifen. Sie bezeichnen dies als "Wortergreifungsstrategie". Dabei besuchen sie öffentliche Veranstaltungen, insbesondere dann, wenn diese den Rechtsextremismus zum Inhalt haben. Ihr Motto lautet: "Keine Veranstaltung über uns ohne uns". Damit wollen sie Veranstalter und Veranstaltungsbesucher verunsichern. Bei der Abgabe ihrer Statements und bei Fragen zeigen sie sich mitunter betont zurückhaltend, ohne die bekannte Aggressivität.

Mit alledem verfolgen die Rechtsextremisten das Ziel, auf uninformierte Betrachter wie ein Stück „bürgerlicher Alltag" zu wirken. In diesem Sinne hat beispielsweise die NPD in jüngerer Zeit ihre Aktivitäten auch in einigen rheinland-pfälzischen Regionen verstärkt. Damit will sie eine langfristige kommunale Verankerung, wie z.B. durch Ankauf oder Anmietung von Immobilien, um bei Wahlen eine örtlich bessere Ausgangsposition zu erreichen. Mit Blick auf Sachsen und Mecklenburg-Vorpommern muss festgestellt werden, dass diese Strategie dort aufzugehen scheint.

Ein weiteres Problem ist das verstärkte Bemühen der Rechtsextremisten um Nachwuchsgewinnung unter Jugendlichen. Der rheinland-pfälzische NPD-Landesvorsitzende Peter MARX hat dies wie folgt ausgedrückt: „Wir müssen die Herzen der deutschen Jugend gewinnen, dann gehört uns die Zukunft".

Dazu bedienen sich die Rechtsextremisten vielfältiger Methoden und rhetorisch geschickt, um das Interesse von Jugendlichen zu wecken. So wird z.B. mit Flugschriften und Aufrufen geworben. Themenwahl und Sprachgebrauch sind an die Zielgruppe angepasst. Auf einem Flugblatt der NPD-Jugendorganisation „Junge Nationaldemokraten" (JN), das auch in Rheinland-Pfalz zur Verteilung kam, heißt es u.a.: „Ja zur Bildungsoffensive...Nein zur Jugendarbeitslosigkeit" Auf einem Plakat der NPD heißt es: „Sie machen Kasse...Du sitzt auf der Straße".

Äußerungen wie diese verdeutlichen zum einen eine bewusst unverfängliche Wortwahl. Gegen ein „Ja" zur Bildungsoffensive kann im Grunde niemand etwas einwenden. Die rechtsextremistische Weltanschauung soll so verschleiert werden. Zum anderen zeigen solche Äußerungen, dass Rechtsextremisten mit den Gefühlen von Menschen spielen. Sie instrumentalisieren die Angst vor Arbeitslosigkeit, Armut und sozialem Abstieg. An einer sachlichen Auseinandersetzung ist ihnen nicht gelegen. Ihr Ziel ist zu emotionalisieren, um sich dann als „Helfer in der Not" anzubieten.

Zur Werbung der Rechtsextremisten gehören auch Jugend gerechte Schriften, die oftmals keine unmittelbaren Rückschlüsse auf ihre Urheberschaft zulassen. Hierzu zählt die rechtsextremistische, überregionale Schülerzeitung "Invers". Bei der Gestaltung dieser Schrift wird auf ein unverfängliches Erscheinungsbild und eine ebensolche Themenauswahl Wert gelegt. Ein weiteres jüngeres Beispiel für diese Vorgehensweise ist die vom Landesverband Rheinland-Pfalz der NPD-Jugendorganisation "Junge Nationaldemokraten" (JN) herausgegebene Schrift "Schinderhannes", die Mitte 2007 eigenen Angaben zufolge in einer Erstauflage von 10.000 Exemplaren erschienen ist.

Das Medium Internet hat eine große Bedeutung für Rechtsextremisten. Es dient als bevorzugte Agitations- und Propagandaplattform und ist ein wichtiges Kommunikationsmittel, um Jugendliche an rechtsextremistisches Gedankengut heran zu führen. Alle technischen Möglichkeiten wie Chat-Rooms, Newsgroups, E-Mail-Verkehr usw. werden intensiv genutzt. Ebenso deckt sich ein Teil der Szene mit einschlägigen Gegenständen wie Bekleidung und vor allem rechtsextremistischer Musik über Internetkäufe ein.

Die Angebote der NPD reichen von Hausaufgabenhilfen, Podiumsdiskussionen an Schulen bis hin zur „Jugendhilfe". Ein hessischer Kreisverband der NPD stellte beispielsweise im Jahr 2006 im Internet Hilfe für die Ausbildungsplatzsuche, bei schulischen oder persönlichen Problemen usw. in Aussicht.

Verstärkt werden auch Freizeitaktivitäten ohne offenkundige politische Inhalte offeriert. Hierzu zählen beispielsweise Grillfeste, Zeltlager, Musikveranstaltungen etc. Rechtsextremisten versuchen, zunächst das Vertrauen von Jugendlichen zu gewinnen. Erst zu einem späteren Zeitpunkt findet eine politische Schulung statt. Die Angebote der Rechtsextremisten zielen auf die Gefühlsebene und weniger auf die Verstandesebene ab. Sie zeigen sich vordergründig bemüht, den von ihnen angesprochenen Jugendlichen ein Gefühl von Zuwendung, Anerkennung und Stärke in einer Gruppe zu geben – frei nach dem Motto: „Wir kümmern uns um dich. Hier bist du wer". Erfolg versprechen sich die Rechtsextremisten daher vor allem bei jungen Menschen, bei denen sie einen Mangel an solchen Gefühlen annehmen oder feststellen. Ihr Werben richtet sich grundsätzlich nicht an gefestigte, selbstbewusste Persönlichkeiten, die weniger empfänglich für das rechtsextremistische Gedankengut sein dürften.

Eine besondere Rolle spielt das für die Rechtsextremisten wichtige Medium Musik. Erste Kontakte zur rechtsextremistischen Szene ergeben sich insbesondere durch Musikveranstaltungen und die Verbreitung einschlägiger Tonträger. Man kann rechtsextremistische Musik als eine „Einstiegsdroge" bezeichnen. Die Musik stärkt aber auch den Szenezusammenhalt. Es gibt Stimmen im rechtsextremistischen Spektrum, die lauten: „Ohne die Musik gäbe es uns nicht".

Eine wichtige Aufgabe der Musik ist die Verbreitung und Verankerung rechtsextremistischen Gedankenguts. Die Liedtexte sind oft von unverhohlen fremdenfeindlich, antisemitisch und nationalistisch oder verherrlichen den Nationalsozialismus und seine Vertreter. Daneben existiert ein unhistorischer Volkskult um Germanen oder Wikinger.

Eine ganze Reihe solcher Produkte ist Jugend gefährdend oder erfüllt sogar Straftatbestände. In den letzten Jahren sind bereits mehrere Mitglieder von Skinheadsbands wegen Bildung einer kriminellen Vereinigung nach § 129 Strafgesetzbuch verurteilt worden. Szenebands machen aus ihrer Menschenverachtung und ihrem Hass auf Minderheiten oft keinen Hehl. Sie nennen sich "Oithanasie", "Rassenhass", "Gestapo", "Endlöser" oder "Race War". Eine Gefahr, die von der Musik solcher Formationen ausgeht, ist die Förderung von Aggressivität und Gewaltbereitschaft in der Szene.

Die rechtsextremistische Musikszene besteht nicht ausschließlich aus Skinheadbands. Ebenso wenig gibt es einen eigenen (rechtsextremistischen) Musikstil. Die Bezeichnung „Rechtsrock" ist insofern irre führend. Es existiert ein breites Spektrum unterschiedlicher Stilrichtungen und Interpreten. Mit Ausnahme von Soul, Blues und Jazz – die aus rechtsextremistischer Sicht nicht nachahmenswert sind – wird fast jeder gängige Musikstil von rechtsextremistischen Interpreten missbraucht. Techno, Hip-Hop, Rap oder Stile der Metal-Szene spielen da keine Ausnahme.

So gibt es beispielsweise eine Aufnahme einer Formation „DJ Adolf", die Techno-Klänge mit Originaltonaufnahmen von Redebeiträgen aus der Nazizeit verbindet. Die Gruppe „Neo Hate" singt im Rap-Stil von „New York, Jew York", einen antisemitischen Text. Die rechtsextremistische Black-Metal Gruppe „Endlöser" grölt ihre Texte für Laien unverständlich hinaus, doch ihre Anhänger wissen sehr genau um die fremdenfeindlichen Inhalte. Auch Balladensänger haben einen Platz in der rechtsextremistischen Musikszene. Einer der bekanntesten ist der Neonazi Frank RENNICKE. Seine politischen Botschaften finden sich zwischen den Zeilen. In dem Lied von dem „Mädel mit der Fahne" ist verherrlichend von der „Fahne des Reiches, schwarz weiß und rot" die Rede. Man könnte meinen, dies sei die Fahne des Norddeutschen Bundes, die im Kaiserreich Nationalflagge wurde und unter den Nazis wieder auflebte. Allerdings war auch die Hakenkreuzfahne schwarz, weiß, rot. Welche Frank RENNICKE meint, bleibt der Interpretation der Zuhörer überlassen.

Die NPD hat mit ihrer "Schulhof-CD - Hier kommt der Schrecken aller linken Spießer und Pauker", auf der das Lied von RENNICKE zu finden ist, den Zeitgeist genutzt. Die CD ist als bundesweiter Werbeträger für Jugendliche in großer Stückzahl erschienen. Sie wurde auch im Umfeld mehrerer Schulen in Rheinland-Pfalz bereits verteilt. Die 14 Lieder des Samplers beinhalten zwar keinerlei strafrechtlich relevante Texte. Gleichwohl dienen sie der politisch-extremistischen Agitation. Zwischenzeitlich ist eine zweite Auflage erschienen.

Die Ausführungen verdeutlichen dass der Rechtsextremismus ein gesellschaftspolitisches Brennpunktthema mit vielen Facetten und immer wieder neuen Entwicklungen bleibt. Rechtsextremisten sind Antidemokraten und Verfechter einer unmenschlichen Weltanschauung. Ihr Gedankengut darf in Deutschland keinen Nährboden finden.

Jendrik Petersen

Kampf gegen Rechtsextremismus als notwendiges Aufgabenfeld betrieblicher Bildung

0. Vorbemerkungen

Die sich momentan darbietende wissenschaftliche, technisch-ökonomische, gesellschaftliche und kulturelle Situation wird häufig in Medien und diversen Publikationen als Unfähigkeit von Menschen und kollektiven Zusammenschlüssen (Organisationen, Staat und Gesellschaft) charakterisiert, die Verflechtungen der Wirkungszusammenhänge zu erkennen, Sinnorientierungen zu entwickeln sowie ganzheitlich und zukunftsorientiert zu denken und zu handeln (vgl. u.a. Diekmann 2007). Weiterhin kommen Herausforderungen am besonderen Beispiel von Shareholder Value (s. ursprünglich Rappaport 1998), der Globalisierung und ihrer Begleitumstände hinzu, die es immer notwendiger machen, die Wettbewerbsfähigkeit von Volkswirtschaften, aber im Grunde auch gesamten Gesellschaften (deren Leistungsbereitschaft, Mentalität, Arbeitsmoral etc.) oder sogar Wertegemeinschaften (wie bspw. der christlich-abendländischen Kultur) unter Beweis zu stellen, hinzu (vgl. u.a. Huntington 1996, Koslowski 1999, Petersen 2003, 2004).

Vor diesem Hintergrund überrascht es nicht, dass trotz oder gerade wegen Meinungspluralität, Postmoderne und scheinbarer Beliebigkeit von Werten in einer demokratischen Gesellschaft wie der unsrigen auch Menschen in Unternehmen *sich danach sehnen, für immer komplexere Herausforderungen immer einfachere Lösungen herbeizuführen.* Hier ergibt sich ein Ansatzpunkt für extremistisches Gedankengut von *links* und *rechts*, da es auf den ersten Blick natürlich auch im ökonomischen Kontext verlockend ist, für wirtschaftliche, gesellschaftliche und schließlich mentale Herausforderungen *einen auf den ersten Blick nachvollziehbaren Weg aufzuzeigen und Anhänger dafür zu suchen.*

Sicherlich stellt dieser Sammelband allein aus Gründen des „gesunden Menschenverstandes" und der Verantwortung von Menschen für Menschen die Frage, warum trotz der furchtbaren Erfahrungen mit dem Nationalsozialismus und der gerade in Deutschland insgesamt sehr konsequenten Aufarbeitung „faschistischer Problemlösemodi" rechtes Gedankengut einfach nicht aussterben will und warum es dementsprechend immer noch Menschen gibt, die für eine autoritäre, nationalistische und/oder rassistische Gesinnung empfänglich sind (siehe u.a. der Beitrag von Andreas Müller in diesem Band).

Die in diesem Sammelband angesprochene Herausforderung ist – das soll in diesem Beitrag deutlich werden – nicht nur für Wissenschaftler, Medienvertreter, Politiker oder Lehrer von Bedeutung, sondern auch für den ökonomischen Kontext. Diese These lässt sich schon allein dadurch begründen, dass in zunehmendem Maße Unternehmen nicht länger das nur wirtschaftliche, sondern eben auch das gesellschaftliche Leben stark mit beeinflussen (s. Petersen /Lehnhoff 2004), aber umgekehrt sich auch gegenüber gesellschaftlichen Einflüssen nicht abschotten können.

Die Globalisierung fördert und fordert den Waren- und Dienstleistungsaustausch mit Menschen unterschiedlichster Hautfarben, Gesinnungen, Weltanschauungen und/oder Wertsystemen. Damit verbunden kann es schon allein aus rein ökonomischen Gründen nicht im Interesse deutscher Firmen sein, dass das eigene Land oder zumindest Teile davon in Verdacht geraten könnten, mit (rechts)extremistischen Positionen zu sympathisieren. Abgesehen von den verheerenden Folgen für das Ansehen des Landes und seiner Bürger insgesamt könnte sich ein solcher Verdacht besonders auch auf die Attraktivität deutscher Dienstleistungen und Waren sowie die der deutschen Arbeitgeber für Forscher und Spitzenfachkräfte (bspw. im naturwissenschaftlichen oder dem IT-Bereich) auswirken.

Es „lohnt sich also" auch aus ökonomischer Sicht, die Thematik Rechtsextremismus nicht zu verharmlosen und stattdessen den Kampf gegen extremistisches Gedankengut zum Aufgabenfeld betrieblicher Bildung zu deklarieren.

Bevor erste Ansätze vorgestellt werden, wie derartige Bildungsprozesse im Unternehmen aussehen könnten, ist es sicherlich erst einmal notwendig, exemplarisch einige Ursachen für fremdenfeindliches-rechtsextremistisches Denken auch im Jahre 2008 – also 63 Jahre nach dem durch *ausländische* Expeditionsstreitkräfte erzwungenen Ende der nationalsozialistischen Gewaltherrschaft - herauszuarbeiten.

Oftmals werden in Interviews, Umfragen, aber auch Gesprächen im Lokal oder der Straßenbahn folgende Gründe genannt:

- Orientierungs- und Perspektivlosigkeit in der Gesellschaft (insbesondere bei Jugendlichen mit keinem Schul- und Berufsabschluss),
- Gefühle der Ohnmacht und Wertlosigkeit in einer Gesellschaft, in der es ausschließlich auf Besitz, Wohlstand und Lebensgenuss anzukommen scheint, damit verbunden
- eine nicht immer rational zu begründende und hinsichtlich der Konsequenzen zu beschreibende Sehnsucht nach sozialer Gerechtigkeit, die auch durch den Wettbewerb der politischen Parteien in Wahlkämpfen und Medien geschürt und besonders von extremistischen Parteien und Gruppierungen genutzt wird,
- Existenzsorgen, Angst vor Arbeitslosigkeit,
- Krisenängste allgemein,
- Asyl und Zuzug von Ausländern aus armen Ländern der Welt,

- Unüberschaubarkeit politischer Parteien, Organisationen und Interessengruppen sowie deren Absichten,
- Politikerverdrossenheit,
- Provokation der Gesellschaft hinsichtlich eines Tabu-Themas,
- Sehnsucht nach einer klar geregelten heilen Welt und Geborgenheit
- Suche nach dem „starken Mann", der schnell komplexe Probleme löst (s. dazu auch Diekmann 2007, S. 64ff).

Ausgehend von diesen Kritikpunkten lassen sich in den Augen nicht weniger Menschen, denen allerdings nicht automatisch eine extremistische Gesinnung nachzusagen ist, geradezu beispielhaft (natürlich ohne Anspruch auf Vollständigkeit) die „oftmals positiv interpretierten Begleiterscheinungen" des „Dritten Reiches" im Deutschland der 1930er Jahre anführen. Sie sind Ausdruck von Wunschvorstellungen und teilweise auch Frustration bezüglich des Alltages in unserer demokratischen, aber auch unübersichtlichen, viele Anforderungen an den einzelnen Menschen stellenden Gesellschaft und wirken sich auch auf den ökonomischen Kontext aus (s. dazu auch Henkel 2000). Zu nennen sind u.a.:

- Klares Weltbild: Jeder wusste in Nazi-Deutschland (aber auch anderen diktatorischen Regimen wie der Sowjetunion oder der DDR), wo er hingehört sowie, was gut und was schlecht ist.
- Vollbeschäftigung: Keiner „lungerte auf der Straße herum", „drückte sich auf Kosten der Gemeinschaft vor der Arbeit" und lebte dementsprechend Individualismus und Hedonismus geradezu gnadenlos aus.
- Deutschland „war wieder wer" (nach der Schmach von Versailles) und sollte auch heute (spätestens seit der Fußball-WM 2006) langsam aufhören, sich immer wieder sich selbst zu verleugnen.
- Kriminalität wurde konsequent, besser: hart bestraft und nicht die Schuld seitens „linker", von der 1968er Bewegung geprägten (diesen Staat insgeheim oder gar offen ablehnender) Journalisten, Pädagogen, Politiker, Juristen und Sozialarbeiter bei der (kapitalistischen) Wettbewerbs-Gesellschaft gesucht.
- „Man konnte auch noch nachts gefahrlos über die Straße gehen".
- Die Massenspektakel der Nationalsozialisten sprachen das Herz jedes einzelnen Menschen an und luden zum Mitmachen ein.
- Der Gemeinschaftsgedanke zählte mehr als der Egoismus.
- Entscheidungsprozesse dauerten nicht so lange wie im demokratischen Rechtsstaat, in dem jeder qua Verfassung das Recht hat, seine Meinung zu äußern oder durch Klagen vor Gericht wichtige, auch Arbeitsplätze schaffende Projekte zu be - bzw. gar zu verhindern (vgl. Diekmann 2007) etc.

Auf den ersten Blick müssten derartige Meinungen eine große Besorgnis hinsichtlich des Zustandes unserer Demokratie und des ethisch-moralischen Zustandes unserer Gesellschaft hervorrufen. Im Folgenden soll allerdings deutlich werden, dass derartige Entwicklungen immer auch mit Wertewandelprozessen in der gesamten Gesellschaft verbunden sind. Diese wirken sich freilich auch auf das betriebliche Miteinander aus.

1. Wertewandel in der bundesdeutschen Gesellschaft als Ausdruck der Relativität ethisch-moralischer Aussagen auch für den ökonomischen Bereich

Als Indikatoren für einen (Werte-) Veränderungsprozess in der bundesdeutschen Gesellschaft dienten ursprünglich empirische Erhebungen (vgl. u.a. Noelle-Neumann / Strümpel 1984), in denen die Menschen in unserem Lande nach ihren Einstellungen gegenüber den Gestaltungsformen menschlicher Kultur wie Staat, Politik, Familie, Arbeit etc. befragt wurden.
Demnach waren in den 1950er und frühen 1960er Jahren die Wertorientierungen in der Bundesrepublik (westliche Bundesländer) relativ stabil (vgl. v. Rosenstiel 1989, S.50) und zeichneten sich durch eine bejahende Haltung gegenüber den von Noelle-Neumann bezeichneten „bürgerlichen Werten" wie Pünktlichkeit, Pflichtbewusstsein oder Fleiß aus.

Der erste Wertewandel in der bundesdeutschen Gesellschaft vollzog sich im Zeitraum Mitte der 1960er Jahre bis ca. Ende der 1970er Jahre. In dieser Zeit entwickelten sich die vorherrschenden Wertorientierungen in Hinblick auf

- Leugnung der und Emanzipation von Herrschaft (in jeglicher Form),
- dementsprechend eine schon übertriebene Betonung von Befreiung, Autonomie und Selbstentfaltung/ Selbstverwirklichung;
- Bedürfnis nach und Bejahung von Individualität und Lebensgenuss (Hedonismus);

Als ein Erklärungsmuster für diese Entwicklung kann der Generationenkonflikt zwischen

- der Nachkriegsgeneration, die ihren Sinn primär im Wiederaufbau und Herstellung des wirtschaftlichen Wohlstands gesehen hat und sich politischen und gesellschaftlichen Fragen gegenüber eher passiv verhalten hat und der
- nachfolgenden Generation, für die die Befriedigung elementarer Bedürfnisse selbstverständlich war und folglich „bürgerliche", vielleicht sogar als „spießig" angesehene Werte wie Pflichtbewusstsein, Pünktlichkeit etc. als Bejahung (Affirmation) von Herrschaftsstrukturen verstand und somit ablehnte (Beispiel Studentenunruhen 1968)

bezeichnet werden. Dieses Phänomen, das auch die Allgemeingültigkeit ethisch-moralischer Normen unmittelbar tangiert, wurde durch die Wissenschaft unterschiedlich beurteilt.

Während eher konservativ argumentierende Autoren wie Noelle-Neumann einen Werteverfall „beklagten", versuchten Autoren wie der Amerikaner Inglehart (1979), eine eher neutrale Position einnehmend, die Werteverschiebung aufgrund des Wandels vom Materialismus hin zum *Postmaterialismus* zu erklären (vgl. v. Rosenstiel 1989, S.53).

Der zweite Wertewandel insbesondere in der Bundesrepublik Deutschland konnte in den 1980er Jahren festgestellt werden und war geprägt:

- durch die feministische-,
- die Friedens- sowie
- die Ökologiebewegung.

Auch dieser zweite Wertewandel unterstrich auf der einen Seite die zeitlose Suche des Menschen nach einem guten und sinnerfüllten Leben und betonte auf der anderen Seite den pluralistischen Charakter moderner westlicher Gesellschaften.

Als Quintessenz dieser Schilderungen lässt sich jedenfalls festhalten, dass bis auf Werte, die qua Grundgesetz oder Strafgesetzbuch geschützt sind, wie Leben, Menschenwürde oder körperliche Unversehrtheit, *kaum* noch allgemeingültige Werte existieren, die über alle gesellschaftlichen Schichten oder Parteiengrenzen hinweg als ethisch-moralisch begründete Normen existieren, nach denen die Menschen leben und arbeiten wollen. Auch der Wertewandel dient somit als Beispiel und gleichzeitige Begründung, *dass auch in Unternehmen ethisch-moralische Aussagen relative sind* und vom jeweiligen Standpunkt der Betrachter abhängen.

Neben dem festzustellenden schwindenden Vertrauen in die Problemlösekompetenz des politischen Systems sehen sich demzufolge zunehmend auch (die Vertreter) bislang überaus erfolgreicher wirtschafts- und gesellschaftswissenschaftliche(r) Deutungs- und Erklärungsmuster dahingehend herausgefordert, kaum noch in der Lage zu sein scheinen, Antworten auf die immer stärker empfundene bisherige und zukünftige Komplexität der Welt zu geben.

Ein möglicher Ansatz hierzu, der gleichermaßen als positive wie ungewöhnliche Reaktion auf (rechts-) extremistische Gewaltpositionen angesehen werden kann, liegt in der Förderung eines *reflexiven Zweifels* auch in den Unternehmen und in der betrieblichen Bildung.

2. Der reflexive Zweifel als Ausdruck der Notwendigkeit der Implementierung außerökonomischer Normen in das ökonomische Entscheiden und Handeln

Unternehmungen sind und bleiben - auch wenn sie *zuallererst* Institutionen sind, die ökonomische Interessen verfolgen - in den politischen Gesamtzusammenhang von Staat und Gesellschaft eingebunden. Allerdings sehen sich darüber hinaus *nicht* nur multinationale Großunternehmen zunehmend mit folgenden letztlich globalen Herausforderungen konfrontiert:

- zunehmende Tendenz zur Deregulierung der Märkte,
- technologische Entwicklung mit der Folge einer radikalen Verkürzung der Produktzyklen,
- um sich greifende Erosion traditioneller kultureller Normen und Werte in allen gesellschaftlichen Bereichen, die kollektive Bindungen auflöst und zu einer fortschreitenden Individualisierung - mit allen positiven und negativen Erscheinungen - führt (s. u.a. Beck 1986),
- und eine sich rasant entwickelnde Kommunikations- und Informationstechnologie, die eine immer schnellere und breitere Vernetzung zwischen Staaten, Organisationen, Gruppen und Einzelpersonen ermöglicht bzw. forciert (vgl. Petersen 1997),
- die in ihrer wechselseitigen Verbindung Anlass sind für eine exorbitant wachsende globale *Komplexität und Dynamik der Weltgesellschaft und ihrer Märkte* mit den Folgen
- zunehmende Schwäche und immer schwerer zu überblickenden Überschaubarkeit einerseits der Kontextbedingungen und andererseits der innerorganisationalen Bedingungen,
- sinkende Berechenbarkeit zukünftiger Entwicklungen bereits im kurzfristigen Zeithorizont (Beck 1986, 1993),
- sinkende Beherrschbarkeit bzw. Steuerbarkeit einerseits der externen Beziehungen zu Kunden, Lieferanten und kulturellen und politischen Zielgruppen und andererseits innerorganisationaler Prozesse der Beziehung verschiedener Organisationsbereiche und -gruppierungen (Malik 1992, Lehnhoff 1997).

Aufgrund dieser Veränderungen, die der Anlass sind, nicht nur Individuen, sondern auch soziale Systeme, wie Gruppen, Organisationen, interorganisationale Beziehungen und schließlich auch die Gesellschaft unter dem Aspekt des *Lernens* wahrzunehmen, ergeben sich für die *Planung, Organisation und Ausgestaltung betrieblicher Bildungsprozesse* zum Teil gravierende Konsequenzen.

„Gebildet im Sinne der Erwachsenenbildung wird jeder, der in der ständigen Bemühung lebt, sich selbst, die Gesellschaft und die Welt zu verstehen und diesem Verständnis gemäß zu handeln" hieß es bereits im Gutachten des

Deutschen Ausschusses für das Erziehungs- und Bildungswesen zur Situation der Erwachsenenbildung im Jahre 1960.

Übertragen auf die Unternehmensangehörigen als erwachsene Individuen und den ökonomischen Alltag lässt sich hieraus der Anspruch ableiten, sich *ständig* mit der Frage auseinandersetzen, „dass Persönlichkeitsentwicklung ein lebensgeschichtlicher Prozess ist und die Verwirklichung von Humanität ein Zusammenspiel von pragmatischer Überlegung, kommunikativer Probierbewegung und Bereitschaft zur kritischen Selbstreflexion erfordert" (Tietgens 1994, S.25).

Als Aufgabenfeld politischer betrieblicher Bildung lässt sich angesichts der Botschaft dieses Sammelbandes die Handlungsorientierungsfähigkeit *prinzipiell jedes Menschen verstehen*, die Fähigkeit und Bereitschaft auszugestalten, einen inneren Dialog mit selbstkritischen Prüfkriterien zu führen, wobei die Regeln dieses inneren Dialoges die Grundlage bilden sollen, einen *Dialog* mit Betroffenen des eigenen Handelns eingehen zu können.

Vor diesem Hintergrund scheint es besonders hilfreich zu sein, kurz auf die Gedanken Ulrich Becks zum „reflexiven Zweifel" einzugehen. Ulrich Beck, dessen Gedanken zur Risikogesellschaft (1986) in der sozialwissenschaftlichen Diskussion in Bezug auf die Zukunftsgestaltung moderner Industriegesellschaften sehr viel Aufmerksamkeit erfahren haben, schlägt dahingehend einen Ausweg aus dem Dilemma spätindustriellen Denkens und Handelns sowie der damit einhergehenden Verunsicherung, deren Folgen auch mit zu diesem Sammelband geführt haben, vor, dass der Mensch (und somit auch der sich primär an ökonomischen Parametern ausrichtende Mensch) den Mut aufbringen muss, sich seines eigenen Zweifels zu bedienen (vgl. Beck 1993). Vor dem Hintergrund dieser These ist es wichtig, auf die die von Beck getroffene Unterscheidung zwischen einem *linearen* und einem *reflexiven Zweifel* hinzuweisen:

Der *lineare Zweifel* ist im Zusammenhang mit einer *verzweifelten* Suche des Menschen nach einer *allgemeingültigen Erkenntnis* zu sehen. Da der Mensch erkennt, dass er ein *imperfektes und endliches Wesen* ist und somit zu Lebzeiten nicht in den Genuss der *objektiven Wahrheit* kommen kann, verzweifelt er oder gibt sich den o.a. gnadenlosen und menschenverachtenden extremistischen Ideologien hin.

Demgegenüber orientiert sich der *reflexive Zweifel* nicht an der (Suche nach der) objektiven Wahrheit (wie es extremistische Positionen fordern), sondern lässt sich als einen Erkenntnisprozess verstehen, bei dem der Mensch seine Imperfektheit (s. Benner 1991), *Offenheit und unbestimmte Bestimmtheit* (s. Prange 1978) *a*nerkennt. Der nächste Schritt ist dann die Übernahme von Ver*antwort*ung jedes Menschen für sein Denken und Handeln.

Demzufolge wirkt sich *ein derartig verstandener „reflexiver Zweifel"* unmittelbar auf den Kern der Persönlichkeit und Identität aus. Zweifel und Selbstzweifel schließen rechtsextremistisches Denken konsequent aus, da dieses ja gar keine Zweifel zulässt und von der Richtigkeit seiner Thesen absolut, d.h. bis zur Vernichtung anders denkender Zweifler überzeugt ist. Zweifel und Selbstzweifel dienen demzufolge der *Bildung* des Subjekts auch in Unternehmen.

Hieraus lassen sich wiederum Vorschläge erarbeiten, wie eine politische betriebliche Bildung formuliert werden könnte, die dem Anspruch gerecht wird, primitivem extremistischem Gedankengut entgegen zu treten.

3. Vorschläge zur Konkretisierung politischer betrieblicher Bildungsprozesse

Um angesichts der Herausforderungen durch extremistisches Gedankengut Unternehmen und deren Angehörige zu befähigen, auch soziale Phänomene, wie Normen, Werte, Konflikte, Macht und Motivation zu berücksichtigen und dementsprechend außerökonomische, philosophisch-moralische Handlungsaspekte in das scheinbar nahezu ausschließlich unter streng rationalen Kriterien agierende Unternehmen einwirken zu lassen, ist eine vielschichtige Herangehensweise erforderlich.

Zur Ausgestaltung politischer betrieblicher Bildungsprozesse bieten sich folgende Herangehensweisen an:

- *Interdisziplinäre Bildung* im Rahmen einer Integration soziologischer, psychologischer, und pädagogischer Fragestellungen im ökonomischen Denken und Handeln, da geistes- und sozialwissenschaftliche Erkenntnisse Führungskräften und Mitarbeitern von heute und morgen gleichermaßen behilflich sein können, die „seelisch-soziale Wirklichkeit, die auch die Organisation außen umgibt und die sich im Unternehmen auf besondere Weise ausbildet" (Glasl 1995, S.60) zu erkennen und im Denken und Handeln zu verarbeiten sowie eine

- *Kulturelle Bildung*, wobei Kultur nicht länger als das Schöne, vom Alltag abgehobene bezeichnet werden kann, welche im Gegensatz zu Gesellschaft, Politik und Ökonomie steht. Vielmehr können durch kulturelle Bildung Führungskräfte und Mitarbeiter dahingehend sensibilisiert werden, dass die Kultur im Sinne kollektiver Sinnkonstruktionen mit dem Alltag und der Gesellschaft dahingehend eng verflochten ist, dass sie die Grundlagen und Normen schafft, welche das Entscheiden und Handeln in der Gesellschaft und den einzelnen Subsystemen entscheidend mitprägen. Demzufolge birgt das aktive politische Mitwirken an und in einer (demokratischen, toleranten und weltoffenen) Kulturnation die Aufgabe in sich, gemeinsame Weltbilder insbesondere auch gegenüber extremistischen Positionen mitzugestalten, auf die sich zu berufen möglich ist. Vor diesem Hintergrund kommt auf die Unternehmen und deren Angehörige zu, politische Prozesse über die Unternehmensgrenzen hinaus aktiv zu begleiten. Auf diese Weise wird die

- *gesellschaftspolitische Bildung* unmittelbar angesprochen, geht es doch darum, über die Übernahme von Verantwortung die „Synthese zwischen dem Ziele der individuellen Freiheit und jenem der sozialen Bindung" (Hennig 1989, S.19) zu ermöglichen. Ein Unternehmen, das nicht nur nach innen, sondern auch nach außen hin, attraktiv sein will, um einerseits seine Produkte und Dienstleistungen anbieten und vertreiben zu können und andererseits seinen Nachwuchs von außen zu rekrutieren beabsichtigt, kann letztlich globale Einflüsse und Bedürfnisse nicht ignorieren oder gar negieren. Hieraus ergibt sich der Querverweis zur

- *handlungsorientierten und kreativitätsfördernden Bildung*, da die diversen Wertewandelprozesse verdeutlicht haben, dass das bisherige neuzeitlich-mechanistische, monokausale Rationalitätsverständnis sicherlich als verkürzt für die Lösung umfangreicher Problemstellungen in hochkomplexen Systemen am Beispiel einzelner Unternehmen und der Gesellschaft anzusehen ist, aber andererseits auch eine postmoderne Ausrichtung, welche die Rationalität generell in Frage stellt, kaum zur aktiven Auseinandersetzung im Sinne des „reflexiven Zweifels", beitragen kann. Dementsprechend geht es nicht etwa in punkto ethisch-moralischer Aussagen darum, zu resignieren, sondern es wird stattdessen in diesem Beitrag der offensive Vorschlag unterbreitet, **durch Bildung** das Bewusstsein jedes Einzelnen im Sinne einer fairen Auseinandersetzung mit den Betrachtungen des Anderen zu schärfen. Diese *gemeinsame Wahrheitssuche im Austausch zwischen Menschen im Sinne eines politischen betrieblichen Lernens ist deshalb notwendig*, weil es hinsichtlich ethisch-moralischer Aussagen *nicht* „die" von vornherein festgelegte und allgemeingültige Wahrheit mehr geben kann, die seitens der Extremisten vorgegaukelt wird.

Selbst in hierarchischen Organisationen wie beispielsweise erwerbswirtschaftlichen Unternehmen bedeutet die faire Auseinandersetzung mit den Betrachtungen des anderen für Führungskräfte und Entscheidungsträger die *konkrete Aufforderung*, das *Wagnis einzugehen*, zunächst einmal Dialoge als *animierender (Lern-)Partner* und *Katalysator* zuzulassen und zu führen. Dieser Prozess kann als „Dialogisches Management" bezeichnet werden (Petersen 2003). Mit Hilfe *dialogischen Managements* können beispielsweise auf Mitarbeiter- und Teamebene Selbstbewusstsein, Urteilsfähigkeit, Leistungs- und Innovationsbereitschaft sowie die Entfaltung schöpferischer Kräfte auf allen Ebenen ermöglicht und dementsprechend Raum dafür gegeben werden, sich im gesamten Kontext stärker Tugenden wie Kreativität, Querdenken, Spontaneität und Risikofreudigkeit zuzuwenden.

Hieraus ergibt sich, dass Führungskräfte und Mitarbeiter als (zumindest prinzipiell) *gleichberechtigte Wahrheits- und Problemlösungsquellen* anzusehen sind und hierzu den aktuellen Wissensstand *ständig hinterfragen* und *verändern* müssen (vgl. Petersen 2003). Hierzu können politische betriebliche Bildungsprozesse einen ersten Anstoß geben.

4. Die Befähigung zum Dialog als Ansatzpunkt politischer betrieblicher Bildungsprozesse

In diesem Beitrag soll natürlich nicht bestritten werden, dass sich der betriebliche Alltag durch Hierarchien und asymmetrische Machtstrukturen kennzeichnen lassen kann. So stellt sich das Verhältnis zwischen Führungskräften und Mitarbeitern oftmals noch wie folgt monologisch dar:

Monologisch- ausgelegtes Führungsverhalten - Führung als *einseitige Wahrheitsvermittlung*

- **Charakteristika:** Führung als einseitige top-down ausgelegte Anordnung und Kontrolle; es gibt **nur eine** Wahrheitsquelle („Wahrnehmer" und „Falschnehmer"). Monologische Führung zeichnet sich häufig durch emotionale Abhängigkeit des Geführten von der „Elternfigur" ab.
- **Indikatoren:** Verhältnis „Eltern"-"Kind" oder „Lehrer"- „Schüler". Vorgabe und „patriarchalisch" ausgelegte strenge Kontrolle von Zielen, einseitige Kommunikation, *nicht hinterfragbares Wahrheitsmonopol* des Führenden, oftmals begünstigt durch Verehrung der „Vater-Figur" und unbedingte Loyalität sowie „vorauseilenden Gehorsam".
- **Absichten/ Zielvorstellungen:** Bewahren des Bestehenden. Vermeidung von Komplexität. Verweis auf die permanente *monologische* Gestaltbarkeit momentaner und zukünftiger Herausforderungen.
- **Bestrafungsmodi:** In der Regel führen Verstöße gegen formale Regeln zu Bestrafung von „oben" in Form konkreter Strafen oder einfach durch „Liebes-Entzug" in Form einer Ignorierung etc..

Das Problem an einem solchen Führungsverständnis, das in stabilen Umwelten durchaus Erfolg versprechend sein kann, ist allerdings, dass die Führungskräfte auf alle Eventualitäten vorbereitet sein müssen, da ja nur sie den Überblick haben. In Zeiten ständig steigender Komplexität dürfte dieser Anspruch kaum noch zu erfüllen sein.

Im Zentrum der hier propagierten *politischen betrieblichen Bildungsprozesse* steht demgegenüber der Anspruch, dass Führungskräfte und Mitarbeiter neben Optimierung der organisationalen Leistungserstellung *gleichermaßen auch* im mündigen und mitverantwortlichen Sinne Sensibilität und Handlungskompetenz gegenüber dem (global-) gesellschaftlichen Kontext zu entwickeln und auszugestalten haben. Hierzu sollen politische betriebliche Bildungsprozesse befähigen.

Diesen Prozessen liegt die Annahme zugrunde, dass sich *alle* Organisationen als

- *kollektive Institutionen von (mit und ohne Führungsaufgaben betrauten) Menschen* darstellen, die sich (höchstwahrscheinlich) ursprünglich zusammengeschlossen haben, um ein - wie auch immer zustande gekommenes - *gemeinsames* Ziel zu verfolgen, um vor dem Hintergrund dieser kollektiven Erfolgsvorstellung(en) auch eigene Zielvorstellungen zu verwirklichen. Dies leitet dazu über, dass

- insbesondere Unternehmen als erwerbswirtschaftliche Organisationen (zunächst einmal) in ihre jeweilige *Gesellschaft und Kultur eingebettet sind*, was nicht nur daraus resultiert, dass sie ihre jeweiligen Produkte und Dienstleistungen dieser Umwelt anzubieten haben sowie Energie und andere Güter aus der Umwelt aufnehmen, sondern auch, dass sich der potentielle Nachwuchs der Organisationen aus der Gesellschaft und ihren Werthaltungen rekrutiert, was unterstreicht,

- dass sich insbesondere Unternehmen unmittelbar dem *Spannungsfeld Effizienz* (Erstellung von Gütern, Dienstleistungen, Beitrag zur volkswirtschaftlichen Leistungserstellung, Funktion als Arbeitgeber und Steuerzahler, sprich: Erfolgsorientierung) - *Humanität* (kollektive Hinterfragung des dem unternehmerischen Denken und Handeln zugrunde liegenden Fortschrittsparadigmas vor dem Hintergrund einer sich zur Risikogesellschaft transformierenden Industriegesellschaft einerseits und knapper Ressourcen andererseits) *ausgesetzt* sehen und es sich demzufolge insbesondere bei

- Unternehmen eben insbesondere auch um *politische* Systeme handelt (s. Bleicher 1991), wobei es sich sowohl bei Willensbildungs- und Entscheidungsprozessen als auch bei der Umsetzung dieser Beschlüsse sowie der Rechtfertigung des organisationalen Handelns nach innen und außen um eine *kollektive Innen-* und *Außenpolitik* handelt (vgl. Petersen 1995, 1997).

Politisches Lernen leistet einen Beitrag, um insbesondere Unternehmen und ihre Angehörigen hinsichtlich einer „aktiven Gemeinwohlsuche" zu sensibilisieren. Hierbei könnte es insbesondere auf folgende „Schlüsselqualifikationen" ankommen:

- Politisch-kulturelle Urteilskraft,
- Orientierungswissen,
- Innere Souveränität,
- Ethisches Reflexionsvermögen,

- Fähigkeit zum systemischen Denken in Alternativen und Optionen sowie
- Problemlösekompetenz.

5. Vorschläge für die Praxis – Ausgestaltung von „Querdenkertum" als Konsequenz innovativer politischer betrieblicher Bildung

Grundlegend für eine Neugestaltung des betrieblichen Lernens in Sinne politischer Lernprozesse ist eine sich fundamental verändernde Perspektive, die Lernen als Problemlösungsprozess auffasst, in dem sich die Lerninhalte häufig erst in der gemeinsamen Gestaltung und Moderation der Problemlösungssituation ergeben. Derartige Lernprozesse zielen auf Menschen ab, die bereit sind, ungewöhnliche Wege zu gehen und auch Toleranz gegenüber anderen und deren Meinungen zeigen, die nicht „mit den Wölfen heulen". Mit anderen Worten: „Querdenker" sind gefragt.

Querdenken lässt sich hierbei als ein Prozess auffassen, der bestimmte Prämissen und Verhaltensmuster, die dem organisationalen Denken und Handeln zugrunde liegen (i.S. eines *das haben wir doch schon immer oder eben noch nie so gemacht*), hinterfragt und möglicherweise zunächst ungewöhnliche Veränderungsvorschläge unterbreitet (s. Petersen 2003).

Dementsprechend besteht die Leistung des Querdenkens bzw. des Querdenkers als Person darin, die in einer Gruppe, Abteilung oder gesamten Organisation geltenden Prämissen, aber auch Barrieren und Trennungen *konstruktiv-kritisch zu hinterfragen* und auf diese Weise die bislang u.U. sehr erfolgreichen bestehenden Denk- und Handlungsroutinen *zu durchbrechen*. Dies sollte selbst (oder gerade) in dem Falle geschehen, dass *momentan* noch kein „Leidensdruck" besteht.

Konkrete Fragestellungen bieten sich für das Querdenken an:

- *Warum* existieren gerade die Unternehmenskultur und Spielregeln, die existieren,
- *Warum* werden gewisse Dinge so gemacht, wie sie ablaufen,
- *Warum* wird über Kunden, Lieferanten, Konkurrenten, Mitarbeiter und die eigene Organisation so gedacht, wie gedacht wird,
- *wie denkt man* und *wie entstehen* dabei gewisse Verhaltensweisen bzw. *wie werden* jene Entscheidungen getroffen, die bestimmte Ergebnisse hervorbringen,

Als Ziel des Querdenkertums ist es daher anzusehen, der Organisation und ihrer Führung wie ein mittelalterlicher Hofnarr einen „Spiegel" vorzuhalten, und zwar zu zeigen, wo Änderungen notwendig werden und Entwicklungspotenziale aufgebaut und gefördert werden können und müssen. Es geht also um die hinter den Wertauffassungen, Sichtweisen, Selbstverständlichkeiten, Spielregeln, Mustern, Vorstellungen, Entscheidungen, Handlungen etc. liegenden Meta-Werte, Meta-Sichtweisen, Vorverständnisse, Denkbezugsrahmen, Theorien. Somit gilt es, die in der Organisation gültigen Grundhaltungen und Verhaltensmuster *selbst zur Disposition zu stellen* (vgl. Petersen 2003).

Organisationsmitglieder, die in diesem Sinne als Querdenker gegen die in ihrem Kontext geltenden Denkprämissen agieren, stellen zweifellos zunächst einmal besondere Herausforderungen an die Führungskräfte dar. Die Führenden sehen sich nämlich, um das Gehen ungewöhnlich erscheinender neuer Wege zu fördern, veranlasst, eine *Balance* zwischen *dem Zulassen solcher Ideen* und der zu befürchtenden Anarchie einer Ablehnung oder völligen Umdeutung sämtlicher Grundlagen zu finden (vgl. Gebert/Boerner 1995).

Toleranz und *Aufgeschlossenheit* seitens hierarchisch hoch stehender bzw. einflussreicher Organisationsmitglieder gegenüber zunächst (möglicherweise völlig) abwegig scheinenden Meinungen, Misserfolgen und Fehlern *erscheinen dabei dringend notwendig*, um im Sinne eines zukünftigen (noch erfolgreicheren) organisationalen Miteinanders querdenkerisches Potenzial *zu erschließen*.

Für einen hierarchisch noch eher niedrig eingestuften Mitarbeiter, der als Querdenker fungiert, ergibt sich dabei *ohne Frage* die Problemstellung,

- *einerseits* neue und unkonventionelle Ideen produzieren zu müssen, um ein erfolgreiches und vernünftiges Entscheiden und Handeln auszulösen, das der Weiterexistenz der eigenen Organisation in der Zukunft dienlich ist,
- *andererseits* sich aber auch gefordert zu sehen, im Zuge von Sozialisationsprozessen die (sich im Laufe der Zeit gebildeten und bislang auch möglicherweise erfolgreichen) Weltanschauungen der Organisation nicht mehr zu hinterfragen, um Konflikte (auch eventuell zum eigenen Nachteil) zu vermeiden.

Ein Ausweg aus diesem drohenden Dilemma könnte eine *gelebte kritische Loyalität* und *Zivilcourage* sein, Konflikte auszutragen und nicht *bequemlichkeits-* und *konfliktvermeidungsbedingt* zugunsten *harmonischer Abläufe* auf eigene Ideen zu verzichten. Dies in die Tat umzusetzen, stellt zweifellos insbesondere in eher konservativen und stark hierarchisch orientierten Organisationen eine besondere (persönliche) Herausforderung der Querdenker dar.

Dementsprechend erscheint der Einsatz von (Hierarchien hochgestellten und somit vermutlich mächtigen) „Sponsor" oder „Mentoren" notwendig zu sein, damit angesichts u.U. „unangenehmer Vorschläge und *Umdeutenden bisheriger Daten und Sachverhalte"* die Querdenker geschützt werden (vgl. Gaitanides 1992, S. 267). Durch den Dialog können somit *Führung* und *Querdenken* miteinander vereinbart werden (vgl. Gaitanides 1992, S. 270), indem nämlich das organisationale Miteinander und die organisationale Leistungserstellung *dauerhaft konsequent hinterfragt werden*. Hierbei ist im Interesse der Organisation allerdings darauf zu achten, dass diese Störungen nicht „ausufern", da sonst die Handlungsfähigkeit der gesamten Organisation in Frage gestellt wäre.

Dies ließe sich dahingehend ermöglichen, dass im Miteinander zwischen Vorgesetzten und *querdenkenden Mitarbeitern* die Prämissen des „Querdenkungsprozesses" *gemeinsam* entwickelt und konstruiert werden. Gemäß dieses Anspruchs muss es sich um (zumindest prinzipiell) gleichberechtigte Partner handeln, die sich im Sinne *einer gemeinsamen Wahrheitssuche* über die geltenden Prämissen und Denkmuster verständigen. Ein derartiger „Wahrheitssuchprozess" könnte im Rahmen der folgenden Spielregeln ablaufen:

Dialogisch-aufklärerisches Führungsverhalten - Führung als *gemeinsame Wahrheitssuche*

- Führung als *gemeinsamer* Versuchs- und Irrtumsprozess; Führer und Geführte sind *gleichberechtigte* Wahrheitsquellen. Dialogisch- aufklärende Führung lässt sich durch ein rationales und unabhängiges Miteinander-Suchen kennzeichnen.
- Es wird die gegenseitige Abhängigkeit erkannt und als Anlass genommen, bilaterale Verlässlichkeit zu ermöglichen.
- Verhältnis von *Partnern* auf dem Wege zu einer erfolgreichen Problemlösung des Ganzen, gemeinsames Ausprobieren von Möglichkeiten.
- Es herrscht ein „dialogisches Grundverständnis" vor, das sich durch eine Bereitschaft zur offenen Argumentation und einem Miteinander-Lernen auszeichnet. Der Führende lässt sich hinterfragen, fördert auch aus eigenem Interesse (Abgleich Selbstbild-Fremdbild) Feedback, Kritik sowie Beurteilung und Führung von unten nach oben. Es besteht kritische Loyalität zum Führenden und Souveränität.
- Einerseits kritisches Hinterfragen des Bestehenden und andererseits neugieriges Bejahen der Komplexität des Organisationsalltages.

Der Dialog dient dazu, bisherige (vielleicht momentan auch sinnvoll und Erfolg versprechend erscheinende) Denk- und Verhaltensmuster zu hinterfragen, Neues oder eben ggf. auch das Festhalten am Alten zu begründen und zu verantworten. Führung von und mit Hilfe von Querdenkern hätte somit zur Folge, dass beiderseits individuelle Einstellungen und Verhaltensmuster ausgetauscht und in Übereinkünften zum gemeinsamen Wohl festgelegt werden. Hierbei haben Führende immer stärker die Funktion eines Mittlers, Vermittlers, Prozessermöglichers und -begleiters, kurz: eines sich als Mentor fühlenden Dialogpartners und somit kritischen bis „lästigen" Fragestellers wahrzunehmen.

6. Conclusio

In diesem Beitrag sollte ein offensiver Vorschlag unterbreitet werden, mit Hilfe politischen betrieblichen Lernens das Bewusstsein jedes Einzelnen im Sinne einer fairen Auseinandersetzung mit den Betrachtungen des Anderen zu schärfen und somit den Dialog zwischen Menschen und Positionen zu ermöglichen. Diese *gemeinsame Wahrheitssuche im Austausch zwischen Menschen ist deshalb notwendig*, weil es in betrieblichen, aber auch in gesellschaftlichen Diskussionen *nicht "die"* von vornherein (monologisch) festgelegte und allgemeingültige Wahrheit i.S. eines "one-best-way" (mehr) geben kann. Selbst in hierarchischen Organisationen wie beispielsweise erwerbswirtschaftlichen Unternehmen bedeutet die faire Auseinandersetzung mit den Betrachtungen des Anderen für Führungskräfte und Entscheidungsträger die *konkrete Aufforderung*, das *Wagnis einzugehen*, zunächst einmal Dialoge als *animierender (Lern-)Partner* und *Katalysator* zuzulassen und zu führen. Dieser Prozess kann als "Dialogisches Management" bezeichnet werden (Petersen 2003). Mit Hilfe *dialogischen Managements* können beispielsweise auf Mitarbeiter- und Teamebene Selbstbewusstsein, Urteilsfähigkeit, Leistungs- und Innovationsbereitschaft sowie die Entfaltung schöpferischer Kräfte auf allen Ebenen ermöglicht und dementsprechend Raum dafür gegeben werden, sich im gesamten Kontext stärker Tugenden wie Kreativität, Querdenken, Spontaneität und Risikofreudigkeit zuzuwenden. Hieraus ergibt sich, dass Führungskräfte und Mitarbeiter als (zumindest prinzipiell) *gleichberechtigte Wahrheits- und Problemlösungsquellen* anzusehen sind und hierzu qua ständiger Lernfähigkeit und Lernbereitschaft den aktuellen Wissensstand *ständig hinterfragen* und *verändern* müssen (vgl. Petersen 2003).

Extremistischen Positionen, die einen derartigen Pluralismus bekämpfen und nicht die *gemeinsame Wahrheitssuche* verfolgen, sondern statt dessen auf eine einseitige Wahrheitsvermittlung abzielen, ist durch das oben vorgeschlagene politische betriebliche Lernen der Nährboden entzogen. Weiterhin erkennt das politische betriebliche Lernen an, dass Toleranz gegenüber anderen Kulturen und Herangehensweisen auch die Kreativität und Problemlösekompetenz von sozialen Systemen wie dem eigenen Unternehmen stärken. Der hier unterbreitete Vorschlag ist auch vor dem Hintergrund zu sehen, dass durch den primitiven Naziterror und die Verfolgung anders Denkender und/oder jüdischer Wissenschaftler, Künstler und Literaten Deutschland als Kultur- und Wissenschaftsnation einen Aderlass erlebt hat, von es sich auch heute noch erholen muss und durch den unser Land an Anziehungskraft insbesondere für leistungsbereite Menschen aus anderen Teilen der Welt bspw. gegenüber den USA verloren hat (s. Diekmann 2007).

In der gemeinsamen Wahrheitssuche sowohl in Unternehmen als auch in Gesellschaften und zwischen Kulturen liegen riesige Chancen, jetzt und in Zukunft menschliches Bewusstsein ständig zu schärfen, immer zu lernen und fähig zum Dialog zu sein. Das macht das menschliche Wesen aus.

7. Literatur

Beck, U.: Risikogesellschaft - Auf dem Weg zu einer anderen Moderne. Frankfurt a. Main 1986

Beck, U.: Die Erfindung des Politischen. Frankfurt a. Main 1993

Benner, D.: Allgemeine Pädagogik. 2. Auflage. München 1991

Diekmann, K.: Der große Selbstbetrug. München 2007

Gaitanides, M.: Führung und Querdenken. In: Zeitschrift für Personalforschung, 6 (3), 1992

Glasl, F.: Das Menschenbild des schlanken lernenden Unternehmens. In: Geißler, H./Behrmann, D./Petersen, J. (Hrsg.): Lean Management und Personalentwicklung. Frankfurt a. Main 1995

Gebert, D./Boerner, S.: Manager im Dilemma. Frankfurt 1995

Henkel, H.-O.: Die Macht der Freiheit. München 2000

Huntington, S.P.: Kampf der Kulturen. München/Wien 1996

Lehnhoff, A.: Vom Management Development zur Managementbildung. Frankfurt a. Main 1997

Inglehart, R.: Wertewandel in den westlichen Gesellschaften - Politische Konsequenzen von materialistischen und postmaterialistischen Prioritäten in: Klages, H./ Kmieciak, P. (Hrsg.): Wertewandel und gesellschaftlicher Wandel. Frankfurt a. Main 1979

Koslowski, P.(Hrsg.): Shareholder Value und die Kriterien des Unternehmenserfolgs. Heidelberg 1999

Noelle-Neumann, E./ Strümpel, B.: Macht Arbeit krank? Macht Arbeit glücklich? München 1984

Petersen, J.: Organisationslernen als politisches Lernen in der Organisation und der Organisation. In: Geißler, H. (Hrsg.): Organisationslernen und Weiterbildung. Neuwied 1995

Petersen, J.: Paradigmenwechsel in Wirtschaft und Management als Aufgabenfeld für Managementbildung. In: Geißler, H./Krahmann-Baumann, B./Lehnhoff, A. (Hrsg.): Umdenken im Management - Management des Umdenkens. Frankfurt a.M. 1996

Petersen, J.: Die gebildete Unternehmung. Frankfurt 1997

Petersen, J.: Dialogisches Management. Frankfurt 2003

Petersen, J.: Weiterbildung im Zeichen neuer Informationstechnologien, Shareholder Value und Globalisierung. In: Behrmann, D., Schwarz, B.: Selbstgesteuertes lebenslanges Lernen. Bielefeld 2004

Petersen, J./ Lehnhoff, A.: Neue Trends im Bildungsmanagement. Opladen 2004

Petersen, J./ Lehnhoff, A.: Managementbildung. In: Nuissl/ Arnold/ Apolda (Hrsg.): Handwörterbuch der Erwachsenenpädagogik. (2. Auflage 2008 im Erscheinen)

Prange, K.: Pädagogik als Erfahrungsprozess. Stuttgart 1978

Rappaport, A.: Shareholder Value. Ein Handbuch für Manager und Investoren. Stuttgart 1998

Rosenstiel, L. v.: Der Einfluss des Wertewandels auf die Unternehmenskultur. In: Lattmann, C.: Die Unternehmenskultur. Heidelberg 1990

Tietgens, H.: Geschichte der Erwachsenenbildung. In: Tippelt, R. (Hrsg.): Handbuch der Erwachsenenbildung/Weiterbildung. Opladen 1994

Stefan Werner

**Rechts überholen lassen?
Tiefe Wurzeln der Fremdenscheu, Entstehung von Rechtsextremismus und Alltagsprävention**

Einleitende Gedanken

Die Distanz zwischen Bundesbürgern und ausländischen Mitbürgern wächst. Die Forschungsgruppe Wahlen befragte dazu im Jahre 2006 knapp 1200 Deutsche: Inzwischen sehen 54 % der Deutschen durch die „Gefahr der Überfremdung" ihre Zukunft gefährdet. Vor 5 Jahren waren es nur 1/3. Von einer kulturellen Bereicherung sprechen derzeit nur noch 38 %.

Sollte Rechtsextremismus als „normale Pathologie von freiheitlichen Industriegesellschaften"[1] gesehen werden oder bewirken andere Mechanismen das Entstehen fremdenfeindlicher Einstellungen? Dieser Frage soll in diesem Beitrag nachgegangen werden. Es sollen dazu praxisnahe und umsetzbare Präventionsansätze angeboten werden, um dem Entstehen fremdenfeindlicher Einstellungen entgegenwirken zu können.

Was sind nun die Antriebe zu rechtsextremistischen Einstellungen? Heitmeyer[2] macht mit der Modernisierung einhergehende Individualisierungsschübe für soziale, berufliche und politische Desintegrationsprozesse dafür verantwortlich. So geben dadurch entstehende Vereinzelungserfahrungen, Ohnmachtgefühle und Handlungsunsicherheiten den Jugendlichen geringeren Halt. Die rechtsextremen Gruppierungen würden genau diese Unsicherheiten auffangen:

- Sie geben Stabilität, Gewissheit und einfache vorurteilsbehaftete Konzepte (Verringerung von Handlungsunsicherheit),
- das Gefühl von Stärke (Verteidigung der Heimat; Gewaltrechtfertigung anhand des Darwinismus und die Verringerung eigener Ohnmacht),
- das Gemeinschaftsgefühl (leistungsunabhängige Zugehörigkeit, homogene Ethnizität und nationale Überlegenheit).

Weiterhin sieht Heitmeyer[3] die Anfälligkeit der Jugend für eine im Alltag entstehende Gewaltakzeptanz, die dann politisch legitimiert wird.

Widersprüchliche Untersuchungen versuchen die Desintegrationshypothese zu entkräften. So kam bei Untersuchungen der Universität Trier[4] heraus, dass viele rechtsorientierte Gewalttäter aus normalen Familien stammen. Als weitere

---
[1] Vgl. Scheuch, E. K., 1967
[2] Vgl. Heitmeyer, W., 1987
[3] Vgl. Heitmeyer, W., 1994
[4] Vgl. Willems, H., 1993

Erklärung von Rechtsextremismus wird dieser als jugendliche unsoziale Protestbewegung[5] angesehen, die als gesellschaftliches Korrektiv die Meinung des Volkes durch den Druck der Straße ausdrücken soll, um die Versäumnisse der etablierten Politik offen zu legen und sinnvolle Veränderungen beizufügen. Die Gefahr liegt jedoch darin, das Selbst- und Fremdbild dieser Gruppierungen unkritisch zu übernehmen und sie als militanten Kern einer Volksmeinung zu missdeuten[6], da sie objektiv betrachtet selbst eine unsoziale diskriminierende Bewegung ist. Durch die Verringerung der Wagnis zu mehr Demokratie, der sozialen Polarisierung und der Marginalisierung größter Teile der Bevölkerung wurde die Rechtsorientierung durch politische Leitgedanken begünstigt (Renaissance des Elitedenkens, der Leistungsideologie und des Nationalen). Männerbilder, Disziplin, Treue, Ehre, Pflicht, Ordnung, Gehorsam und Opferbereitschaft sind typisch deutsche Tugenden, die sich in der Glorifizierung der Marktwirtschaft, der sozialdarwinistischen Philosophie, des Neoliberalismus und dem hieraus erwachsenden Standortnationalismus widerspiegeln.[7] Weiterhin wurde in der Wendezeit in den Beschäftigungsverhältnissen privatisiert, dereguliert und flexibilisiert, was Ängste schürt und Nährboden für die rechte Szene bereitet.

Bedingungen zum Entstehen des Rechtsextremismus

Wie wirkt Fremdheit auf uns und woher kommen diese vorsichtigen bis fremdenfeindlichen Einstellungen? Besitzen diese Einstellungen alle Menschen? Warum werden sie bei einigen Menschen nach außen gebracht und bei anderen nicht? Wann könnten diese nach außen gebracht werden?

Man kann nicht sagen, diese und jene Faktoren müssen auftreten oder aufgetreten sein, dann oder deshalb wurde der junge Mensch rechtsextremistisch. Bei jeder Person muss individuell geschaut werden, welche Bedingungen vorherrschend sind oder waren, die diese Einstellungen hervorrufen oder hervorgerufen haben. Wichtig ist, eine Übersicht zu bekommen, welche Faktoren Einfluss auf fremdenfeindliche Einstellungen nehmen können.

Biografische Erfahrungen
Menschenscheu[8]

Fremdenfeindlichkeit und Fremdenfurcht sind oft nicht nur gegen ethnisch Fremde gerichtet, sondern beinhalten auch häufig eine allgemeine Menschenscheu und Menschenfeindlichkeit. Viele fremdenfeindliche Jugendliche hatten schon als kleine Kinder eine ausgeprägte Scheu vor unbekannten Leuten. Diese Ängstlichkeit und Scheu vor Unbekannten kann dann der Beginn einer spä-

---

[5] Vgl. Bergmann, J. und Leggewie, C., 1993
[6] Vgl. Markus, U., 1990
[7] Vgl. Butterwegge, C., 1998
[8] Wahl (Hrsg.), 2001

teren Fremdenfurcht sein. Sie kann dann zu Fremdenfeindlichkeit führen, wenn keine Gegenerfahrungen gemacht werden. Diese emotionalen Grundlagen erleichtern oder bedingen Einstellungen gegenüber ihnen fremden Minderheiten, z.B. Ausländern, Homosexuellen oder Obdachlosen.

Aggressives Verhalten[9]

Fremdenfeindliche Jugendliche fielen häufig als Kinder durch ihr aggressives Verhalten auf.

Familiäre Bedingungen[10]

In den Familien fremdenfeindlicher Jugendlicher wurde weniger über Gefühle gesprochen, Jugendliche bekamen weniger Beachtung von ihren Eltern, lebten oft ohne leiblichen Vater auf und besaßen Gewalterfahrungen durch den Vater bei eher positivem Mutterbild.

Monokulturelle Erziehung

Durch mono-kulturelle Erziehung (Familie, Schule, peer-group, Werbung, Medien) entwickeln sich beim Menschen gewisse Werte, Normen, Einstellungen, Stereotype sowie auch Vorurteile. Diese einseitige kulturelle Erziehung kann gegenüber Fremden eine gewisse Skepsis oder auch ablehnende Gedanken oder Gefühle hervorrufen. Sie bietet wenige Chancen auf den Abbau von Ängsten vor Fremden oder von Vorurteilen.

Opferstatus

Viele Jugendliche aus der rechtsextremen Subkultur haben selber vielfältige Opfererfahrungen gemacht. Dies kann auf psychischer, emotionaler und/oder körperlicher Ebene in der Familie, der Schule oder anderen Bereichen geschehen sein. Hierbei entstehen Traumata und unangenehme Gefühle.

Ausgrenzungserfahrung

Viele Jugendliche aus der rechtsextremen Subkultur haben selber vielfältige Ausgrenzungserfahrungen gemacht. Dies kann in der Familie, der Schule oder anderen Bereichen geschehen sein. Hierbei entstehen Traumata und unangenehme Gefühle.

---

[9] Wahl (Hrsg.), 2001
[10] Wahl (Hrsg.), 2001

Jugendphase

Auf der Suche nach erwachsener Identität müssen sich Jugendliche mit sich selbst, mit ihrer Umwelt und deren teils sehr hohen Anforderungen auseinandersetzen. Ihre Identitätssuche verläuft der jugendlichen Altersphase entsprechend unruhig. Dabei müssen die eigenen Wünsche und Bedürfnisse mit den Erwartungen der anderen in ein eigenes ermessendes Verhältnis gesetzt werden, um seinen Standort in der Welt zu finden. Wie jeder Mensch versucht auch der Jugendliche seine sozialen Grundbedürfnisse zu befriedigen. Diese sind nach Grawe[11]:

- Kontrolle/Orientierung
- Selbstwert
- Bindung
- Unangenehme Gefühle abbauen und angenehme Gefühle aufbauen

Schaffen es Jugendliche nicht, ihre sozialen Grundbedürfnisse auf legalem Weg zu befriedigen, so müssen ihnen verfügbare Mittel und Alternativen helfen. Zur Befriedigung ihrer sozialen Grundbedürfnisse und zur Überwindung ihrer Unsicherheiten, Übergangsschwierigkeiten und Konflikte schließen sich Jugendliche häufig neuen sozialen Bezugsgruppen an. So können sie u.a. in Cliquen, Sportvereinen, Interessengemeinschaften oder subkulturellen Gruppen ihre Bedürfnisse eher befriedigen, Erfahrungen sammeln, austauschen, bewerten und somit ihre Verhaltensweisen ausprobieren. Größtenteils leben jedoch die meisten Jugendlichen anpassungs- und leistungsbereit. Nur ein geringer Teil der Jugendlichen wird mit der Umstellungsphase zum Erwachsenwerden nicht angemessen fertig. Für diese Jugendlichen bieten rechtsextreme Gruppierungen genau diese Dinge an: Sie bieten Kontrolle und Orientierung in einer differenzierten und anspruchsvollen Welt. Ebenso stärken sie das Selbstwertgefühl und schaffen Bindung. Sie helfen unangenehme Gefühle abzubauen und angenehme Gefühle aufzubauen. Somit helfen sie hilfsbedürftigen Jugendlichen im Aufbau ihrer Identität.

Stellenwert der Peer-Group in der Pubertät

Der Charakter einer Peer-Group (eigene Werte, Normen, Rituale) hat festigenden Einfluss. Der Jugendliche fühlt sich in der Gruppe aufgehoben und kann sich dort weiter entwickeln. In ihr gelingt die Loslösung von der Familie (subkulturelle Gruppe als Ersatzfamilie), neue soziale Rollen können eingeübt werden (der Starke, der Politische, Gruppenchef), Entwicklungskonflikte können bewältigt und ausgetragen werden und auch die eigene Identität kann durch Gruppenreflexion entwickelt werden (Gruppenstatus, Akzeptanz).

---

[11] Grawe, K., 2006

Rechtsextrem orientierte Gruppen bieten für Ausgegrenzte, für Opfer, für Benachteiligte oder für Frustrierte die Möglichkeit, sich ihnen anzuschließen. Isolation, Minderwertigkeit und Unbedeutsamkeit werden dadurch vorübergehend aufgehoben. Für fremdenfeindliche junge Leute hat die Gruppe eine größere Bedeutung als für andere. Sie hat den Charakter von sozialer Heimat, Sicherheit, Kompetenz und Selbstbewusstsein, Zuneigung, von Solidarität und auch Aktion (Ausleben und Kompensation von den sozialen Grundbedürfnissen). Somit können Kompensationsangebote für defizitäre Erfahrungen angeboten werden.

Gerade labile Jugendliche bekommen von ihr die gewünschte (oberflächliche) Sicherheit und das Gefühl von Akzeptanz, Kameradschaft und Zusammenhalt, welches sie brauchen, um eine Lebensberechtigung für sich zu empfinden. „Ich werde von ihnen akzeptiert, also bin ich eigentlich in Ordnung."

Soziologische Aspekte der Fremdenfeindlichkeit[12]
Das Fremde in der In-group

Der Gegensatz vom Fremden ist das Eigene. Das Eigene in der deutschen Gemeinschaft beinhaltet bspw. ethnische Zugehörigkeit, nationale Identität, kulturelle Traditionen und Wertvorstellungen, gemeinsame Sprache und gemeinsamen Lebensraum. Die Unterscheidung von Eigen und Fremd beinhaltet immer Formen der Exklusion und Vorstellungen von Unvereinbarkeit und Unterschieden und dient als Ausdruck kulturinhärenter Faktoren.

Fremdheit als Zuschreibung

Durch die Definition eines Unterschieds zwischen uns und den Anderen entsteht Identität (Abgrenzung). In der heutigen Gesellschaft wird zur Entwicklung eigener Identität Eigentum sehr wichtig (Teilhabe oder Besitz an Arbeit, Lebensformen, Bildung...). Entfaltet sich die eigene Identität durch Teilhabe oder Besitz nicht angemessen, so kann durch das Entstehen von Gleichheit und Homogenität die Differenz von Status, Rollen etc. untereinander aufzuheben versucht zu werden. Dies wird unterstützt durch die nationale Identität. Diese ist ohne die Definition von Fremden nicht möglich, da diese inkludierenden Charakter besitzt und somit alle Angehörigen einer kulturellen Gruppe (symbolisch) vereint werden.

Fremdheit wird ebenso negativ bewertet, wenn Kosten entstehen: „Der Gast, der ewig bleibt, wird ungemütlich" (subjektiv empfundene Bedrohung). Fremde Lebensauffassungen, die unser eigenes Denken gefährden können, erscheinen uns möglicherweise als Gefahr, weil sie den „Selbstverständlichkeitscharakter des Selbstverständlichen unterminieren".

---

[12] Würtz, S., 2000

Ebenso werden die bestehenden Gleichgewichte und Verteilungsverhältnisse durch die Fremden gestört. (Konkurrenz um ökonomische Ressourcen, wie Geld, Arbeit oder Sozialleistungen genauso wie soziale Anerkennung, Bildung, Gemeinschaft, Gunst von Menschen, Liebe, Ruhe etc.). Die Konkurrenz oder die Bedrohung dieser Errungenschaften bzw. Bedürfnisse können Neid, Eifersucht, Ängste, Missgunst, Misstrauen oder Abwehr hervorrufen.

Die deutsche Nation und Nationalismus

Deutsche sind politisch vollkommen inkludiert. Migranten sind es eher weniger. Trotzdem besitzen sie Anspruch auf Sozialleistungen des Wohlfahrtsstaates. Es entsteht Konkurrenz um die staatliche Verteilung von begrenzten Ressourcen, um an Inklusion teilzunehmen (Ausbildung, Arbeit, Freizeit, Bildung, etc.). **Nationalismus** entsteht durch ethnische und nationale Selbstbeschreibungen von Gruppen, die sowohl inkludierende als auch exkludierende Wirkungen besitzen. Nationalismus kann aus Nation entstehen, wenn reflektiert wird, was die Nation macht, um typisch und eigen zu sein (eigene positive Aufwertung und negative Abwertung von nationalen Unterschieden). Der Nutzen des Nationalismus kann als kompensatorische Funktion benutzt werden. Die Konkurrenz oder die Bedrohung der Errungenschaften bzw. Bedürfnisse können oft Neid, Eifersucht, Ängste, Missgunst, Misstrauen oder Abwehr hervorrufen. Fremde werden zur Instanz gemacht, die zur Verantwortung zu ziehen sind (Sündenböcke). Das subjektive Empfinden der Einheimischen, von Seiten des Staates ungerecht behandelt zu werden, kann somit zur Aufwertung national-ethnischer Unterschiede führen. Der Nationalismus mag somit auf Kosten anderer die hohen Kosten der Verarbeitung der eigenen Situation kurzfristig mildern. Die Nation wird zur Schutzinstanz.

Fremdheit als Ausschluss vom kulturnationalen Code

Der Mensch zeichnet sich heute stark durch Individualität, Emanzipation und Freiheit aus. Jedoch fehlen dadurch vereinfachende feste und beständige Vorgaben. Die kollektive nationale Identität als kulturelle homogene Einheit und kollektiv homogene Semantik bekommt gerade in Zeiten von ständigem Wechsel und Unsicherheit einen sichernden und stabilisierenden Charakter. Die Nation verkörpert somit diesen Wunsch nach etwas Stabilem. Sie verkörpert gemeinsame Geschichte, gemeinsame Kultur und gemeinsame Traditionen aus allen einzelnen Identitäten. Deshalb grenzt sie sich von dem ab, was nicht zu ihr gehört. Die eigene Kultur gibt somit Sicherheit.

Biografische Komponente – Fremdsein als Gegenpol von Vertrautsein

Nationalistische Semantiken entwickeln sich aus den modernen kapitalistischen Gesellschaften. Soziale Integration (traditionelle Verankerung in der Familie oder der Religion) wird durch ethnisch-nationale Semantiken langsam abgelöst. Gesellschaftliche Einheit und gesellschaftliche Identität wird reproduziert. Die Anwesenheit des Fremden hat somit für die Stabilisierung des Machtgefüges eine Funktion. Die Nation erzeugt und gewährt Vertrautheit über institutionalisierte, politische und rechtliche Instanzen. Sie gibt Halt und Sicherheit (hält nach innen zusammen und schirmt nach außen ab). Der Fremde wird eher akzeptiert, wenn er gewollt und erwünscht ist (als ökonomische oder kulturelle Ressource, wie als Gastarbeiter, Fußballgott oder als Anbieter des italienischen Restaurants). Nur bei Erwünschtheit des Fremden gelingt die Annäherung leichter, da das Abwehrpotential gegen ihn geringer ist. Verändern sich die Ansprüche und Interessen der Fremden in der immer vertrauter werdenden Umgebung, treten sie in den freien Wettbewerb ein. Sie versuchen die knappen Mittel in Anspruch zu nehmen von denen sie vorher ausgeschlossen waren. Eine Konkurrenzsituation um die Verteilung der knappen Güter zwischen Einheimischen und Fremden entsteht. Durch diese Konkurrenz wirkt er negativ und bedrohlich, da er um gleiche Ressourcen kämpft und gleiche Ansprüche besitzt. Die Einheimischen versuchen daraufhin unter Konkurrenzbedingungen ihre kulturellen Unterschiede zu betonen. Die Gemeinschaft der Einheimischen versucht in diesen für sie erlebten Krisensituationen durch die Mobilisierung der nationalen Semantik (Einschluss) dagegen zu wirken. Dadurch wird der Fremde umso mehr fremd.

Psychologische Aspekte der Fremdenfeindlichkeit[13]
Vorurteile

Stereotype sind eine vereinfachte Form (Verallgemeinerung) einer Erfahrung, Meinung oder Vorstellung. Dieses Denken in Kategorien kann entlasten und Erfahrungen von Menschen ordnen. Sie sind zunächst nicht wertend, menschlich universal und unvermeidlich. Dieses unbewusste Streben nach Vereinfachung, Eindeutigkeit, Stimmigkeit und Stabilität hilft somit zur Reduzierung der Komplexität der Umwelt. Vorurteile sind Negativstereotype, meist verfestigt, ungerechtfertigt und gefühlsbeladen und gelten somit als Vorraussetzung zur Diskriminierung. Stereotype können verschoben werden in Form von:

- Projektion von Stereotypen (Sündenböcke)
- gesellschaftliche Definition: Outgroups werden sozial kategorisiert (Sündenböcke)
- soziale Konstruktion (Zuschreibung als semantische Auslegung)

Als Grund können Konflikte um materielle Ressourcen, des eigenen Lebensstils, der eigenen Sitten und Werte angesehen werden (Identitätskonflikt).

---

[13] Würtz, S., 2000

Gruppenkonflikt und Kategorisierung

Der Sinn von Gruppe besteht darin, dass durch Gruppenziele auch immer Einzelziele erreicht werden können. Durch das Entstehen von sozialer Identität durch die Gruppenbindungen kann personale Identität bei gleichzeitiger Depersonalisation (Eigeninteresse ist höher) entwickelt werden. Gemeinsame oder unterschiedliche Ziele von Gruppen können Kooperation oder Konflikte entstehen lassen. Dadurch werden Grenzen zwischen unterschiedlichen Gruppen gezogen (Exklusion). Die Gruppe entsteht in der Abgrenzung zu anderen Gruppen durch das Spiegeln der eigenen Einstellungen und Verhaltensweisen der Intragruppenmitglieder. Schon die bloße Zugehörigkeit zu einer Gruppe (die alleinige Zuteilung und Einordnung zu einer sozialen Kategorie) reicht aus, um diskriminierendes Verhalten auszulösen und die eigene Gruppe zu favorisieren. Durch Stereotype entsteht eine Aufwertung der Eigengruppe und Diskriminierung der Fremdgruppe.

Relative Deprivation

Dies ist die subjektiv empfundene Entbehrung und Benachteiligung im Vergleich der eigenen Situation mit der Situation der relevanten Anderen. Dabei können Frustrationen entstehen, wenn die eigenen Werterwartungen (was mir zusteht) und abnehmenden Wertansprüche (was ich erreichen kann) nicht gleich sind (auch der Mangel, der innerhalb einer Gruppe oder im Vergleich zu anderen Gruppen entsteht).

Autoritarismus

In überforderten und schwierigen Lebenssituation neigen Menschen dazu, die eigene Unsicherheit und die eigenen Ängste zu kompensieren. Diese Kompensation findet durch eine Orientierung an angeblich starken Autoritäten und durch die Ausgrenzung und Diskriminierung vermeintlich noch Schwächerer statt. In Krisensituationen und dabei versagenden politischen Autoritäten scheint die Wahrscheinlichkeit von extremistischen Tendenzen höher.

Selbstdefinition und Mobilisierung ethnischer Zugehörigkeit

Die ethnische und nationale Zugehörigkeit hat meist einen hohen Bedeutungsgrad für die Selbstdefinition des Menschen oder Gruppen. Sie helfen zur Platzierung im sozialen Gefüge. Die Vertrautheit mit dem Eigenen wird von den Einheimischen genutzt, um ihre eigenen Interessen gegen die Ansprüche der Fremden durchzusetzen. Selbst wahrgenommene Benachteiligung, das Gefühl sozial ungerechter Strukturen und geglaubte Konkurrenz können dazu führen, dass die Einheimischen die Unterschiede der Fremden (ethnisch/kulturell) über Gruppengrenzen hinaus sozial und politisch instrumentalisieren.

Mentalität

Mentalität ist eine nicht bewusste Orientierung, die in einem komplizierten Verarbeitungsprozess angeeignet wird. Sie ist eine komplexe Haltung zur sozialen Welt, ein kollektiver Habitus, dessen Einfluss sich der Mensch nicht entziehen kann. Alle Menschen besitzen eine geteilte Erfahrung in der Verarbeitung der Sozialwelt und ihrer Relationen zu anderen Kulturen. Bei der Entstehung von Mentalität spielen folgende Faktoren eine wichtige Rolle:

- Historische Erfahrungen der vorangegangenen Generationen (Untertan)
- Langfristig kulturelle Traditionen eines spezifisch sozialen oder regionalen Zusammenhangs
- Die konkrete Position in der Gesellschaft
- Individuelle biographische Erlebnisse (deutsche Zugehörigkeit ist Teil meiner Entwicklung im Kontext meiner persönlichen Erfahrungen)

Gehirnforschung und Emotionen

Ergebnisse der Gehirn- und Verhaltensforschung weisen darauf hin, dass aggressives Verhalten von Menschen im Gehirn verankerten psychischen Mechanismen unterliegt. Das Gehirn ist in mehrere Bereiche aufgeteilt, wovon einer evolutionär Schemata und Abläufe vorprogrammiert hat, die uns beim (Über-)Leben helfen. Darunter fällt auch Neugier und Vorsicht gegenüber Unbekannten. Ein anderer, neuerer Bereich des Gehirns verarbeitet aktuelle Erfahrungen, lernt Situationen zu unterscheiden, Ziele und Mittel zu kalkulieren, Wissen und Moral anzuwenden, aber auch Einstellungen und politische Meinungen zu entwickeln. Welches Verhalten wir aber konkret in einer Situation entwickeln, ist davon abhängig, welche Emotionen in diesem Moment entstehen oder schon vorhanden sind und somit dort eingebracht werden. Werden Reize als Belästigung, Bedrohung und Konkurrenz wahrgenommen und emotional verarbeitet, wächst möglicherweise die Wahrscheinlichkeit, dass Menschen weniger auf erlernte vernünftige und moralische Überlegungen, sondern eher auf die aus der Evolutionsgeschichte stammenden Verhaltensprogramme zugreifen. Wie heftig jedoch das Ausmaß der emotionalen Regung eines Menschen auf Veränderungen in der Umwelt ist und welche Emotion genau angesprochen wird und dann das Verhalten anleitet, ist von der jeweiligen Persönlichkeit abhängig. Die Ausprägung der jeweils spezifischen Persönlichkeit ist größtenteils von vielfältigen Sozialisationserfahrungen, besonders in der Kindheit beeinflusst.

Schlussfolgerungen

Welche wichtigen Erkenntnisse müssen diesbezüglich in der Präventionspraxis umgesetzt werden? Es kann davon ausgegangen werden, dass unbewusste und habituelle Modi unsere einverleibte, durch Erziehung erworbene und meist monokulturell geprägte Weltanschauung beeinflussen. Dazu müssen neben gesellschaftlichen auch biografische Betrachtungen des Menschen (Warum reagieren nicht alle Menschen gleich?) und die persönlichen Existenz- und Lebenslagen (Was bringt den Menschen dazu, bestimmte Verhaltens- und Einstellungstendenzen offen auszuleben bzw. zu unterbinden?) hinzugezogen werden.

Präventive Arbeitsfelder gegenüber Rechtsextremismus

An diesen Themen sollte angesetzt werden, um präventiv gegen Rechtsextremismus vorzugehen:
Einflussmöglichkeiten durch Schule

- Ausgrenzung (Warum wird jemand ausgegrenzt? Gruppendynamik, Erlernen von Toleranz, Umgang mit Gefühlen, Entwicklung von Selbstwert und Selbstbewusstsein, Empathie)
- Opferstatus (Warum und wie entsteht ein Opferstatus? Anti-Mobbingsstrategien in Schulen, Entwicklung von Selbstwert und Selbstbewusstsein, Umgang mit Gefühlen, Empathie)
- Menschenscheu (Kommunikation, Umgang mit Gefühlen)
- Aggressives Verhalten (Umgang mit Gefühlen, Entwicklung von Selbstwert und Selbstbewusstsein, Entwicklung von Hemmpotentialen, Empathie)
- Monokulturelle Erziehung (Multikulturelle Erziehung)
- Gegenentwicklung von Vorurteilen (Aufklärung, Toleranz)
- Entwicklung von Gemeinschaft (Identität, Wir-Gefühl)

und durch die gesellschaftliche Position (Einfluss eher durch die Politik)

- Kampf um Ressourcen
- aktuelle Probleme

Allerdings können die Auswirkungen schulisch behandelt werden:

- Umgang mit Gefühlen (Abbau von Ängsten und Frust)
- Verringerung von Minderwertigkeit durch gefühlte Entbehrungen und Benachteiligung (Umgang mit Gefühlen, Entwicklung von Selbstwert und Selbstbewusstsein, Bildung, Entwicklung von Perspektiven)

Möglichkeiten der Prävention

Das Entstehen von fremdenfeindlichen Einstellungen ist versucht worden darzulegen. Nun soll mehr der Fokus auf die Möglichkeiten der Prävention gelegt werden. Was kann in Schulen konkret unternommen werden, um rechtsextremistischen Tendenzen vorzubeugen?

Präventionsbereiche zum Thema Rechtsextremismus
Tertiärprävention

Die tertiäre Prävention umfasst die Zusammenarbeit mit Menschen, die typisches Verhalten und entsprechende Denkmuster internalisiert haben. Es geht darum, diese Personen eher von ihren verfestigten Verhaltensweisen zu befreien. Im Falle der rechtsextremen Jugendlichen geht es also um die Verringerung von gewalttätigen Handlungen und die Kontrolle über den Alkoholkonsum. Als Methoden zur Veränderung würden sich hierfür bspw. das Anti-Aggressivitäts-Training® oder die Zusammenarbeit mit der Drogenberatung anbieten.

Bezüglich des Gewaltverhaltens sollten folgende Punkte bearbeitet werden:

- Finden des persönlichen Nutzens von Gewalt
- Folgen für die Opfer nachempfinden können
- Entwickeln von Schuldgefühlen gegenüber den eigenen Taten
- Umgang und Reflexion eigener Gefühle
- Entwickeln von Selbstwert und Selbstbewusstsein
- Konfliktkompetenz

Bekommt man die Jugendlichen aus ihrer Szene einfach so raus? Je stärker sich Jugendliche in diese Szene verstrickt haben, mit der totalen Aufgabe ihres Selbst, desto schwerer ist es für sie auch wieder da herauszukommen. Einen Ausweg aus der Szene, ohne in eine absolute Isolation und Einsamkeit zu verfallen, ist kaum möglich. Wer möchte das Gefühl der Nutzlosigkeit und Einsamkeit (wieder) erfahren und sich nun freiwillig ausschließen lassen? Einerseits von der alten Gruppe und andererseits von der beobachtenden Gesellschaft. Deshalb verharren viele mit diesem leeren Gefühl sehr lange in dieser Gruppierung und flüchten vor dem Alleinsein. Alkohol und gewalttätiger Frust zeigen die vermeintliche Auswegslosigkeit. Die von Anfang an geschürte Angst zum Verräter zu werden, kann diese „Phase der Lüge gegen sich selbst" noch verlängern. Was brauchen die Jugendlichen? Einerseits brauchen sie die Möglichkeit einer neuen Gruppe, andererseits sollten sie auch Angst bspw. vor einer Haftstrafe oder dem Verlust der Freundin bekommen. Dies wären Ansatzpunkte. Können wir diese Jugendlichen zum Nachdenken oder zur Aufgabe ihrer Überzeugungen bringen? Anhand eigener Erfahrungen lässt sich berichten, dass rein kognitive Arbeit mit rechten oder gewalttätigen Jugendlichen bisher kaum etwas nützte. Dazu ein Beispiel: Ein Bewährungshelfer wollte seiner linken Überzeugung nach mit einem rechtsextrem orientierten Jugendlichen über dessen rechte politische Überzeugung diskutieren. Was wollte er mit seiner Diskussion erreichen? Lässt sich ein rechter Jugendlicher, der Halt und Sinn in seinem Leben in dieser Organisation gefunden hat, nach einer zweistündigen Diskussion auf einen neuen Lebensabschnitt ein? Gibt er wegen eines Bewährungshelfers, der ihn alle vier Wochen einmal sieht, seinen Sicherheit und Geborgenheit vermittelnden Freundeskreis auf? Sind wir als Menschen für diese Jugendlichen attraktiv und beständig genug, um ihnen Adäquates zu bieten? Können wir den emotionalen Rückhalt in der Gruppe ersetzen? Sind wir denn in der Lage damit umzugehen, dass trotz größter Bemühungen nicht auf unsere Anstrengungen eingegangen wird? Was löst es aus, wenn auf unsere Bemühungen nicht eingegangen wird? Verhalten wir uns noch professionell nach Zurückweisungen? Wie schnell geben wir diesen jungen Menschen auf, wenn er nicht sofort auf uns eingeht? Wie schnell lassen Integrationsversuche nach, findet von uns aus weitere Ausgrenzung statt? Und genau dieses Gefühl wollen die Jugendlichen wohl durch ihr Verhalten erreichen. „Lasst mich doch wieder alle in Ruhe...!" Das war doch schon immer so: Vernachlässigung und Ausgrenzung auf endlich berechtigter Ebene, der abschließende Beweis für ihr Lebenskonzept. Es bewegte sich in meiner Praxis etwas, wenn der Schwerpunkt auf die Arbeit gegen Gewalt gelegt wurde. So waren im AAT® das Nachspielen ihrer Gewalttaten in der von ihnen eingenommenen Opferperspektive, der "Heiße Stuhl", der Besuch der Rechtsmedizin, das Deeskalationstraining oder auch ein Sing- oder Flirttraining zum Überwinden ihrer Gefühlshemmungen wirksam. Interessant waren im Verlauf der Trainings die persönlich geführten Gespräche von ausländischen Jugendlichen mit ihnen: „Was hast du denn gegen mich persönlich? Wir verstehen uns doch eigentlich...". Bei diesen Konfrontationen wurden die persönlichen Vorurteile ausgeschaltet. So liefen sie auch z.B. gemeinsam Schlittschuh und lachten gemeinsam über ihre ungelenkigen Bewegungen. Es sollte immer versucht werden, den Wechsel ihrer Rolle als Nazi zu sich selbst anzustreben.

Ausstiegschancen bestehen verstärkt durch die Hilfe von außen, also von Bezugspersonen. Freundinnen spielen oft eine große Rolle. Aber auch Lehrer, denn sie haben noch den meisten Kontakte zu diesen Jugendlichen, wenn diese bei ihnen an der Schule sind. Und nur das langatmige, integrierende, Selbstwert aufbauende und Freizeit unterstützende Intervenieren hilft, diesen Jugendlichen einen Start in ein von der Fixierung auf die bisherige Rolle freies und selbstständiges Leben zu geben. Und irgendwann kommt dann der Rückzug aus dem parteilichen Wirken oder der rechtsextremen, gewalttätigen Szene. Nur noch saufen und schlagen bringt sie nicht weiter. Und das wissen sie meist selbst ganz genau.

Sekundärprävention

Sekundäre Gewaltprävention umfasst die Zusammenarbeit mit überwiegend rechtsextremen Jugendlichen, die vor der Stufe zur Internalisierung des rechten Gedankenguts und vor dem Anfangspunkt gewalttätig zu werden stehen. Diese jungen Menschen stehen meist am Anfang einer rechten Karriere, wurden schon wegen rechten Äußerungen bzw. wegen Gewaltdelikten auffällig. Hier ist es wichtig, klare Grenzen zu setzen, aufzuklären, abzuschrecken und gleichzeitig Hilfe anzubieten. Abschreckung bedeutet, sie in einen Gewissenskonflikt zu bringen und ihnen Angst vor möglichen Konsequenzen zu machen. Hier wäre es wichtig, ihnen die Normen dieser Subkultur zu verdeutlichen. Bist du bereit, Menschen zusammenschlagen zu müssen, Opfer zu produzieren, Kontakte zur Gesellschaft abzubrechen und ständiger Kontrolle durch den Staat ausgesetzt zu sein? Welche Bedürfnisse willst du eigentlich für dich erfüllen? Protest? Rache? Frustabbau? Suche nach Freundschaft? Ausweg aus der erlebten Unbedeutung? Hier sollte eine klare Kosten– Nutzen– Analyse aufgestellt werden, und dies nicht nur einmal. Geben Sie diesen jungen Menschen nicht so schnell auf. Er braucht Sicherheit, Beständigkeit Ihrer Hoffnung und Ihr Vertrauen.

Primärprävention

Primäre Gewaltprävention umfasst die Zusammenarbeit in Seminaren, Workshops oder Vorträgen mit überwiegend Kindern und Jugendlichen, um frühzeitig bestehende Zusammenhänge zwischen Rechtsextremismus und unbefriedigten Bedürfnissen aufzuzeigen. In diesen Seminaren sollen die Kinder und Jugendlichen ebenso befähigt werden, sich vor gefährdenden Einflüssen zu schützen und Zivilcourage zu entwickeln (Schulung von Kritik- und Entscheidungsfähigkeit sowie die Übernahme von (Eigen)Verantwortung).

Beim hier vorgestellten Ingelheimer Modell handelt es sich um ein vernetztes Projekt, welches die Themen Gewaltprävention und Prävention gegen Rechtsextremismus beinhaltet. Anfangs werden die Lehrer als Multiplikatoren soweit ausgebildet, dass sie dann mit den erworbenen Fähigkeiten weiterführend mit ihren Schülern arbeiten können. Dazu wird einführend mit allen 8. Klassen ein zweitägiges Einführungsprojekt durchgeführt, welches von den Lehrern dann zukünftig fortgesetzt werden soll. Somit können die Lernprozesse der Kinder und Jugendlichen von diesen Fachkräften langfristig begleitet werden. Dazu werden folgende Themen behandelt:

Die theoretische und aufklärende Behandlung des Themas

Dies kann in unterschiedlicher Form geschehen, sollte aber im Anschluss immer eine Reflexion eigener Erfahrungen nach sich ziehen. Wichtig sind die Herausarbeitung der Entstehungsfaktoren von Fremdenfeindlichkeit und den dahinter stehenden Bedürfnissen, der Bedeutung von Gewalt sowie die Aufklärung über bestehende Formen, Ausmaße sowie ihre Begleiterscheinungen.

Der konfrontative, ressourcenorientierte und emotionale Erziehungsansatz

Dieser fördert ehrliches, stärkendes und lebendiges Verhalten. Neben der konfrontativen Methodik (Konfrontation mit der eigenen Einstellung, mit der Gruppenerwartung gewalttätig zu werden) ist der ressourcenorientierte Ansatz in Verbindung mit dem Selbstwerttraining ein Schwerpunkt dieses Programms. Alle Teilnehmer müssen ihre eigenen positiven Anteile kennen und wertschätzen lernen. Ebenso ist es immens wichtig, den Teilnehmern den Umgang mit ihren Gefühlen beizubringen. Sie sollen lernen eigene Gefühle wahrzunehmen, sie zu benennen, sie zu verringern und dann abzubauen. Allerdings unterdrücken viele Menschen aus Angst vor Verletzung, Kränkung oder Selbsterniedrigung ihre Gefühle. Dementsprechend soll gelernt werden, Gefühle angemessen auszudrücken und nicht auf Kosten anderer Menschen oder von Feindbildern diese unreflektiert auszuleben.

Gruppendynamische Interaktionsspiele

Diese Spiele eignen sich hervorragend, um im geschützten Rahmen eine Wir-Identität ohne Ausgrenzung entwickeln zu lassen, um Gefühle, Ängste und Konflikte bei sich, im Klassenverband oder der Schule sichtbar zu machen und um gemeinsam Lösungen zu erarbeiten. Diese Übungen tragen einerseits zur eigenen und zur Stärkung der Gruppe bei. Andererseits helfen sie, emotionale Entwicklung zu fördern und Ängste oder auch Menschenscheu zu überwinden. So werden Interaktionsspiele zur Thematik „Wahrnehmung", „Umgang mit Gefühlen", „Auslöser für Wut, Enttäuschung und Aggressionen erkennen", „Entwicklung von Empathie", „Selbstwert und Selbstbewusstsein aufbauen", „Gruppenklima verbessern und fördernde Beziehungen aufnehmen" und "Integrationsspiele für Gemeinschaft und gegen Ausgrenzung" durchgeführt, um entsprechende Themen zu bearbeiten.

Konfliktmanagement

Auf der Kommunikationsgrundlage (Körpersprache und Sprache) werden die Möglichkeiten des Opferdaseins behandelt. Dazu erfolgt die Einführung in die Theorie der Körpersprache mit praktischen Übungen. Ziel dieses Abschnittes ist es, den eigenen wichtigen körpersprachlichen Ausdruck zu reflektieren, aber auch für die Körpersprache anderer sensibilisiert zu werden. Denn das Erfahren des eigenen körpersprachlichen Ausdrucks auf sein Gegenüber ist wichtig, um durch die eigene Ausstrahlung positiv und nicht als Opfer auf andere wirken zu können. Ebenso können Ausdrucksweisen des Gegenübers sensibler wahrgenommen werden. So können einerseits mögliche Konflikte bereits frühzeitig erkannt und vermieden werden, andererseits bedrohliche oder befremdende Körperhaltungen analysiert werden. Die Einführung in die Kommunikation erfolgt durch das Vermitteln von Kommunikationsansätzen. Hier soll die eigene Beeinflussung im Kopf und damit für den Konflikt dargestellt werden. Es geht darum, den eigenen Opferstatus durch keine verstärkenden Verhaltensweisen und durch das Verstehen der Täterdenkweise positiv zu beeinflussen. Weiterhin ist das Einüben von Lösungsmöglichkeiten zur Entwicklung von Handlungswissen in Konfliktsituationen ein weiterer Schwerpunkt.

Dazu eignen sich Deeskalationsspiele, in denen Gewaltsituationen und Konflikte nachgestellt werden, um die eigene Hilflosigkeit im Umgang mit solchen Situationen überwinden zu lernen. Eine eindrucksvolle Übung ist das massive Provozieren und Bedrohen des einzelnen Teilnehmers vor der Gruppe. Hier werden die eigenen Reaktionen selbst und von der Gruppe ausgewertet. Wichtig ist es, die Gefühle in der erlebten Situation zu beschreiben und den Teilnehmer erkennen zu lassen, dass oftmals aus eigener Hilflosigkeit heraus aggressives Verhalten oder Opferverhalten einsetzt. Hier kann der Teilnehmer lernen sein Verhalten zu verbessern und gemeinsam nach Lösungsmöglichkeiten zu suchen.

Selbstreflexion im Umgang mit Gefühlen und aggressivem Verhalten

Wichtig ist das Erfahren der eigenen Ängste, von Frust, Betroffenheiten und (Un)Sicherheiten. Denn nur mit einer reflektierten Selbstwahrnehmung kann erkannt werden, welche Hintergrundgefühle Vorurteile oder Feinbilder (Sündenböcke) hervorrufen. Es ist wichtig sich die eigenen Befindlichkeiten und deren Ursachen einzugestehen. Weiterhin sind die Elemente Stressabbau sowie Selbstmanagement wichtig, um in oder vor konfliktträchtigen Situationen klare Entscheidungen zu treffen und auch angemessen handeln zu können.

Die Opferperspektive

In diesen Einheiten geht es einerseits um das Entwickeln von Empathie zum Vermeiden weiterer Beleidigungen, Kränkungen, Erniedrigungen auf physischer und psychischer Ebene von den vermeintlich Stärkeren. Ein Knackpunkt ist dabei das Herausarbeiten der Motivation des „Mobbers" und seine eigene dahinter stehende Selbstwertproblematik. Ebenso eignen sich Rollenspiele mit vertauschten Positionen sehr gut den „Täter" dazu zu bringen, nun aus der betroffenen Perspektive einen stattgefundenen Konflikt zu erzählen. Ständiges Hinterfragen von den nun eigenen Opfergefühlen lässt ihn sich besser in das Leid der Betroffenen einfühlen. Dazu werden von Betroffenen ihre Gefühle gegenübergestellt. Auch sollen Teilnehmer, die häufig zu Opfern der Gruppe werden, ermutigt werden, sich zu wehren. Dazu gehören die Veränderung der eigenen Körpersprache, das Vermitteln von Handlungsstrategien zum sicheren, selbstbewussten Auftreten und die Rückgabe von Selbstwert förderndem und abgrenzendem Denken gegenüber Erniedrigung. Damit können sie dem eigenen Opferstatus entgegenwirken und Etikettierungen abbauen.

Kompetenztraining

Das Kompetenztraining beinhaltet das Trainieren der eigenen Geniepunkte und das Fördern des eigenen Selbstwertes durch Standpunkt-, Rhetorik-, Gefühls- und Antiblamiertraining. Mit vorhandenem Selbstbewusstsein werden klare Entscheidungen getroffen, Standpunkte klarer und unklare Konfliktsituationen weniger bedrohlich eingeschätzt. Dementsprechend ist es wichtig, das Selbstbewusstsein von Kindern und Jugendlichen zu stärken. Dazu werden anfangs selbstbewusstseinsfördernde Vorstellungsrunden durchgeführt. Dabei müssen sich die Jugendlichen auf pfiffige Art vor der Gruppe positiv darstellen und Zukunftsvisionen benennen. Weiterhin wird im Verlaufe des Trainings z.B. Rhetoriktraining geübt, in dem laut und leise, schnell und langsam und deutlich gesprochen wird. Beim Gefühlstraining dürfen sich die Jugendlichen beispielsweise im direkten Gegenüber etwas Nettes und Gefühlvolles über den Partner erzählen. Diese Art des gefühlvollen Erzählens bringt viele Jugendliche an ihre Grenzen der eigenen Hemmungen. Wichtig ist es dabei zu lernen, die eigene Hemmschwelle überschreiten zu dürfen, und seinen vermeintlichen Gefühlen freien Lauf zu lassen, ohne dass ihnen etwas dabei passiert. Bei regelmäßiger Übung die eigenen Gefühle auszudrücken, lernen die Kinder und Jugendlichen in diesem geschützten Rahmen schnell, eigene Gefühle ohne Bauchweh auszudrücken. Auch der Selbstwertbereich ist ein wichtiger Schlüssel dafür, sich schon im frühzeitigen Alter annehmen zu können und gegen benachteiligtes, hasserfülltes und anerkennungsloses Empfinden zu wirken.

Gruppendynamik

Die Analyse und die Veränderungsmöglichkeiten der Gruppenstruktur und – Phasen sind für Gruppenleiter oder Lehrer wichtige Instrumente um ein friedlicheres und gemeinschaftlicheres Gefühl in der eigenen Gruppe zu erzeugen. Damit können Konflikte, Aggressivitäten oder fremdenfeindliche Tendenzen verringert oder vermieden werden. Ebenso ist es möglich, die Stärken der Gruppe zu nutzen, um sich bei einigen Konflikten mehr herausziehen und selbst mehr als Vermittler zwischen dem Störenfried und dem Rest auftreten. Somit weisen sie die unbeliebte Buhmannrolle leichter von sich und lassen die Gruppe die Funktion übernehmen, störendes Verhalten zu bemängeln. Sie sind in diesen Fällen nur noch der Moderator zwischen Störer und der Klasse. Seien sie auf alle Fälle öfters unberechenbar, damit ihre Schüler nicht genau wissen, was als nächster Schritt auf sie zukommt.

Elternarbeit

Dieser Bereich wird ebenso nur bei den sozialen Fachkräften behandelt. Hier geht es darum, Anregungen zur Motivation von Eltern zur Unterstützung ihrer Kinder zu geben. Bei einigen Eltern ist es notwendig Unterstützungsmöglichkeiten anzubieten und sie gleichzeitig auf eigene und die von ihren Kindern vorhandenen Ressourcen und Stärken hinzuweisen. Da sie die Schwächen ihrer Kinder und die eigenen Schwächen genügend kennen und diese deshalb abwehren, besteht die Notwendigkeit ressourcenorientiert vorzugehen. Fragen wie, „Wie haben Sie denn das trotz aller Schwierigkeiten hin bekommen?" Oder „ Wie würden Sie denn das an meiner Stelle machen?" geben den Eltern das Gefühl, auch vieles richtig gemacht zu haben und Unterstützungen leisten zu können. Aus diesem Gefühl heraus sind Eltern eher zur Mitarbeit bereit.

Ausblick

Prävention gegen Rechtsextremismus sollte schon ab dem früheren Kindesalter beginnen. Auffälligkeiten können meist schon in den jungen Jahren eines Menschen beobachtet werden. Daher ist es erforderlich in Familien, in Kindergärten, in Schulen oder auch in Sportvereinen gegen auftretende Gefährdungsmerkmale anzusetzen. Dementsprechend müssen einer allgemeinen Menschenscheu und Menschenfeindlichkeit mittels emotionaler, kommunikativer und ressourcenorientierter Ansätze abgeholfen werden. Diese präventive Intervention kann die Entwicklung zu einer späteren Fremdenfurcht stoppen und die möglicherweise daraus resultierende Fremdenfeindlichkeit verringern oder beseitigen. Dementsprechend ist es wichtig, emotionale Grundlagen bei Kindern aufzubauen.

Außerdem sollen aggressive Verhaltensweisen langfristig behandelt werden. Dafür braucht es Geduld, Zuwendung, Fachkompetenz und Integrationsbemühungen. Gefühlsarbeit, Selbstwert steigerndes, ressourcenorientiertes und Empathie förderndes Intervenieren mit Erfolgsgarantie anstatt handlungsohnmächtiger Sanktionsvielfalt oder weiterer Ausgrenzung sind dementsprechend vorzuziehen[14].

Fachkompetenz, so z.B. das Wissen um die Jugendproblematik, die gesellschaftlichen Bedingungen oder die kompensatorischen Funktionen von Fremdenfeindlichkeit helfen in der Reflexion im Umgang mit rechtsextremen Erscheinungen. So sollte den Jugendlichen Zeit, Raum und Mittel zur Verfügung gestellt werden, damit sie ihre noch unausgereiften Persönlichkeiten ausprobieren, korrigieren und entwickeln können. Leider wird unter den Bedingungen unserer heutigen, auf Schnelllebigkeit und Konkurrenz ausgerichteten Gesellschaft kaum auf die psychische Entwicklung Rücksicht genommen und es werden kaum angemessene Erprobungsmöglichkeiten angeboten. Dieses Manko sollte behoben werden.

Vorteilhaft zeigte sich der normale und alltägliche Umgang mit Jugendlichen mit dem Angebot, Freizeit gemeinsam zu gestalten und integrierend zu helfen. Wichtig erwies sich der fürsorgliche und wertschätzende Umgang mit ihnen. Der Umgang mit einem ganz normalen Menschen...ohne Rolle. Wichtig ist dabei nur das Nichtakzeptieren ihrer Rolle! Das Thema Ausgrenzung ist auch bei Rechtsextremen ein Thema, nur von einer anderen Perspektive betrachtet. Bestrafung für ein schon oft bestraftes Leben? Wie kann den Ursachen von Rechtsextremismus entgegengewirkt werden, wenn diese Jugendlichen oft

---

[14] Vgl. Werner, S., 2005

Anklage und Ausgrenzung erfahren? Sie geben diesen gelangweilten Leben wieder Sinn und Ideen! Das beinhaltet nämlich auch Zivilcourage!

Allerdings können wir nur versuchen, ihnen die Tür aufzuhalten, hindurchgehen müssen die Jugendlichen aber immer noch allein.

Kontakt zum Autor unter: www.gewaltlos.info (auch zu „Ex" und heutigen Tutoren)

Literaturliste

Bergmann, J. und Leggewie, C.: Die Täter sind unter uns, 1993
Butterwegge, C.: Standortnationalismus – eine Herausforderung für die politische Jugendbildung, in: Deutsche Jugend 11/1998
Grawe, K.: Neuropsychotherapie, 2006
Heitmeyer, W.: Rechtsextremistische Orientierungen bei Jugendlichen, 1987
Heitmeyer, W.: Das Desintegrations- Theorem, 1994
Markus, U.: Immer cool bleiben..., in: Bergmann, W. und Erb, R.(Hrsg.): Neonazis und rechte Subkultur, 1990
Scheuch, E.,K.: Theorie des Rechtsradikalismus in westlichen Industriegesellschaften, in: Hamburger Jahrbuch für Wirtschafts- und Gesellschaftspolitik, 12/1967
Wahl (Hrsg.), Fremdenfeindlichkeit und Rechtsextremismus, 2001
Werner, S.: Aufgaben und Chancen im Umgang mit aggressivem Verhalten, 2005
Willems, H.: Fremdenfeindliche Gewalt, 1993
Würtz, S.: Wie fremdenfeindlich sind Schüler?, 2000

Elke Moning

Anforderungsprofil zur Thematik rechte Gewalt und Konfliktmanagement - Lehrerinnen- und Lehrerausbildung im Kontext veränderter gesellschaftlicher Herausforderungen

Um als Lehrender im schulischen Kontext mit rechter Gewalt umgehen zu können, ist es erforderlich, sich generell im Gewalt- und Konfliktmanagement auszukennen. Vor diesem Hintergrund hat die Landesregierung Rheinland-Pfalz in ihren Richtlinien für die Lehrerausbildung (Reform der Lehrerausbildung in Rheinland-Pfalz, In: http://studienseminarebbs.bildung-rlp.de) im Lande deutlich gemacht, dass die Qualifikationen der Lehramtsstudierenden in Bezug auf die veränderten Herausforderungen, die sich im schulischen Umfeld u.a. als Ergebnis gesellschaftlicher Veränderungen ergeben, grundlegend zu optimieren sind. Bedingt durch die gesellschaftlichen Entwicklungen sind Lehrende nicht zuletzt in jeder Schulart immer stärker erzieherisch und sozialpädagogisch tätig. Die Herausforderungen gerade in Bereichen wie z.B. Einschätzung und Deeskalation von Konflikt- und Gewaltsituationen und Umgang mit rechter Gewalt sind nicht zu unterschätzen und lassen die ursprüngliche Rolle von Lehrpersonen als Vermittler von fundierten Bildungsinhalten oftmals nur noch in eingeschränktem Maße zu.

Aus diesem Grunde ist es erforderlich, zukünftige Lehrerinnen und Lehrer frühzeitig mit der Thematik Konflikt, Gewalt und Extremismus zu konfrontieren und neben fundierter fachwissenschaftlicher Information konkrete Handlungskompetenz anzubahnen.

Dem Fach Erziehungswissenschaften kommt hier aufgrund seines Selbstverständnisses eine besondere Aufgabe zu. Betont wird diese durch die Aufnahme verbindlicher erziehungswissenschaftlicher Inhalte verbunden mit zu erwartenden Kompetenzen. Dementsprechend scheinen folgende Kompetenzbereiche/curriculare Standards als Bestandteile der Lehrerausbildung immer wichtiger zu werden:

Der Studierende begreift
"...Kommunikation und Interaktion als grundlegende Bestandteile der Lehr- und Erziehungstätigkeit: Er kennt Theorien der Kommunikation und Interaktion, En- und Dekodierung von Botschaften, verschiedene Formen der Kommunikation, Aufmerksamkeitssteuerung, konstruktive Konfliktbearbeitung und Gewaltprävention..."

Qualifikationen, erwartete Kompetenzen:
"...Die Studierenden verfügen über Grundkenntnisse zur Erklärung von Interaktions- bzw. Kommunikationsabläufen im Kontext von Unterricht und Schule, nehmen non- und paraverbale Kommunikationsinhalte wahr, kön-

nen sie interpretieren und können solche kommunikativen Merkmale selbst einsetzen; sie können Konflikte analysieren, konstruktiv mit ihnen umgehen und sie in die Unterrichtskommunikation einbeziehen; wissen um die Kommunikations- und Teamkompetenz..."
(Arbeitsgruppe für Leitbild, Kompetenz und Inhalt (2004): http://www.mbwjk.rlp.de/fineadmin/Dateien/downloads, S.10)

Ergänzend könnte noch hinzugefügt werden, dass die Studierenden verstehen lernen müssen, dass die Auseinandersetzung mit Ursachen von Gewalt und Konflikten als Chance für Persönlichkeitsentwicklung junger Menschen sowie Entwicklung eigener Handlungskompetenz in der Auseinandersetzung mit schulischer bzw. erzieherischer Wirklichkeit anzusehen ist. Sie erkennen dadurch weiterhin die Notwendigkeit von Schulentwicklung im Kontext schulischer Sozialarbeit.

Aus den Kompetenzaspekten erschließt sich die Notwendigkeit einmal genauer die Tätigkeiten zu betrachten, die Lehrerinnen und Lehrer im heutigen Kontext von Gewalt- und Konfliktmanagement ausführen müssen. Dazu eignet sich ein tätigkeitsbezogenes Anforderungsprofil, das sich für Lehramtsstudierende zur Ermittlung des eigenen Weiterentwicklungsbedarfs auch im späteren Berufsfeld eignen könnte. Im Personalmanagement und in der Führungskräfteentwicklung vieler Unternehmen werden beispielsweise für Mitarbeiter von Unternehmen derartige Profile erstellt, um mit der Mitarbeiterin/dem Mitarbeiter geeignete Fortbildungsmaßnahmen am jeweiligen Arbeitsplatz zu eruieren. Dies geschieht in der Industrie unter Zuhilfenahme betriebspädagogischer und betriebspsychologischer Erkenntnisse und hat als Adressaten Führungskräfte und Mitarbeiter gleichermaßen. Ein allgemeines Anforderungsprofil für Lehrer kann natürlich die gesamte Komplexität des Schulalltags und seiner Anforderungen abbilden. In Bezug auf die Anforderungen, die der Beruf jedoch an die Fach-, Sozial-, Methoden- und Persönlichkeitskompetenz stellt, ist es wichtig, Fragen an die eigene Qualifikation und damit an den eigenen Fortbildungsbedarf zu stellen, um den momentanen und zukünftigen beruflichen Herausforderungen auch auf Dauer gewachsen zu sein.

In der gegenwärtigen lerntheoretischen und didaktischen Diskussion steht erneut die Frage im Mittelpunkt, wie durch eine institutionelle Lernorganisation Handlungskompetenz im beruflichen und außerberuflichen Lebensbereich gefördert werden kann. Handlungskompetent ist ein Mensch, der in konkreten Situationen Tätigkeiten in der Weise ausführen kann, dass er selbst durch sein Denken und z.B. hinzugezogene Experten mir den gezeigten Leistungen zufrieden gestellt sein kann. Diese Handlungskompetenz setzt sich gerade im Lehrerdasein aus hohen Ansprüchen in Bezug auf alle Kompetenzbereiche zusammen. Lehrpersonen müssen eine hohe fachliche, soziale und methodische sowie emotionale Kompetenz im Umgang mit jungen Menschen besitzen. Gerade der emotionalen/persönlichen Kompetenz kommt eine extrem hohe Bedeutung zu. Lehrerinnen und Lehrer können noch so gute Experten in fachlicher Hinsicht sein, drohen aber zu scheitern, wenn es ihnen an einer Verinnerlichung von Werten und Normen, von Grundwerten und Überzeugungen fehlt. So wird es oftmals in konkreten Situationen fraglich sein, ob tatsächlich verantwortungsbewusst, vorbildhaft und zuverlässig gehandelt wird. Um dies sicher zu stellen, muss ein Mensch jedoch die Gelegenheit haben an Situationen zu wachsen, die eigene Persönlichkeit zu erproben, den Umgang mit komplexen Erziehungs- oder Konfliktsituationen einzuüben. Universitäre Lehrerausbildung sollte sich dementsprechend nicht nur auf die fachliche und methodische Ausbildung beschränken, sondern darüber hinaus versuchen, Grundlagen zu schaffen um Handlungskompetenz auch in Konflikt- und Gewaltsituationen zu vermitteln, zu erproben und zu reflektieren. Dies ist gerade auch in Bezug auf die Persönlichkeitsentwicklung junger Lehrerinnen und Lehrer, die heute mit konfliktreichen und komplexen Lebenssituationen junger Menschen täglich umgehen müssen, von besonderer Bedeutung..

Wenn man nun den Umgang mit Konflikten, mit gewaltorientierten Jugendlichen, Umgang mit Konfliktlagen auch im außerschulischen Umfeld, etc. als Teil der täglichen Erlebniswelt von Lehrerinnen und Lehrern anerkennt, dann fordert diese Sichtweise ein spezifisches Anforderungsprofil für diese Tätigkeiten geradezu heraus. Damit stellt sich die Frage nach den Kompetenzen, die Lehrerinnen und Lehrer in diesem Tätigkeitsfeld erwerben müssen um einigermaßen handlungskompetent mit den Anfängen jugendlicher Desorientierung, Gewaltbereitschaft, politisch extremistischen Denkweisen umzugehen bzw. konkret präventiv daran arbeiten zu können. Im Folgenden werden wichtige Tätigkeitsbereiche für Lehrerinnen und Lehrer aufgeführt, die dann in einem ersten Anforderungsprofil aufgearbeitet werden.

Zukünftige Lehrerinnen und Lehrer können hier für ihre Ausbildung eine erste Orientierung finden, zu welchen Tätigkeiten sich konkrete Fragen und damit Qualifikationsanforderungen stellen lassen. Weiterhin soll ersichtlich werden, welche Weiterbildungsbereiche sich erkennen lassen und wo Studienansätze zur Weiterqualifikation zu finden sind.

Tätigkeiten

A...mit den am Lernprozess/am Konflikt Beteiligten kommunizieren...

B... verbale und nonverbale Botschaften erkennen...

C...Ursachen von sozialen Konflikten im schulischen Umfeld kennen und unterstützende Personen/Institutionen (Jugendamt/Schulsozialarbeiter, u. a.) einbinden können...
(M. Fuchs, S. Lamnek, J. Luedtke (2001), S. 167ff)

D... sich in Selbstbeobachtung/Selbstbild üben und am eigenen Selbstbewusstsein/an eigener Körpersprache arbeiten...

E...die Auseinandersetzung mit Ursachen und Konflikten als Chance zur Persönlichkeitsentwicklung verstehen...

F...eigene Konfliktmuster analysieren...

G...als beteiligter Konfliktpartner konstruktive Lösungen einbringen können...

H...Aggressionen/Konflikte/bedrohliche Situationen/Gewalt erkennen und interpretieren können...

I... verschiedene Ausprägungsformen von Gewalt einschätzen und angemessen reagieren können...
(G. Schwarz (2005[7]), S. 97ff)

J...Konfliktlösestrategien kennen und anwenden können...
(G. Falk, P. Heintel, E.E. Krainz (Grsg.) (2005))

K...gewaltpräventive Strukturen/Methoden/Vorgehensweisen kennen und in der Schule in konkrete Maßnahmen umsetzen können...

L... Deeskalationsstrategien kennen und anwenden können...
(J. Korn, T. Mücke (2000), S. 34ff)

M...Kolleginnen und Kollegen von der Notwendigkeit von Schulentwicklung in Bezug auf Konfliktmanagement überzeugen...

Anforderungsprofil für

Tätigkeit (A)

…mit den am Lernprozess/am Konflikt Beteiligten kommunizieren…

Fachkompetenz	Methodenkompetenz	Sozialkompetenz	Persönlichkeits-kompetenz
Welche Kommunikationstheorien sind relevant?	Wie finde ich heraus, welcher Kommunikationsansatz bei der Analyse der Lern- / Konfliktsituation zugrunde zu legen ist?	Wie finde ich eine angemessene Kommunikationsstrategie?	Inwieweit bin ich davon überzeugt, dass Kommunikation unabdingbar ist, um Lernprozesse / Konfliktlöseprozesse zu initiieren?
Welche Faktoren sind für eine angemessene Kommunikationsumgebung notwendig?	Wie finde ich situative Faktoren zur Schaffung einer abgemessenen Kommunikationsumgebung heraus?	Wie schaffe ich eine angenehme Kommunikationsumgebung?	Inwieweit ist es für mich ein pädagogisches Anliegen, angenehme Kommunikationssituationen zu gestalten?
		Wie spreche ich die an der Lernsituation/am Konflikt Beteiligten so an, dass sie sich am Lösungsprozess aktiv beteiligen?	Inwieweit bin ich von der Notwendigkeit einer gemeinsamen Konfliktlösungsstrategie überzeugt?

Anforderungsprofil für

Tätigkeit (B)

...verbale und nonverbale Botschaften erkennen...

Fachkompetenz	Methodenkompetenz	Sozialkompetenz	Persönlichkeits-kompetenz
Welche wichtigen verbalen und nonverbalen Botschaften können gesendet werden?	Wie finde ich zutreffend heraus, welche Botschaft gesendet wurde?	Wie reagiere ich auf den Sender und dessen Botschaft?	Inwieweit bin ich davon überzeugt, dass verbale und nonverbale Botschaften für mein verantwortliches Handeln aufgenommen werden müssen?
Welche Möglichkeiten gibt es, nonverbale Botschaften zu erkennen?	Wie kann es mir gelingen, den Inhalt der Botschaften im Hinblick auf ihre Intention zu entschlüsseln?	Wie gelingt es mir, den Sender der Botschaften zu einem weiterführenden Gespräch zu motivieren?	Inwieweit bin ich in der Lage, verbale und nonverbale Botschaften anzunehmen?

Anforderungsprofil für

Tätigkeit (C)

...Ursachen von sozialen Konflikten im schulischen Kontext kennen und unterstützende Personen/Institutionen (Jugendamt/Schulsozialarbeiter, u. a.) einbinden können...

Fachkompetenz	Methodenkompetenz	Sozialkompetenz	Persönlichkeitskompetenz
Welche grundlegenden Ursachen von sozialen Konflikten im schulischen Kontext gibt es?	Wie finde ich heraus, welche Ursachen für einen Konflikt maßgeblich sind?	Wie beziehe ich andere Menschen ein, um die Ursachen für den Konflikt aufzudecken?	Inwieweit bin ich davon überzeugt, dass hinter Konflikten meistens kontextgebundene Ursachen stehen?
Welche unterstützenden Personen/Institutionen sind im schulischen Kontext direkt ansprechbar?	Wie kommuniziere ich mit unterstützenden Personen/Institutionen?	Wie gelingt es mir, unterstützende Personen/Institutionen auf die Konfliktsituation anzusprechen?	Inwieweit bin ich davon überzeugt, unterstützende Personen/Institutionen zur Konfliktlösung einbeziehen zu müssen?
Welche Methoden gibt es, um Ursachen für soziale Konflikte im schulischen Kontext zu ermitteln?			

Anforderungsprofil für

Tätigkeit (D)

...sich in Selbstbeobachtung/Selbstbild üben und am eigenen Selbstbewusstsein/an eigener Körpersprache arbeiten...

Fachkompetenz	Methodenkompetenz	Sozialkompetenz	Persönlichkeitskompetenz
Welche Ausdrucksformen von Körpersprache gibt es?	Wie finde ich heraus, welche Ausdrucksformen für meine Person/meine Botschaft zutreffend sind?	Wie beziehe ich andere Menschen mit ein, um die Wirkung meiner Körpersprache zu analysieren?	Inwieweit bin ich davon überzeugt, dass Körpersprache eine Botschaft authentisch unterstützen kann?
Welche Möglichkeiten und Techniken der Selbstbeobachtung gibt es?	Wie gelingt es mir, meine Gefühle über Körpersprache zum Ausdruck zu bringen?	Wie arbeite ich mit anderen Menschen, um mein Selbstbewusstsein zu steigern?	Inwieweit bin ich davon überzeugt, dass ein selbstbewusstes Auftreten in Konfliktsituationen hilfreich ist?

Anforderungsprofil für

Tätigkeit (E)

...die Auseinandersetzung mit Ursachen und Arten von Konflikten als Chance zur Persönlichkeitsentwicklung verstehen...

Fachkompetenz	Methodenkompetenz	Sozialkompetenz	Persönlichkeitskompetenz
Welche Ursachen und Arten von Konflikten gibt es?	Wie finde ich heraus, welcher Konflikttyp in der jeweiligen Situation zutrifft?	Wie vermittle ich die Analyse der Konfliktsituation?	Inwieweit bin ich davon überzeugt, dass es notwendig ist, Ursachen und Arten von Konflikten angemessen einzuordnen?
Welche wichtigen entwicklungspsychologischen Grundlagen zum Kindes- und Jugendalter sind mir bekannt?			
		Wie mache ich anderen Menschen deutlich, dass es sich um eine Konfliktsituation handelt?	Inwieweit bin ich dazu in der Lage und lasse mich darauf ein, über Metakommunikation Konfliktsituationen anzusprechen?

Anforderungsprofil für   **Tätigkeit (F)**

...eigene Konfliktmuster analysieren...

Fachkompetenz	Methodenkompetenz	Sozialkompetenz	Persönlichkeitskompetenz
Welche häufigen Reaktionen auf konfliktäre Situationen gibt es?	Wie finde ich heraus, wie ich in der Regel auf typische Konfliktsituationen reagiere?	Wie beziehe ich andere Menschen ein, um eine Rückmeldung bzgl. der Angemessenheit meiner Reaktion zu erhalten?	Inwieweit bin ich davon überzeugt, dass meine eigenen Konfliktmuster dahingehend überprüft werden müssen, ob sie bei anderen Menschen zu Missverständnissen führen können?

Anforderungsprofil für Tätigkeit (G)

...als beteiligter Konfliktpartner konstruktive Lösungen einbringen können...

Fachkompetenz	Methodenkompetenz	Sozialkompetenz	Persönlichkeitskompetenz
Welche der Situation angemessenen Konfliktlösungsansätze gibt es?	Wie vermittle ich überzeugend den angemessenen Konfliktlösungsansatz?	Wie mache ich den Konfliktpartnern deutlich, dass es sich um einen für beide Seiten konstruktiven Konfliktlösungsansatz handelt?	Inwieweit bin ich davon überzeugt, dass Konflikte auf Dauer nur konstruktiv gelöst werden können?
Welche Quellen kann ich nutzen, um konstruktive Konfliktlösungsansätze zu erkennen?			Inwieweit fühle ich mich verantwortlich, Beiträge zu einer konstruktiven Konfliktlösung einzubringen?

Anforderungsprofil für

Tätigkeit (H)

...Aggressionen/Konflikte/bedrohliche Situationen/Gewalt erkennen und interpretieren können...

Fachkompetenz	Methodenkompetenz	Sozialkompetenz	Persönlichkeits-kompetenz
Welche fundamentalen Aggressionsauswirkungen und bedrohliche Situationen im schulischen Umfeld gibt es?	Wie finde ich heraus, welche Aggressionen sich hinter einer bedrohlichen Handlung verbergen können?	Wie gehe ich mit aggressiven oder gewaltorientierten Menschen um?	Inwieweit bin ich davon überzeugt, dass Aggressionsverhalten zuerst einmal Ausdruck natürlicher Bedürfnisse bzw. Ausdruck von Frustrationen darstellt?
Welche Interventionsmaßnahmen habe ich als Lehrperson zur Verfügung, um aggressivem bzw. gewaltbereitem Verhalten zu begegnen?	Wie reagiere ich auf aggressives und gewaltbereites Verhalten in meinem Zuständigkeitsbereich als Lehrperson?	Wie mache ich gewaltorientierten Menschen die Unzulässigkeit ihres Handelns deutlich?	Inwieweit ist es für mich ein pädagogisches Anliegen, Aggressionen, die sich in Gewaltverhalten äußern, einzudämmen?
Welche wichtigen Forschungen gibt es zu schulischer Gewalt in Deutschland?	Wie schätze ich die Forschungen in Bezug auf die Übertragbarkeit der Ergebnisse auf die jeweilige Schulsituation ein?		

Anforderungsprofil für

Tätigkeit (I)

...verschiedene Ausprägungsformen von Gewalt einschätzen und angemessen reagieren können...

Fachkompetenz	**Methodenkompetenz**	**Sozialkompetenz**	**Persönlichkeitskompetenz**
Welche Ausprägungsformen von Gewalt gibt es?	Wie finde ich als Lehrperson die angemessene Reaktion auf die unterschiedlichen Ausprägungsformen von Gewalt?	Wie vermittle ich als Lehrperson gewaltorientierten Menschen, dass eine Eskalation der Gewalt für alle Beteiligten schädlich sein könnte?	Inwieweit bin ich davon überzeugt, dass ich gewaltorientierte Menschen dazu animieren kann, ihre Konflikte über gewaltlose Wege zu lösen?
Welche Ursachen können verschiedene Ausprägungsformen von Gewalt haben?		Wie vermittle ich gewaltorientierten Jugendlichen, dass ich in der Wertschätzung zwischen ihrer Person und ihrem Handeln unterscheide?	Inwieweit ist es für mich ein pädagogisches Anliegen, mich mit gewaltbereiten Menschen auseinanderzusetzen?

Anforderungsprofil für

Tätigkeit (J)

...Konfliktlösungsstrategien kennen und anwenden können...

Fachkompetenz	Methodenkompetenz	Sozialkompetenz	Persönlichkeitskompetenz
Welche wichtigen Konfliktlösestrategien gibt es?	Wie und in welcher Situation wende ich derartige Strategien an?	Wie mache ich die Notwendigkeit einer Konfliktlösung verständlich?	Inwieweit bin ich davon überzeugt, dass ich als Lehrperson mit verantwortlich bin für die Durchführung von Konfliktlösestrategien?

Anforderungsprofil für

Tätigkeit (K)

...gewaltpräventive Strukturen/Methoden/Vorgehensweisen kennen und in der Schule in konkrete Maßnahmen umsetzen können...

Fachkompetenz	Methodenkompetenz	Sozialkompetenz	Persönlichkeitskompetenz
Welche Erfolg versprechenden Gewaltpräventionsmaßnahmen in Schule und Unterricht gibt es?	Wie führe ich Gewaltprävention im Unterricht und außerhalb des Unterrichts durch?	Wie beziehe ich Experten ein, um präventiv tätig werden zu können, wenn meine Maßnahmen nicht zum gewünschten Erfolg führen?	Inwieweit bin ich davon überzeugt, dass Gewaltprävention eine wichtige erzieherische Maßnahme darstellt?
	Wie wende ich verschiedene Formen der Gewaltprävention im Unterricht an?	Wie vermittle ich meinen Schülerinnen und Schülern, dass Gewaltprävention personen- und situationsabhängig ist?	Inwieweit bin ich bereit, meine Gewaltprävention auf den Einzelfall abzustimmen (z.B. Konfrontative Pädagogik)?

Anforderungsprofil für

Tätigkeit (L)

...Deeskalationsstrategien kennen und anwenden können...

Fachkompetenz	Methodenkompetenz	Sozialkompetenz	Persönlichkeits-kompetenz
Welche wichtigen Eskalations- und Deeskalationsmodelle gibt es, die auf Schule und Unterricht anwendbar sind?	Wie erkenne ich den jeweiligen Grad einer Eskalation?	Wie mache ich die Folgen einer weiteren Eskalation allen Beteiligten deutlich?	Inwieweit bin ich davon überzeugt, dass Eskalation und Deeskalation in bestimmten Situationen notwendig sind?
	Wie interveniere ich auf einer durch die Situation hervorgerufenen Eskalationsstufe?	Wie vermittle ich den Schülerinnen und Schülern die Konsequenzen möglicher weiterer Eskalation?	Inwieweit ist es für mich ein pädagogisches Anliegen, auf die Folgen von Eskalation aufmerksam zu machen?

Anforderungsprofil für

Tätigkeit (M)

...Kolleginnen und Kollegen von der Notwendigkeit von Schulentwicklung in Bezug auf Konfliktmanagement überzeugen...

Fachkompetenz	Methodenkompetenz	Sozialkompetenz	Persönlichkeitskompetenz
Welche Schulungsmöglichkeiten in Bezug auf Konfliktmanagement sind durchführbar?	Wie finde ich heraus, welche Schulungsmaßnahmen in dem jeweiligen Kontext besonders erforderlich sind?	Wie vermittle ich dem Kollegium und anderen Verantwortlichen die Notwendigkeit von Schulungsmaßnahmen?	Inwieweit bin ich davon überzeugt, dass Lehrende auf Veränderungsprozesse im Schülerverhalten vorbereitet werden können und müssen?

Aus diesem Anforderungsprofil zur Thematik Gewalt- und Konfliktmanagement wird die Vielschichtigkeit und Notwendigkeit früher und dauerhafter Einübungs- und Beratungsphasen deutlich. Um diese Anregungen im schulischen Kontext sinnvoll umsetzen zu können, ist die Unterstützung durch erfahrene Schulsozialarbeiterinnen und Schulsozialarbeiter notwendig. Sie können nämlich einen nicht unerheblichen Beitrag leisten, junge Lehrerinnen und Lehrer in konfliktreichen Situationen zu begleiten und zu beraten. Aus anderen europäischen Ländern kennen wir Konzeptionen, in denen Schulärzte, Psychologen und Schulsozialarbeiter als Team in der Schule vor Ort arbeiten. In Deutschland wird das Schulsozialarbeiternetz langsam mehr und mehr ausgebaut. Wir wissen, dass Lehrerinnen und Lehrer problematische Schüler nicht einfach zum Schulsozialarbeiter schicken können, sondern dass sie ihre Konfliktlösungskompetenz mit Hilfe von Anti-Gewalttrainern, Psychologen und Schulsozialarbeitern erweitern müssen. Der fremdenfeindliche Zwischenruf im Unterricht (S. Würtz, 2000, S. 146ff) ist spontan und verlangt eine Lehrerpersönlichkeit, die ein umfassendes Handlungsrepertoire in punkto Konfliktlösung entwickelt hat. Wir können unsere jungen angehenden Lehrkräfte nicht alleine in dieser Situation lassen, sondern wir müssen uns mitverantwortlich fühlen für deren Erweiterung einer entsprechenden Handlungskompetenz auf diesem Gebiet. Daher scheint eine universitäre Lehrerausbildung immer dringlicher zu sein, die sich bemüht, alle vier Kompetenzbereiche, nämlich fachliche, methodische, soziale und persönliche Kompetenz zu schulen. Es ist sinnvoll, nicht erst Jahre der Ausbildung vergehen zu lassen bis man in Bezug auf Konflikt- und Gewaltmanagement einer dringend notwendigen Ausbildung persönlich hinterherlaufen muss um die tägliche Schulwelt einigermaßen professionell überstehen zu können. Dieses Anforderungsprofil soll ein Anstoß sein, über die heranzubildenden Kompetenzen bei Lehrerinnen und Lehrern in Bezug auf Gewalt- und Konfliktmanagement nachzudenken.

Literaturverzeichnis:

Gerhard Falk, Peter Heintel, Ewald E. Krainz (Hrsg.) (2005): Handbuch Mediation und Konfliktmanagement. Wiesbaden: VS Verlag für Sozialwissenschaften.

Marek Fuchs, Siegfried Lamnek, Jens Luedtke (2001): Tatort Schule: Gewalt an Schulen 1994-1999. Opladen: Leske und Budrich.

Judy Korn, Thomas Mücke (2000): Gewalt im Griff. Bd2: Deeskalations- und Mediationstraining. Weinheim und Basel: Beltz.

Gerhard Schwarz (2005^7): Konfliktmanagement. Konflikte erkennen, analysieren, lösen. Wiesbaden: Gabler.

Stefanie Würtz (2000): Wie fremdenfeindlich sind Schüler? Weinheim und München: Juventa.

http://www.mbwjk.rlp.de/fineadmin/Dateien/dowmloads, S.10, entnommen: 6.1.2008

http://studienseminarebbs.bildung-rlp.de, entnommen: 6.1.2008

Hans Berkessel

Rechtsextremismus im Alltag: Erscheinungs- und Ausdrucksformen der rechten Subkultur und ihre Wirkung auf Jugendliche[1]

„Provozierende Aufmärsche, konspirative Konzerte und Immobiliengeschäfte, die Bürgern Angst einjagen. Die rechtsextremistische Szene ist nicht unbedingt stärker geworden, aber lauter. Die Polizei ist an Wochenenden ständig unterwegs, um braune Umtriebe aufzulösen. [...] Springerstiefel, Glatzen und Bomberjacken fallen auf, aber die Szene entwickelt intelligentere und subtilere Methoden. Wer laute Musik aus dem Kinderzimmer hört und nicht auf die volksverhetzenden Texte achtet, wird nicht misstrauisch. Möglicherweise lässt sich der Jugendliche über diese Musik aber vom Computer über die ‚Einstiegsdroge' Ausländerfeindlichkeit für die NPD und andere Rechte stimulieren: Das Internet liefert auf einschlägigen Seiten Hass schürende Videoclips dazu. [...] Zu dem Skinhead-Konzert, das die Polizei im rheinhessischen Ober-Flörsheim am 11. November aufgelöst hat, oder zu dem in Altleiningen gesprengten Liederabend mit Frank Rennicke am 24. November wird konspirativ über SMS-Ketten eingeladen, ohne dass auch die meisten Besucher zunächst wissen, wohin die Reise in einem Radius von 100 Kilometern geht."[2]

Diese Momentaufnahme aus einer ländlichen Region (Rheinhessen mit Mainz als Zentrum) in einem westlichen Bundesland macht deutlich, dass eine rechte Subkultur durchaus nicht nur in den östlichen Bundesländern existiert, sondern auch in den hinsichtlich der Phänomene Arbeitslosigkeit oder Jugendgewalt eher weniger im öffentlichen Rampenlicht stehenden alten Bundesländern.

Vergleicht man die Wahlergebnisse rechtsextremer Parteien bei Bundestags- und Landtagswahlen in Deutschland mit dem Anwachsen der Stimmenanteile rechtsextremistischer oder rechtspopulistischer Parteien anderer europäischer Staaten, so könnte man den Eindruck gewinnen, der Rechtsextremismus sei in Deutschland kein relevantes politisches Problem. Hier zeigt sich ein fundamentales Missverständnis, der Irrtum nämlich, die Bedeutung und Bedrohung des Rechtsextremismus ließe sich (allein) an Wahlergebnissen messen.

Wirft man einen Blick auf die Ergebnisse der Bundes- und Landtagswahlen in der Geschichte der Bundesrepublik Deutschland, so lässt sich feststellen,

---

[1] Bei dem folgenden Aufsatz handelt es sich um die überarbeitete Fassung eines Beitrags zur Festschrift für Alexander Stephan, die unter dem Titel „Kulturpolitik und Politik der Kultur/Cultural Politics and the Politics of Culture, hrsg. v. Helen Fehervary & Bernd Fischer, im Peter Lang-Verlag, Oxford, Bern, Berlin u. a. 2007 erschienen ist. Wir danken Autor, Herausgebern und Verlag für die Genehmigung den Beitrag in der bearbeiteten Form hier nachzudrucken.
[2] Mainzer Rheinzeitung vom 11. Dezember 2006, Seite 3 (Aus der Region)

- dass in den fünfziger Jahren mit der SRP (Sozialistische Reichspartei) einer rechtsextremen Partei der Einzug in einige Länderparlamente gelang,
- dass die NPD in den Sechzigern in immerhin sieben Landtagen vertreten war und bei der Bundestagswahl 1969 nur knapp an der 5%-Hürde scheiterte,
- dass nach einem Zwischentief in den siebziger Jahren die Rechtsextremen in Deutschland seit dem Ende der achtziger Jahre und in den neunziger Jahren mit ihren Parteien NPD, DVU und vor allem den Republikanern (REP) erneut erfolgreich und partiell in Landes- und Kommunalparlamenten vertreten waren.

Seit dem Jahr 2000 befindet sich die parteiförmig und parlamentarisch organisierte Rechte – mit Ausnahme der neu gegründeten rechtspopulistischen „Partei Rechtsstaatliche Offensive" (der so genannten „Schill-Partei"), der in Hamburg nicht nur der Einzug in den Senat sondern auch in die Landesregierung gelang, - wieder im Abstieg. Ein Trend, der durch die letzten Bundestagswahlen vom September 2002 bestätigt zu werden schien.[3] In den darauf folgenden Landtagswahlen in Bremen, Sachsen, Brandenburg und Mecklenburg-Vorpommern gelang es den rechtsextremen Parteien – wie schon zuvor in zahlreichen Kommunalparlamenten in West- und Ostdeutschland – aufgrund einer neuen Strategie der Kooperation, die von der NPD über die DVU bis hin zu den so genannten „Freien Kameradschaften" reicht und sich in Wahlabsprachen und Listenvereinigungen bzw. gemischten Kandidaturen und einer „Verbürgerlichung" ihre Führungspersonals manifestiert, erneut der Einzug in die Parlamente.

Diese aus der Sicht der Wahlerfolge bzw. Misserfolge insgesamt und im europäischen Vergleich erfreuliche Entwicklung darf aber nicht darüber hinweg täuschen, dass es sich bei den rechtsextremen Parteien nur um *ein* Element des Rechtsextremismus handelt. Es wäre also grob fahrlässig, hieraus den Schluss zu ziehen, dass unsere deutsche Demokratie und ihre Bürger im Unterschied zu unseren europäischen Nachbarländern resistent gegenüber rechtsextremem Gedankengut wären. Betrachtet man andere Erscheinungsformen des Rechtsextremismus, etwa die medialen Netzwerke insbesondere im Internet, rechtsextremistisch geprägte Musik(-gruppen) und ihre immer mehr anwachsende Fan-Gemeinde, eine Vielzahl von rechtsextremistischen, antisemitischen und Gewalt verherrlichenden Spielen, eine zunehmende gewaltbereite Ausländer- und Fremdenfeindliche Subkultur, die in einigen Regionen inzwischen die Majorität erreicht hat (vgl. die so genannten „National befreiten Zonen" in den östlichen Bundesländern) u. v. a. m., so ergibt sich – und dies nicht nur durch die ebenfalls zunehmende Zahl von Gewalttaten mit

---

[3] Vgl. Christoph Butterwegge, Rechtsextremismus, Freiburg 2002; Peter Dudek/Hans-Gerd Jaschke, Rechtsextremismus in der Bundesrepublik, Opladen 1984

rechtsextremistischem und Ausländer feindlichem Hintergrund – ein völlig anderes Bild.

Nationalsozialismus und Rechtsextremismus

Mit den Bahn brechenden Studien des Mainzer Politikwissenschaftlers JÜRGEN W. FALTER aus den achtziger Jahren ist der Wahrheitsgehalt der lange gültigen Erklärungsmuster des Nationalsozialismus als „Extremismus der Mitte", nach denen klein- und mittelbürgerliche Schichten das Gros der Anhänger und Wähler Hitlers gestellt hätten und Angestellte besonders anfällig, während Arbeiter weitgehend resistent für die NSDAP-Ideologie gewesen seien, in Frage gestellt und durch differenzierte Analysen der Wahlergebnisse und Sozialdaten der Endphase der Weimarer Republik überprüfbar geworden.[4] Zahlreiche Untersuchungen zu einzelnen Regionen und Orten in ganz Deutschland haben diese Makro-Studien im nationalen Rahmen inzwischen ergänzt, vertieft und für die Regional- und Lokalgeschichte verfügbar gemacht.[5] Auch wenn im Einzelnen Kontinuitäten und längst verschüttet geglaubt historische Traditionen augenfällig sind, so fehlt es doch bisher weitgehend an flächendeckenden wahl- und milieuanalytischen Untersuchungen zu diesem Befund.

„Wer etwa auf einer Landkarte von Rheinland-Pfalz die Nazi-Hochburgen der letzten freien Reichstagswahlen von 1932 markieren würde, die damals vor allem in der Pfalz lagen, der könnte feststellen, dass sie – fast sieben Jahrzehnte später – beinahe deckungsgleich mit den Hochburgen rechtsextremistischer Wahlergebnisse und neonazistischer Umtriebe heutzutage sind."[6] Sicherlich können diese partiellen Kontinuitäten nur zu einem kleinen Teil als Erklärung dafür herangezogen werden, dass sich die Generation, die die Zeit des Nationalsozialismus bewusst miterlebt hat, so schwer tut mit dieser „unbequemen Vergangenheit".[7] Die Konfrontation mit der allgemeinen Geschichte bedeutet für die unmittelbar oder auch mittelbar (Kinder, Enkel) beteiligten Generationen zugleich immer auch eine Auseinandersetzung mit der eigenen oder der Geschichte der Eltern und Großeltern.

„Die rational unumgängliche Kritik an dem sowie die moralische Verurteilung des NS-Regimes und des Verhaltens der Mehrheit der deutschen Bevölkerung stellt für einen Teil der Zeitgenossen subjektiv eine Entwertung und zugleich

---

[4] Vgl. Jürgen W. Falter, Hitlers Wähler. München 1991
[5] Vgl. etwa für Rheinland-Pfalz die umfangreiche Bibliografie am Ende des dritten Bandes der Reihe: Hans-Georg Meyer/Hans Berkessel (Hrsg.), Die Zeit des Nationalsozialismus in Rheinland-Pfalz. 3 Bde., Mainz 2000/2001; vgl. auch Stefan Schwöbels Rezension dieser Reihe in Heft 63/2002 der *Informationen*, S. 121 – 125.
[6] Ministerpräsident Kurt Beck, Geschichte, die nicht vergehen soll. In: Hans-Georg Meyer/Hans Berkessel (Hrsg.), Die Zeit des Nationalsozialismus in Rheinland-Pfalz. Bd. 1, Mainz 2000, S. 10
[7] Vgl. hierzu u. a.: Klaus Ahlheim/Bardo Heger, Die unbequeme Vergangenheit. NS-Vergangenheit, Holocaust und die Schwierigkeiten des Erinnerns, Schwalbach/Ts. 2002

den Verlust ihrer Jugend dar. Vielleicht erklärt dies zum Teil die Schärfe und Erbitterung der immer wieder aufbrechenden Diskussionen um die NS-Zeit – man denke nur an den Historikerstreit der achtziger Jahre, die kontrovers geführte Debatte über die Thesen von DANIEL JONAH GOLDHAGEN, die Friedenspreis-Rede MARTIN WALSERS, das geplante Mahnmal in Berlin für die ermordeten Juden Europas, die späte Entschädigung jüdischer und osteuropäischer Zwangsarbeiter durch deutsche Unternehmen oder um die Ausstellung des Hamburger Instituts für Sozialforschung über die Verbrechen der Wehrmacht,"[8] oder zuletzt um die Rolle der Deutschen in NS-Zeit und Zweitem Weltkrieg als Täter und/oder Opfer[9], die im Zusammenhang mit einer Neubewertung des alliierten Bombenkriegs und der Vertreibung der Deutschen aus den ehemals besetzten osteuropäischen Ländern revisionistische Züge annahm.[10]

Bedrückend scheint in diesem Zusammenhang aber, dass nicht nur in der unmittelbar beteiligten, sondern auch in der „nachwachsenden" Generation die immer wieder aufkommende Forderung nach einem „Schlussstrich", nach einem Ende der Auseinandersetzungen mit der nationalsozialistischen Vergangenheit nun – unmittelbar korrespondierend mit der Sehnsucht nach „Normalität", nach einer „selbstbewussten Nation" und gekoppelt an einen „neuen Nationalstolz" – auch bei jungen Menschen, etwa Studierenden, zunehmend Anklang und Unterstützung findet. In einer Studie der Universität Essen, die durch die umstrittene Paulskirchen-Rede Martin Walsers motiviert wurde, erweisen sich die studentischen Befürworter des legendären Schlussstriches allerdings in der übergroßen Mehrzahl nicht als Typen, die als „Ewiggestrige" die NS-Herrschaft verharmlosen oder deren Verbrechen leugnen, sie sind vielmehr der Zukunft zugewandt, wollen unbeschwert ihr Leben genießen und beruflich erfolgreich sein. Fast ein Drittel der befragten Studierenden fordert dennoch einen Schlussstrich in dem Sinne, „dass sie ‚endlich in Ruhe gelassen', nicht ‚ständig', auch nicht durch Straßennamen, an die unbequeme Vergangenheit erinnert werden, sondern unbeschwert und ‚unverkrampft' in die Zukunft schauen wollen. Bei ihnen ist die Schlussstrich-Mentalität mit der Gewissheit verbunden, erst nach dem Schlussstrich könne Deutschland wieder politisch (und militärisch) voll handlungs- und zukunftsfähig sein […]."[11]

---

[8] Hans Berkessel, Vorwort. In: Hans-Georg Meyer/Hans Berkessel (Hrsg.), Die Zeit des Nationalsozialismus in Rheinland-Pfalz. Bd. 1, Mainz 2000, S. 13

[9] Vgl. dazu u. a. Mainzer Geschichtsblätter. Sonderheft Täter als Opfer – Opfer als Täter, hrsg. im Auftrag der Stadt Mainz von Hans Berkessel, Mainz 1996.

[10] Vgl. diese Entwicklung kritisch reflektierend, mit regionalem Bezug und einem grundlegenden Beitrag des Jenenser Zeithistorikers Norbert Frei, Die Gegenwart der Vergangenheit, Dokumentation aus Anlass des 60. Jahrestages der Zerstörung der Stadt Mainz und des Endes des Zweiten Weltkrieges, hrsg. im Auftrag der Stadt Mainz, des Vereins für Sozialgeschichte Mainz e. V. und des Stadtarchivs Mainz von Hans Berkessel, Mainz 2005

[11] Klaus Ahlheim/Bardo Heger, Die unbequeme Vergangenheit, a. a. O., S. 24 ff.

Was die historische Wahlforschung zum Nationalsozialismus mit aktuellen Untersuchungen zu rechtsextremen Bewegungen und Parteien verbindet, sind demokratietheoretische Erwägungen über die Anfälligkeit oder Resistenz bestimmter Wählergruppen und Bevölkerungsschichten gegenüber rechtsextremistischen Bewegungen und die Bedingungen politischer Stabilität oder Instabilität von demokratischen Systemen besonders in Krisenzeiten, wie sie viele heute als Folge der Globalisierungs- und Modernisierungsprozesse zu erkennen glauben. Dabei ist zunächst die Frage zu klären, was denn unter „Rechtsextremismus" zu verstehen sei, bzw. mit welchen Parametern rechtsextreme Einstellungen bei empirischen Untersuchungen zu messen seien.

Was ist Rechtsextremismus?

Vielfach und zu Recht wird in Publikationen zum Thema der Mangel an einer allgemein gültigen Definition des Begriffs „Rechtsextremismus" und die Unübersichtlichkeit der vielfach synonym gebrauchten Begriffe „Rechtsextremismus", „Rassismus", „Rechtsradikalismus", „Antisemitismus", „Fremdenfeindlichkeit", „Ausländerfeindlichkeit" oder des „Völkischen" beklagt. Da hier nicht der Raum für eine ausführliche vergleichende und abgrenzende Definition der genannten Begriffe ist, möchte ich zunächst auf eine Definition von HANS-GERD JASCHKE zurückgreifen:

„Unter ‚Rechtsextremismus' verstehen wir also zusammenfassend die Gesamtheit von Einstellungen, Verhaltensweisen und Aktionen, organisiert oder nicht, die von der rassisch oder ethnisch bedingten sozialen Ungleichheit der Menschen ausgehen, nach ethnischer Homogenität von Völkern verlangen und das Gleichheitsgebot der Menschenrechts-Deklaration ablehnen, die den Vorrang der Gemeinschaft vor dem Individuum betonen, von der Unterordnung des Bürgers unter die Staatsräson ausgehen und die den Wertepluralismus einer liberalen Demokratie ablehnen und Demokratisierung rückgängig machen wollen. Unter ‚Rechtsextremismus' verstehen wir insbesondere Zielsetzungen, die den Individualismus aufheben wollen zugunsten einer völkischen, kollektivistischen, ethnisch homogenen Gesellschaft in einem starken Nationalstaat und in Verbindung damit den Multikulturalismus ablehnen und entschieden bekämpfen."[12]

Daraus und aus einschlägigen Untersuchungen rechtsextremistischer Gruppierungen lassen sich etwa die folgenden *fünf Merkmale* einer rechtsextremen Ideologie bzw. Einstellung ableiten, die sich allerdings in unterschiedlich deutlicher Ausprägung feststellen lassen, und die auch nicht unbedingt alle gleichzeitig auftreten müssen:

---

[12] Hans-Gerd Jaschke, Rechtsextremismus und Fremdenfeindlichkeit – Begriffe, Positionen, Praxisfelder, Opladen 1994, S. 31; vgl. auch: Armin Pfahl-Traughber, Rechtsextremismus in der Bundesrepublik, München ³2001, S. 11 ff.; H. Joachim Schwagerl, Rechtsextremes Denken. Merkmale und Methoden, Frankfurt/M. 1993.

- Ein *aggressiver Nationalismus* als Ausdruck eines übersteigerten Nationalgefühls, das auf Kosten anderer Nationen, Nationalitäten oder Ethnien ausgelebt wird.
- Eine *aktive Intoleranz* als gelebte Ablehnung und Diskriminierung alles Fremden, Anderen, die den Glauben an das Recht des Stärkeren und die Diffamierung Andersdenkender einschließt.
- *Antisemitismus und Rassismus* als biologistische Theorien, die basierend auf einem vulgären Sozialdarwinismus die unabänderliche Zugehörigkeit des einzelnen Menschen zu einer „Volksgruppe" unterstellen und dieser typische Charaktermerkmale zuweisen, die dann auf alle Gruppenmitglieder projiziert werden. Darüber hinaus wird in rassistischen Theorien die natürliche Überlegenheit der eigenen Gruppe oder Rasse behauptet und daraus das Recht zur Benachteiligung, Ausgrenzung und Verfolgung anderer als „minderwertig" angesehener Gruppen, insbesondere ethnischer Minderheiten, abgeleitet, bis hin zur Rechtfertigung und Ausübung von Gewalt. Bei den aktuellen wie den historischen Erscheinungsformen des Antisemitismus als spezifischer Variante des Rassismus wird zur Feststellung und Legitimation des behaupteten Andersseins der Minderheit der Juden eine eigentümliche Vermischung religiöser, kultureller und ethnischer Unterschiede im Zusammenleben herangezogen. Dabei werden weitgehend die alten nationalsozialistischen Stereotype antisemitischer Argumentation bruchlos übernommen, unabhängig von der realen Präsenz jüdischen Lebens im eigenen Lebensumfeld.
- *Militarismus und Führerkult* als Umgangs- und Herrschaftsformen innerhalb der rechtsextremistischen Gruppe, die unbedingten Gehorsam und Unterordnung nach innen, dem „Führer" gegenüber, mit militaristisch-aggressivem Auftreten in der Öffentlichkeit und einer mindestens latenten oft aber virulenten Gewaltbereitschaft nach außen verbindet.
- *Die Verherrlichung des NS-Staates* als Vorbild oder Propagierung des „starken Staates" bis hin zur Diktatur, meist einhergehend mit der Leugnung oder Verharmlosung der NS-Verbrechen.

Um die hinter diesen Überzeugungen oder Einstellungen stehenden Motive der Wähler oder Anhänger rechtspopulistischer und rechtsextremer Parteien bei empirischen Untersuchungen registrieren und „messen" zu können, wurde von JÜRGEN W. FALTER eine eigene Rechtsextremismusskala entwickelt, die in ihren Fragestellungen und Aussagen die meisten der oben genannten Merkmale operationalisiert.[13]

---

[13] Vgl. Jürgen W. Falter, „Wer wählt rechts?", München 1994; vgl. auch J. W. Falter, Protest- oder Überzeugungswähler? Zu den Motiven der Wähler rechtspopulistischer und rechtsextremer Parteien, Beitrag in diesem Heft. Zu interessanten, aber nicht ganz eindeutig zu interpretierenden Befunden kommt Falter auch bei seinen im Rahmen eines breit angelegten DFG-Forschungsprojektes durchgeführten Erhebungen zur „politischen Kultur" in Rheinland-Pfalz. Hierbei ermittelt er unter Anwendung der Skala der „Extremismusindikatoren" u. a. bei über 70% der befragten Rheinland-Pfälzer ein starkes Nationalgefühl; ebenfalls ü-

Erscheinungs- und Ausdrucksformen des Rechtsextremismus – rechte Subkultur

Ausgehend vom eingangs zitierten Befund einer fundamentalen Fehleinschätzung der Bedeutung der rechtsextremen Szene der Bundesrepublik Deutschland soll hier weniger auf den parteilich organisierten Rechtsextremismus[14] und seine Organisationsgeschichte als vielmehr auf die nicht-parteilichen Strukturen und die rechtsextreme Subkultur eingegangen werden.[15] Dabei kann an dieser Stelle nicht explizit auf das Phänomen rechtsextremistisch motivierter Straftaten, bei denen insbesondere (und häufig von jugendlichen Straftätern) Gewalt gegen Ausländer verübt wurde. Allein für das Jahr 2000, nach dem Fanal des Bombenanschlags auf die Düsseldorfer Synagoge im November 2000, haben die *Frankfurter Rundschau* und die *Süddeutsche Zeitung* eine Chronik der Übergriffe zusammengestellt, die weit über 300 Straftaten verzeichnet. Unter der Überschrift „Was tun gegen rechts?" ist dort einleitend zu lesen:

„Kein Tag, an dem die Medien nicht von ausländerfeindlichen Gewalttaten mitten in Deutschland berichten. Verfassungsschutz, Bürgerinitiativen, Glaubensgemeinschaften sowie andere politische und gesellschaftliche Gruppen warnen seit Jahren vor den rechten Extremisten. Dennoch sind immer wieder Übergriffe mit Verletzten und Toten in allen Teilen der Republik zu beklagen. Die Neonazis vernetzen sich per Handy und Internet, der Staat scheint machtlos. Immer unverfrorener treten Schläger und Rassisten in der Öffentlichkeit auf, aber die Mehrheit der Bürger schweigt – lange nach den Lichterketten Anfang der neunziger Jahre. Mit der Bombenexplosion in Düsseldorf ist ein Wendepunkt erreicht: Nun wollen Politik und Justiz gegen den braunen Sumpf vorgehen. Sie überlegen, rechtsextreme Parteien zu verbieten. Und hoffen, dass sich alle Teile der Gesellschaft offen gegen die Rechtsextremisten aussprechen."[16]

Nachdem die Republikaner im Januar 1989 mit dem Einzug ins Berliner Abgeordnetenhaus (7,5% der Stimmen, 11 Mandate) und bei der Europawahl im

---

berdurchschnittlich hohe Werte erreichen die Fragen zur Angst vor „Überfremdung" (62%) und zur ethnischen Endogamie (54%). Vgl. J. W. Falter, Gehen möglicherweise auch die rheinland-pfälzischen Uhren anders? Ein Vergleich der politischen Grundorientierungen in Rheinland-Pfalz und den anderen (alten) Bundesländern. In: Ulrich Sarcinelli u. a. (Hrsg.), Politische Kultur in Rheinland-Pfalz, Mainz 2000, S. 45 – 73, hier: S. 60 f.

[14] Vgl. hierzu u. a. Christoph Butterwegge, Rechtsextremismus, Freiburg 2002; Peter Dudek/Hans-Gerd Jaschke, Rechtsextremismus in der Bundesrepublik, Opladen 1984; Winfried Schubarth/Richard Stöss, Rechtsextremismus in der Bundesrepublik Deutschland. Eine Bilanz, Opladen 2001; Richard Stöss, Rechtsextremismus im vereinten Deutschland, Bonn ³2000

[15] Vgl. Bernd Wagner, Rechtsextremismus und kulturelle Subversion in den neuen Ländern, Schriftenreihe des Zentrums Demokratische Kultur, Berlin 1998.

[16] Vgl. http://www.fr-aktuell.de/fr/spezial/rechts

Juni 1989 mit über zwei Millionen Stimmen (7,1%, 6 Sitze) den größten Erfolg einer rechtsextremen Partei bei einer bundesweiten Wahl erzielten, erreichte der Rechtextremismus mit der deutschen Einheit einen zusätzlichen Schub. Nach Öffnung der Mauer begann eine äußerst rege Propagandatätigkeit westdeutscher Parteien und Gruppierungen, die bei einer trotz der offiziellen Antifaschismusdoktrin schon zu DDR-Zeiten existierenden rechtsextremen Szene aber auch in weiteren Teilen der Bevölkerung auf Zustimmung stieß. Dabei lag der Anteil der organisierten Personen im Osten zwar bis 1999 unterhalb des Anteils der ostdeutschen Einwohner an der Gesamtbevölkerung, auffällig war aber das überdurchschnittlich hohe Gewaltpotenzial der ostdeutschen Szene.[17]

Festzustellen ist weiterhin, dass der Rechtsextremismus im Westen der Bundesrepublik eher durch Organisationen wie Parteien, Verbände und Verlage (z.B. das Verlagsimperium des Münchner Verlegers Gerhard Frey, in dem u. a. die auflagenstarke „Deutsche National Zeitung" (DNZ) vertrieben wird) geprägt ist, im Osten dagegen stärker subkulturell und bewegungsorientiert (Skinheads, Kameradschaften etc.) auftritt. Im Rahmen verschiedener wissenschaftlicher Studien zum Rechtsextremismus, zu den gesellschaftlichen Folgen der Modernisierung, zur Entstehung einer rechten Subkultur und zur Jugendgewalt wird häufig die Frage aufgeworfen: „Haben wir es heute mit der Entstehung einer rechten sozialen Bewegung zu tun?". Und sie wird unterschiedlich beantwortet.[18]

Einvernehmen besteht dagegen weitgehend in der Feststellung, dass im Osten, aber inzwischen auch im Westen Deutschlands die nicht-parteilichen Gruppen insgesamt aktiver und öffentlichkeitswirksamer sind, als die parteilich strukturierten Rechtsparteien es bisher waren. Insbesondere nach dem Verbot von insgesamt acht rechtsextremistischen Organisationen in den Jahren 1992 bis 1995, u. a. der Deutschen Alternative (DA), der Freiheitlichen Deutschen Arbeiterpartei (FAP), der Nationalen Offensive (NO) und der Wiking-Jugend suchten die rechtsextremen Gruppen nach neuen Strategien, um die Rivalitäten und Animositäten innerhalb des neonazistischen Lagers zu verringern und wieder zu gemeinsamen Aktionsbündnissen zu kommen, um so besser gegen

---

[17] Vgl. Richard Stöss, 2000, S. 156; vgl. auch: Werner Bergmann/Rainer Erb (Hrsg.), Neonazismus und rechte Subkultur, Berlin 1994, S. 7 ff., bes. S. 9 ff.; Michael Kohlstruck, Rechtsextreme Jugendkultur und Gewalt. Eine Herausforderung für die pädagogische Praxis, Berlin 2002

[18] Werner Bergmann, Ein Versuch, die extreme Rechte als soziale Bewegung zu beschreiben, in : Bergmann/Erb (Hrsg.), Neonazismus und rechte Subkultur, a. a. O., S. 183 – 207, hier: S. 184 ff.; vgl. auch: Hans-Gerd Jaschke, Formiert sich eine neue soziale Bewegung von rechts? Über die Ethnisierung sozialer und politischer Konflikte, in: Mitteilungen des Instituts für Sozialforschung, Frankfurt/M. 1993; Helmut Willems u. a., Fremdenfeindliche Gewalt. Einstellungen, Täter, Konflikteskalationen, Opladen 1993, S. 236; Christoph Butterwegge, Rechtsextremismus als neue soziale Bewegung?, in: Forschungsjournal Neue soziale Bewegungen, Heft 2/1993, S. 17 – 24.

die sich wehrhaft zeigende Demokratie vorgehen zu können. Dabei stand und steht die Überlegung im Zentrum, eine Art „Volksfront" ohne verbindliche und erkennbare Organisationsstrukturen zu bilden, in der sehr viele unterschiedliche Initiativen und Aktivitäten von dezentralen, autonomen Kameradschaften ohne Vereinsstruktur entwickelt und mit Hilfe der modernen Kommunikationsmittel (Fax, Mobil-Telefon, Mailboxen, Info-Telefone, E-Mails etc.) und unter Führung lokal anerkannter Anführer vernetzt werden.

„So sind denn auch nicht die großen rechtsextremistischen Organisationen Initiatoren und Träger der Vernetzung, sondern die neonazistischen Funktionäre, die den Zuwachs des organisierten und unorganisierten Rechtsextremismus, aber auch die messbare Akzeptanz rechtsextremistischer Positionen bei Wahlen für sich nutzen wollen."[19]

Dabei lässt sich am Beispiel der „neuen" NPD eine klassische Doppelstrategie erkennen: Während man einerseits versucht als politische Opposition die eigene Machtstellung mit vornehmlich legalen Mitteln (Beteiligung an Wahlen, Demonstrationen, Parlamentsdebatten etc.) auszubauen und durch eine Art „Kulturkampf" in der Bevölkerung vorhandene Vorurteile und antidemokratische Ressentiments zu verstärken, werden andererseits mit Hilfe der (personellen) Verbindungen zur rechten, Gewalt bereiten Szene (meist über so genannte „freie Kameradschaften" des NPD-Umfelds) illegale Praktiken der Androhung und Anwendung von Gewalt und Terror zur Einschüchterung stigmatisierter „Feindgruppen" und zur Gewinnung einer „ideologisch-kulturellen" Hegemonie im vorpolitischen Raum des Klassenzimmers, der Disco, der Bushaltestelle oder des Jugendzentrums eingesetzt.[20] Mit den so genannten „National Befreiten Zonen" nicht weniger deutscher Städte (derzeit noch überwiegend in den neuen Ländern) „droht eine eigenständige rechtsextremistische Subkultur zu einer dominanten Alltagskultur zu werden."[21] Zu den Merkmalen der rechten Jugendkultur gehören, neben autoritären bis rechtsextremen Einstellungen und Orientierungen, „spezifische alltägliche Aktivitäten, Treffen, Treffpunkte und Konsumgewohnheiten (Alkohol), die Musik mit den dazugehörigen Stimmungen, Texten und Konzerten sowie szenetypische äußere Merkmale mit einem Repertoire von Outfit (Frisur, Kleidung), Accessoires, Codes und Symbolen. [...] In ihnen dominieren männliche Jugendliche, die hier auf der Suche nach Geschlechterrollen und –Identität Anerkennung finden, sie betonen Werte wie Kameradschaft, wobei der alltägliche Stil geprägt ist von ju-

---

[19] Ernst Uhrlau, Vernetzungstendenzen im deutschen Rechtsextremismus, in: Bergmann/Erb (Hrsg.), Neonazismus und rechte Subkultur, a. a. O., S. 173 – 182; hier: S. 173
[20] Vgl. die Argumentation des NPD-Verbotsantrags von Bundestag, Bundesrat und Bundesregierung
[21] Thomas Grumke, Organisationsgeschichte und –Struktur des deutschen Rechtsextremismus. In: Zentrum Demokratische Kultur (Hrsg.), Rechtsextremismus heute. Eine Einführung in Denkwelten, Erscheinungsformen und Gegenstrategien (Bulletin 1/2002), Leipzig 2002, S. 19

gendlicher Körperlichkeit und Männlichkeit mit cliquenbezogenen Inszenierungen (Härte, Mut , Gewalt u. a.). Rechte Cliquen treffen sich in ihrer Freizeit ‚bei Kumpels', in Jugendclubs, Buswartehäuschen, Bauwagen, auf öffentlichen Plätzen oder in Kneipen und Discos. Der Alltag besteht vielfach im gemeinsamen ‚Abhängen', Musik-Hören und einem teilweise massiven Alkoholkonsum; dem ‚Härtegrad' entsprechend zeigen sie bekennend ihre rechten Einstellungen durch Provokationen und Aktionen (auch durch Straftaten)."[22]

Rechtsextreme Musik

Bis Anfang der neunziger Jahre konnten die vergleichsweise wenigen Bands auf dem Gebiet des Rechtsrock (R.A.C. = Rock against Communism) ihre Musik weitgehend unbeachtet von einer größeren Öffentlichkeit spielen, produzieren und vertreiben. Es handelte sich größtenteils um Skinheadbands, die den „proletarisch-anarchischen Kult von Saufen und Raufen, von Party und Pogo-Tanzen, von Rebellion und Randale"[23] bedienten. Dabei fanden sich - schon vor der deutschen Einigung - in den Texten neben Gewalt verherrlichenden und Männlichkeitsrituale wider spiegelnden Passagen auch solche mit eindeutig nationalistischen oder rassistischen/antisemitischen Aussagen, so etwa im „Deutschland-Lied" oder in „Türken raus" der „Böhsen Onkels". Inwieweit hinter diesen Liedern ein geschlossenes rechtsextremes Welt- und Menschenbild oder die Absicht steht, durch „anstößige" Inhalte im Sinne einer subkulturellen Abgrenzung zu provozieren, kann nicht pauschal beantwortet werden. Unverkennbar ist aber, dass die Kader rechtsextremer Parteien und Gruppierungen versuchten, die rechten Skins für ihren politischen Kampf zu instrumentalisieren und die Szene insgesamt zu vereinnahmen. Dabei waren in den neunziger Jahren aber auch Distanzierungsbemühungen gegenüber der organisierten Rechten zu beachten, wie z. B. die partielle und wohl eher formelle (um gerichtlichen Sanktionen zu begegnen) Distanzierung der „Böhsen Onkels oder die aus Angst vor Disziplinierung gesuchte Distanz einiger so genannter „Oi!-Bands". Insgesamt kam es aber Ende der achtziger und Anfang der neunziger Jahre zu zahlreichen Neugründungen von Nazi-Skinbands wie „Kraftschlag", „Radikahl", „Kroizfoier", „Landser", „Oithanasie" oder „Störkraft", die wie schon die Band „Kraft durch Froide" ideologisch klar im rechtsextremistischen Lager stehen und – nicht zuletzt durch die mediale Aufmerksamkeit – eine zunehmend wachsende Bekanntheit und Fan-Gemeinde verzeichnen können. Daneben erreicht die rechtsextreme Liedermacherszene mit Vertretern wie Frank Rennicke, Jörg Hähnel, Lars Hellmich oder Annett (Balladen und Folk Songs im Stile von Reinhard Mey, Hannes Wader oder Ulla Meinecke) einen immer größeren Zuhörerkreis, insbesondere eine „gediegenere rechte Zuhörer-

---

[22] Benno Hafeneger u. a., Rechte Jugendcliquen in Hessen. Szene, Aktivitäten, Folgerungen, Schwalbach 2002, S. 47
[23] Herbert Weber/Sven Pötsch, Rechtsextreme Musik, in: Zentrum Demokratische Kultur (Hrsg.), Rechtsextremismus heute. A. a. O., S. 35; vgl. dort auch zu den weiteren Ausführungen

schaft", die sich nur schwer mit der rechts orientierten Skinhead-Kultur identifizieren konnte. Auffällig ist, dass die meisten dieser Barden Mitglieder der NPD oder ihr verbundener „Kameradschaften" sind. So sind denn auch die Vertriebsstrukturen zu einem erheblichen Teil abhängig von Versandfirmen, die sich im NPD-Besitz befinden. Allein der NPD-Verlag „Deutsche Stimme" hält in seinem Angebot über 600 verschiedene CD-Titel vorrätig.

„Heute gibt es in Deutschland etwa 100 bis 120 rechte Musikgruppen, die in den 90er Jahren bei über 50 deutschen Plattenlabels insgesamt etwa 750 verschiedene CDs eingespielt haben und damit zum Teil sechsstellige Verkaufszahlen erreichten. [...] Neben ausgewiesenen Skinhead-Versandnetzen, z.B. dem Blitz-Versand und dem ‚Blood & Honour'-Netzwerk, werden vom Sigill-Versand Gothic- und Neufolk-Scheiben feilgeboten. Über eine breite Angebotspalette verfügen professionelle Verlage und Versandstellen wie Rock-Nord, Signal-online, der Nord- oder der Wikingerversand oder ‚Pühses Liste', die im NPD-Katalog des Verlages ‚Deutsche Stimme' auftaucht. [...] Eines der effektivsten und weitest reichenden Vertriebsnetze hat jedoch ‚Blood & Honour' (Blood & Honour = Blut und Ehre – Wahlspruch der HJ) aufgebaut. Diese als Unterstützungsnetz von rechten Skinheadbands für recht Skinheadbands gedachte Organisation ist heute zu einem weltweit tätigen, millionenschweren Musikunternehmen mutiert."[24]

Einen vorläufigen Höhepunkt in der Strategie der NPD und der mit ihr inzwischen fast unüberschaubar verbundenen rechtsextremen Gruppierungen und lokalen/regionalen Kameradschaften, Jugendliche und junge Erwachsene über die „Einstiegsdroge Musik" in die rechte Szene zu integrieren, stellt die Verteilung der so genannten „NPD-Schulhof-CD" dar. Diese Musik-CD, in großer Auflage produziert, wurde aus Anlass der letzten Bundestagswahl im März 2006 und der folgenden Landtagswahlen an und auf den Schulhöfen der weiterführenden Schulen in nahezu allen Bundesländern und teilweise fast flächendeckend kostenlos verteilt. Sie fand nach den Erkenntnissen des Verfassungsschutzes teilweise erheblichen Anklang. Mit Hilfe eines Comics im Begleitheft zur NPD-CD werden die Schüler(innen) mit der NPD-Agitation konfrontiert, die vor dem Hintergrund von Massenarbeitslosigkeit, fehlenden Ausbildungsplätzen für Jugendliche, mit Ängsten vor der Massenzuwanderung in Folge der EU-Osterweiterung und des Verlusts von Produktionsstandorten und Arbeitsplätzen als Folge der Globalisierung gegen die etablierten Parteien polemisiert. Die auf der CD angebotenen Liedbeispiele vermitteln einen Eindruck von der Bandbreite des rechtsextremen Themen- und Wertespektrums einerseits und der Musikstile von Rechtsrock bis Folklore andererseits. Die Arbeitsstelle Neonazismus der Fachhochschule Düsseldorf hat sehr bald nach dem Erscheinen der Schulhof-CD mit der Publikation einer „Argumentationshilfe" reagiert, die mit genauer Textanalyse Argumentationsstereotypen, Elemente

---

[24] Ebenda, S. 38; vgl. auch: http://online.wdr/online/gegenrechts/musik/

der rechtsextremen Ideologie und Parallelen zum Nazi-Liedgut behandelt. Dabei wird auch auf die geschickte taktische Vorgehensweise der CD-Produzenten hingewiesen, die genau darauf achtet, die Grenze zum Gesetzesverstoß nicht zu überschreiten.[25]

Zur Bedeutung der rechtsextremen Musikszene innerhalb der rechten Jugendkultur stellt BENNO HAFENEGER zusammenfassend fest:

„Musik und Konzerte vermitteln bzw. binden über Texte und Stil Emotionen, sie bieten Motive und Gelegenheiten Körperlichkeit auszuagieren und erzeugen Zugehörigkeit. Die z. T. indizierten CDs sind nicht zuletzt durch Anbieter via Internet verfügbar und werden als Kopien privat weiterverbreitet (Illegalität erhöht die Attraktivität). Die Inhalte der rassistischen, volksverhetzenden, gewaltverherrlichenden und antisemitischen Liedtexte sind den Jugendlichen der Szene bekannt, sie werden bei ihren Treffen und privat gehört. Die Musik ist Teil ihres Alltags, in den Cliquen wird mitgesungen und Textpassagen werden zu alltäglichen Redewendungen. Sie bietet den Jugendlichen symbolische, kognitive und emotionale Unterstützung, ihre Rezeption dient ihnen dazu sich psychisch zu stabilisieren und sozial zu platzieren. Mit der Musik werden negative Gefühle von Härte, Kälte, Hass, Neid und Konkurrenz gebunden. Sie helfen, enttäuschte Hoffnungen auf Teilhabe und Wohlstand zu bewältigen und in Fremdenfeindlichkeit und Wohlstandschauvinismus zu kanalisieren."[26]

Für die subkulturelle Szene des Rechtsextremismus hat gerade die Musik über die Funktion einer kulturellen Selbstverständigung hinaus auch die eines „trojanischen Pferdes". Das heißt, dass gerade der Teil der Fans, der diese Musik nicht in erster Linie aus politische Überzeugung hört und kauft, durch die Inhalte, Rituale und das Gemeinschaftserlebnis allmählich auch eine höhere Affinität zu rechtsextremistischem Gedankengut und/oder eine höhere Gewaltbereitschaft entwickeln kann.

Rechtsextremismus im Internet

Das Internet bietet unter allen neuen Medien die besten Voraussetzungen, um Informationen, gleich welchem Inhalt, fast zeitgleich weltweit zu übermitteln, und dies bei enormen Datenmengen und zu konkurrenzlos günstigen Bedingungen. Die „Vorteile" gegenüber den Printmedien liegen auf der Hand:

- Man braucht kein aufwändiges und teures Vertriebsnetz.

---

[25] Vgl. hierzu die im Anhang zu diesem Beitrag abgedruckten Unterrichtsmaterialien (mit Arbeits- und Aufgabenvorschlägen) „Rechtsextremistische Musik – Einstiegsdroge in die rechte Szene"; Auszüge aus diesen Materialien wurden vom Verfasser bereits in der Didaktischen Werkstatt der bundesweiten Fach- und Verbandszeitschrift POLIS 1/2007 veröffentlicht.
[26] Benno Hafeneger, Rechte Jugendcliquen in Hessen, a. a. O., S. 48

- Informationen können jederzeit aktualisiert und verändert werden und sind dennoch praktisch sofort abrufbar.
- Kontrolle und Zensur sind durch die Nutzung wechselnder (z. B. ausländischer, insbesondere US-amerikanischer) Server und Provider praktisch nicht möglich.
- Neben der Nutzung des Internets als Informationsmedium ergeben sich weitere Nutzungsmöglichkeiten als Kommunikationsmedium im interaktiven Bereich des Mediums (Webforen, Chat-Rooms etc.); auch die Erstellung eigener Websites stellt heute durch die vielfältigen standardisierten Unterstützungsfunktionen – selbst für Anfänger – kein unüberwindliches Problem mehr dar.

Entscheidend ist die Aktualität und Flexibilität des Mediums, die es erlauben, praktisch von fast jedem Ort aus mit moderner Technik aktuelle Informationen, Aufrufe, Veranstaltungshinweise u. v. a. m. in kürzester Zeit zu übermitteln. Es verwundert daher nicht, dass das Internet aus der Perspektive der „modernisierten" rechtsextremen Szene geradezu als die ideale „Propagandawaffe" erscheint, die genutzt werden kann, gegen „Gleichschaltung, Geschichtsfälschung und Ausgrenzung", so das Protokoll (S. 108) des Kongresses „National 2000" der „Gesellschaft für Freie Publizistik" (GFP) in Berlin. Dort heißt es weiter:

„Dezentralität des Netzes – die Schwierigkeit, den Datenweg vorherzubestimmen und abzuschneiden – macht Kontrollmechanismen wenig aussichtsreich. Die Technik ermöglicht es zudem, dass Seiten, die an einer Stelle gesperrt werden, anderswo ‚gespiegelt' wieder zum Vorschein kommen."[27]

Allein in der ersten Jahreshälfte 2002 stellten deutsche Rechtsextremisten rund 920 Homepages ins Netz. Im Jahr 2001 ist die Zahl der Seiten mit rechtsextremistischen Inhalten um 500 auf 1300 gestiegen. 1996 waren es noch 32 Websites, 1997 rund 100, 1998 mehr als 200, 1999 über 330 und 2000 ca. 800 Seiten. Mittlerweile seien fast alle in Deutschland aktiven rechtsextremistischen Parteien zum Teil bis auf Kreis- und Ortsverbandsebene, bezüglich ihrer Vereinigungen und Publikationen mit einem eigenen Angebot im Internet vertreten.[28] Die meisten dieser Homepages sind durch „Links" miteinander verknüpft. Daher kann der jugendliche „User" schon mit einer Einstiegsadresse und entsprechenden Maus-Klicks praktisch das ganze rechtsextremistische Netzwerk absurfen. Über so genannte „Portale", die Linksammlungen zur nationalen und internationalen rechtsextremistischen Internetszene vermitteln, können weltweite Vernetzungen hergestellt und gerade die „Anfänger" in diese Szene eingeführt werden. Den gleichen Zweck verfolgen die

---

[27] Kongress-Protokoll 2000, S. 111, zitiert nach: Rainer Fromm/Barbara Kernbach, Rechtsextremismus im Internet. Die neue Gefahr. München 2001, S. 9

[28] Verfassungsschutzberichte vom September 2002 und Juni 2000; zitiert nach: Frankfurter Rundschau vom 28.09.2002 und Fromm/Kernbach, a. a. O., S. 9 f.

„Gästebücher" der Homepages, in denen man sich zu den jeweiligen Angeboten äußern und für die eigene Homepage werden kann.

„Das Jugendschutz-Netz (www.jugendschutz.net), die bundesweite Zentralstelle für den Jugendschutz in Mediendiensten, hat seit Februar 2000 einschlägige Websites ausgewertet: ‚Die Analyse von 800 Gästebuch-Einträgen in einem Zeitraum von vier Wochen erbrachte ca. 600 Web-Adressen und etwa 800 Kontaktadressen.' Gerade in diesen Foren werde braune Gesinnung voll ausgelebt: „ Die rechtsextremistischen Gästebücher gleichen heute vielfach ‚befreiten Zonen', in denen unwidersprochen Hasstiraden gegen Minderheiten und Geschichtsklitterung verbreitet werden kann." [29]

RAINER FROMM und BARBARA KERNBACH weisen auf zwei Tendenzen hin, die aktuell und zukünftig bedeutsam sein werden. Zu einen hat die rechtsextreme Szene Fortschritte bei der Verschlüsselung von Informationen gemacht, die es den Sicherheitsbehörden noch schwerer machen werden, die „braune Flut" im Internet einzudämmen. Zum anderen lässt sich eine zunehmende Radikalisierung und Militarisierung der Szene feststellen. Dabei werden auf anonymen Internet-Seiten verstärkt „Schwarze Listen" oder „Hass-Seiten" veröffentlicht, die „unliebsame Personen" mit Privatadressen benennen und (in)direkt zu deren Verfolgung auffordern. Außerdem werden zunehmend Strategiepapiere und Aufrufe zum Aufbau bewaffneter Untergrundstrukturen veröffentlicht. [30] Dabei ist die Strategie der Nutzung internationaler Homepages zur Verbreitung strafbarer Inhalte augenfällig:

„Bei deutschen Homepages, die via USA ins Netz gelangen, könne man in rund 50 Prozent der Fälle strafbare Inhalte registrieren. Bei rechtsextremen amerikanischen Angeboten, eingestellt über amerikanische Server, seien es 80 Prozent, nach deutscher Rechtsauffassung."[31]

Wie die Strategie der „kulturellen Subversion" durch rechtsextreme Gruppierungen via Internet funktioniert bzw. funktionieren soll, zeigt ein Text aus einer „Mailbox Widerstand"(Erlangen, Ende 1997):

„Also, hinein in die Datennetze, sprecht Euch auf Euren Häusern ab, erlernt die Rituale und dann forsch drauf los. Entwickelt eine Diskussionsstrategie, die vorerst darauf gerichtet sein muss, bekennende oder bekannte Antifa-Zecken und Schalom-Litaneienschreiber madig zu machen. Wenn diese sich wehren, müssen wir auch schreien oder besser schreiben. Wir werden sie dadurch isolieren. Wir als scheinbar entschiedene Demokraten aus der rechten Mitte, verstehen dann überhaupt nicht, warum die Antifas gegen uns die Keulen schwingen und zu uns so intolerant sind. Liberale Scheißerchen verteidigen

---

[29] Ebenda, S. 10
[30] Vgl. ebenda, S. 17
[31] Ebenda, S. 19

uns, wenn wir nur geschickt genug argumentieren, für uns die Freiheit der Netze verteidigen. So ziehen wir sie und die lesende Mehrheit auf unsere Seite. Die Arbeit, die Antifas aus den Netzen zu ekeln, übernehmen diese Toleranz-Trottel gerne für uns. Eines ist besonders wichtig: Bestätigen wir uns gegenseitig mit kleinen Differenzen, es genügen fünf Aktive pro Forum, und wir beherrschen inhaltlich Themenstellung und Diskussionsverlauf. Wenn's dann soweit ist, können wir die Katze aus dem Sack lassen, über Vertreibung, alliierten Bombenterror, Überfremdung etc. Diskussionen einleiten."[32]

Wenn man diese Zeilen zur Kenntnis nimmt, meint man, das „Drehbuch" zur Novelle „Im Krebsgang" von GÜNTER GRASS zu lesen. Ihre Fabel verknüpft geschickt eines der zentralen Themen des rechtsextremen „Revisionismus", *die Vertreibung* (hier am Beispiel des tragischen Untergangs des Flüchtlingsschiffes „Wilhelm Gustloff"), mit der Darstellung der rechtsextremistischen Internet-Szene.[33] Kontrovers ist im Moment noch die Einschätzung, ob es sich bei der rechtsextremen Internetszene wirklich um eine reale Gefahr handelt und welche Gegenstrategien letztlich erfolgreich sein können.[34]

---

[32] Zitiert nach Klaus Parker, Rechtsextremismus im Internet, in: Zentrum Demokratische Kultur (Hrsg.), Rechtsextremismus heute, a. a. O., S. 21
[33] Günter Grass, Im Krebsgang. Eine Novelle. Göttingen 2002
[34] Vgl. Fromm/Kernbach, a. a. O., bes. S. 21 ff. und Zentrum Demokratische Kultur (Hrsg.), Rechtsextremismus heute, a. a. O., bes. S. 22 ff. und 24 ff.

Christian Dornbusch

RechtsRock[1]

"Ich bemerkte schon als Kind, dass ich ein wenig anders bin. Während andere tolerierten, hat ich Gegenwehr im Sinn! Ich fand den Sinn heraus und wusste: Nein ich bin nicht krank! Doch wer immer mir das angetan, ich sage schönen Dank! [Refrain:] Ich bin mit Leib und Seele Nazi und ich weiß mit Sicherheit: Für mich kann's nix Schöneres geben, ich bleib Nazi für alle Zeit!", singt die Göttinger Band Agitator zu einer eingängigen Melodie, die an Die Ärzte oder Toten Hosen erinnert. Die Musik von Bands wie dieser, ihr RechtsRock, ist heute der zentrale Ideologietransmitter der extremen Rechten. Nicht nur Erwachsene sind für die Botschaften zu E-Gitarren-Klängen empfänglich, sondern auch besonders Heranwachsende ab dem 12./13. Lebensjahr.

Entstehungskontext der Musik

Der RechtsRock entwickelte sich in den späten Siebziger Jahre aus der teilweise politischen diffusen Punk-Musik jener Zeit und ist eng mit dem Namen der Band Skrewdriver verbunden. 1977 als Punk-Gruppe gegründet, wurde deren Sänger und Bandleader, Ian Stuart Donaldson, zwei Jahre später Mitglied der extrem rechten Partei National Front. Im Zuge dessen veränderte sich die inhaltliche Ausrichtung von Skrewdriver deutlich – die zuvor am Punk angelehnten Texte wurden ersetzt durch solche, die inhaltlich von der National Front geprägt waren und rassistische und nationalistische Positionen bezogen. Deutlich bekannte Donaldson Jahre später in einem TV-Interview: „Musik ist das ideale Mittel, Jugendlichen den Nationalsozialismus näher zu bringen, besser als dies in politischen Veranstaltungen gemacht werden kann, kann damit Ideologie transportiert werden".[2] Entsprechend fungiert die Bezeichnung RechtsRock als Sammelbegriff für jene Musik, die inhaltlich durch ihre rassistischen, nationalistischen, antisemitischen und den Nationalsozialismus verherrlichenden Texte zu charakterisieren ist. Eine eigenständige musikalische Stilrichtung RechtsRock existiert indes nicht.

Quantität

RechtsRock ist ein internationales Phänomen, doch Deutschland kommt mit der größten Szene die meiste Bedeutung zu in diesem Spektrum. In den letzten 15 Jahren veröffentlichten deutsche RechtsRock-Bands mehr als 1.200

---

[1] Überarbeitete und leicht veränderte Fassung jenes Vortrags, der im Rahmen der Informationsveranstaltungen der Landeszentrale für politische Bildung Rheinland-Pfalz 2006/07 gehalten wurde.
[2] Zitiert nach Dornbusch, Christian; Raabe, Jan: RechtsRock für das Vaterland. In: Röpke, Andrea; Speit, Andreas (Hg.): Braune Kameradschaften. Die militanten Neonazis im Schatten der NPD. 2. Aufl., Berlin 2005, S. 67–86, hier S. 71.

Platten und CDs, allein 103 in 2004, 124 in 2005 und 114 in 2006. Auch die Produktionen von Bands aus Italien, England oder den USA sind in Deutschland erhältlich oder werden hier sogar verlegt: 24 Tonträger waren das beispielsweise in 2006. Lange wurde die durchschnittliche Auflagenhöhe der CDs auf rund 3.000 Stück geschätzt. Bei unbekannten Bands mag das stimmen und kann gegebenenfalls sogar niedriger sein. Doch Erfahrungen der jüngeren Zeit lassen vermuten, dass die Zahlen bei bekannteren Gruppen weit aus höher liegen, wahrscheinlich sogar im fünfstelligen Bereich. Definitive Zahlen sind bis auf wenige Ausnahmen nicht bekannt. Die höchsten Auflagen hatten in den letzten Jahren die so genannten Schulhof-CDs aus dem Spektrum des organisierten Neonazismus. Die erste Veröffentlichung dieser Art war 2004 die Multi-Media-CD „Anpassung ist Feigheit. Lieder aus dem Untergrund", die ein Netzwerk aus über 50 Freien Kameradschaften und RechtsRock-Produzenten finanziert und produziert hatte und die vor den Sommerferien 2004 verteilt werden sollte: „Diese CD wurde am 25.06.2004 erstellt. Wir möchten mit dieser CD weder zu Gewalt bzw. Straftaten aufrufen […] Wir möchten euch mit dieser CD nicht kaufen, bestechen oder ähnliches. Nein, wir möchten euch darauf aufmerksam machen, dass es in Deutschland erhebliche Miss-Stände gibt, die genau euch betreffen. Ihr seid die Generation, die am meisten von den politischen Entscheidungen wie z.B. Agenda 2010 und EU-Osterweiterung betroffen sind. Da unsere Ansichten in den Medien gar nicht oder nur verfälscht dargestellt werden, wollen wir euch mit dieser CD auf unsere Arbeit und die aktuelle Lage in Deutschland aufmerksam machen. Glaubt nicht den Medien, die, wenn überhaupt, nur Lügen über dieses Projekt verbreiten! Informiert euch direkt bei den Gruppen aus eurer Region", heißt es in einem Informationstext zur CD. Doch flächendeckend verteilt wurde das Medium nicht, ein Beschlagnahmebeschluss der Staatsanwaltschaft Halle an der Saale vereitelte das Unterfangen. Bei einer Durchsuchungsaktion der Polizei bei einem der mutmaßlichen Auftraggeber in Sachsen-Anhalt fanden die Beamten eine Quittung über 50.000 ausgelieferte CDs, die Multi-Media-CD wurde jedoch nicht gefunden– nur vereinzelten tauchte sie in den letzten Jahren auf. Auch aus Rheinland-Pfalz waren Gruppen an dem Projekt indirekt oder direkt beteiligt – fünf Kontaktmöglichkeiten wurden Interessierten im Kontext des wiederkehrenden Aufrufs sich mit „Gruppen aus der Region" in Verbindung zu setzen, angeboten, darunter die Kameradschaft Schwarze Division Sektion Nordpfalz, die Kameradschaft Vorderpfalz sowie die Kameradschaft Ludwigshafen. Dort ansässig ist bis heute das neonazistische Plattenlabel und der Versand Gjallarhorn Klangschmiede von Malte Redeker. Die Firma wurde auf der CD explizit als „Unterstützer" des Projekts „Anpassung ist Feigheit" benannt. In Sachsen griff die NPD seinerzeit die Idee der Schulhof-CD auf und veröffentlichte kurz nach den Sommerferien 2004 und in der Hochphase des Landtagswahlkampfes die CD „Schnauze voll? Wahltag ist Zahltag" mit einer Auflagenhöhe von 30.000 Stück (Eigenangabe) und verteilte sie an Jugendliche und junge Erwachsene. Die NPD-Variante der Schulhof-CD basiert auf einer Audio-CD mit Rock-Songs und Balladen. Geschickt reflektieren die ideologisch gehaltvollen Liedtexte die Weltanschauung der NPD. Offen neonazistische Töne sind keine bei den ausgewählten Musikstücken zu vernehmen – nicht umsonst heißt es auf dieser ersten Variante als auch auf den nachfolgenden Editionen der NPD-Schulhof-CD: „Dieser Tonträger wurde von unabhängigen Anwälten geprüft und verstößt nicht gegen Gesetze." Flankiert wird die CD mit Werbung für die NPD im Begleitheft sowie einem Comic. Die gezeichnete Story rankt sich um einen jugendlichen mutmaßlichen Schulabgänger, der auf dem Arbeitsamt einen älteren Bekannten trifft und mit ihm sowie einem weiteren älteren Herrn „ins Gespräch" kommt – in kurzen Monologen beklagen die beiden Herren die vermeintlich verfahrene Situation im Land (Zuwanderung, Minderheitenrechte, Unternehmensabwanderung, EU-Osterweiterung, negative Einkommensentwicklung). Zentral ist in der Geschichte indes das Wiedersehen mit einer gleichaltrigen Freundin, die vor dem Amt Werbung für die NPD macht und ihm beziehungsweise dem Leser im Folgenden die 'Vorzüge' der Partei näher zu bringen versucht: „Seit ich die Schnauze voll habe, dass unser Land der Zahlmeister der ganzen Welt ist!", erklärt sie auf die Frage, seit wann sie denn in der Partei sei: „Wir müssen an unsere und die Zukunft unserer Kinder denken... Ich will nicht, dass meine Kinder später in eine Schule gehen, in der zu 80% Ausländer sind - in vielen Großstädten ist das doch schon der Fall! Deshalb gibt es für mich nur eine Wahl: NPD!". Im Weiteren betont die junge Frau, dass die NPD „nicht nur eine Protestpartei [sei], die populistische Themen nach Bedarf aufgreift, sondern eine Partei mit einem konsequenten Weltbild. Die NPD ist wirkliche Alternative, nicht nur eine kleine Schönheitskorrektur." Mit einem Verweis auf eine fröhlich vorbeiziehende NPD-Demonstration von jungen Menschen mit NPD-Fahnen und einem Banner mit der Aufschrift „Deutschland den Deutschen" sagt sie abschließend: „Mit meiner Meinung bin ich nicht allein. Die NPD ist eine junge Partei... mehr als die Hälfte unserer Mitglieder ist unter 30. Wir sind eine verschworene Gemeinschaft, die gemeinsam etwas verändern will."[3] Die CD kam bei den Erst- und Jungwählern gut an. Immerhin wählten bei der sächsischen Landtagswahl am 19. September 2004 16 Prozent der 18- bis 25-Jährigen und 13,9 Prozent der 25- bis 35-Jährigen die NPD[4] – dieser „Erfolg" lässt sich nicht nur, aber auch auf die Vermarktung der Partei als adäquate Vertretung Jugendlicher zurückführen. 2005 knüpfte die NPD an das als gut befundene Konzept Gratis-CD an und veröffentlichte während des Bundestagswahlkampfs den Tonträger „Hier kommt der Schrecken aller linken Spießer und Pauker. Schulhof-CD". 200.000 Stück will die Partei davon hergestellt haben – allerdings darf diese Zahl als viel zu hoch gegriffen betrachtet werden. 2006 folgte zur Landtagswahl in Mecklenburg-Vorpommern die überarbeitete Fassung der Bundes-CD mit einer Auflage von 25.000 Stück (Eigenangabe). Für die Landtagswahl im Januar 2008 hat die NPD auch eine „Schulhof-CD" angekündigt. Unterdessen sind

---

[3] Ausführlicher dazu die Argumentationshilfen gegen die „Schulhof-CD" der NPD aus 2005 und 2006, download unter: www.arbeitsstelle-neonazismus.de
[4] Statistisches Landesamt des Freistaats Sachsen: Wahlen im Freistaat Sachsen 2004. Sächsischer Landtag, Dresden, 2004, S. 27.

verschiedene regionale Varianten in Stuttgart, Franken und München aufgetaucht. In der Öffentlichkeit wird zumeist davon ausgegangen, dass sowohl die Tonträger der diversen RechtsRock-Bands als auch die Schulhof-CDs nicht legal sein können. Das Gegenteil ist die Regel, die meisten Veröffentlichungen dieses Spektrums bewegen sich im Rahmen des gesetzlich Möglichen, da Rechtsanwälte der extremen Rechten vor ihrer Veröffentlichung etwaige Gesetzesverstöße prüfen. Prozentual gesehen sind nur wenige Platten wegen Volksverhetzung (§130 Strafgesetzbuch) oder ähnlicher Delikte verboten. Häufiger ist die Indizierung von Tonträgern auf Basis des Jugendschutzgesetzes, in Folge dessen die Medien Minderjährigen nicht verkauft und nicht zugänglich gemacht werden dürfen.[5] Mit Stand vom 31. August 2007 sind 560 Tonträger (CD, LP, MC) indiziert. Tonträger mit offenkundigen strafrechtlich relevanten Inhalten werden im Ausland oder im Untergrund der Szene produziert und vertrieben. Die Musiker hoffen, bei derartigen Produktionswegen im Hintergrund bleiben und einer strafrechtlichen Verfolgung entgehen zu können – was leider oft auch der Fall ist. In den letzten Jahren zeigte sich allerdings ein anhaltender Trend zu legalen Produktionen. 2006 erschienen beispielsweise bis auf fünf CDs alle Produktionen deutscher Bands auf den ca. 50 deutschen Labeln – auf dem 2004 gegründeten Label Gjallarhorn Klangschmiede von Malte Redeker aus Ludwigshafen waren es bisher elf Tonträger (Stand Oktober 2007).[6] Der Name seine Firma bezieht sich auf die nordische Mythologie, auf das Horn des Lichtgotts Heimdall. Mit der Gjallarhorn Klangschmiede und dem dazu gehörigen Versand verdient Redeker seinen Lebensunterhalt und unterstützt damit politische Projekte, wie er in einem Interview mit der Initiative „Schöner Leben mit ‚Nazi'-Läden" sagt: „Bin selber in einem AB tätig, bin aktives KS Mitglied und für jede Soliaktion offen". „AB" steht für Aktionsbüro, einer Art Koordinierungsstelle verschiedener „Freier Kameradschaften" – aktiv war Redeker beim Aktionsbüro Rhein-Neckar.[7] Die Abkürzung „KS" steht im Übrigen für Kameradschaft. „Habe 2 Sampler (mit) produziert, dessen Haupterlös in diverse Projekte floss", führt er weiter aus: „Betreibe Unterstützung jedoch nicht aus Prestigegründen sondern aufgrund des Befehls des Gewissens. Wenn es an Geld mangelt und ich in der Lage bin zu helfen, dann bin ich gerne bereit, meinen Teil zu tun. Ich verdiene Geld aus der Bewegung, also sollte es auch meine verdammte Pflicht sein der gebeutelten Bewegung beizustehen." Die beiden erwähnten von ihm mitproduzierten CDs dienten der Unterstützung des Hammerskin-Netzwerkes. Diese Organisation für neonazistische Skinheads wurde 1986 in den USA gegründet und kurz darauf traten auch in Europa erste Gruppierungen unter diesem Namen auf. Ihr Selbstverständnis

---

[5] Siehe ausführlich: www.bundespruefstelle.de
[6] Siehe dazu auch: Antifaschistisches AutorInnenkollektiv und antifaschistische Recherchegruppe Rhein-Neckar: Nazirock und Rechtsextresmismus in der Rhein-Neckar-Region. Eine antifaschistische Broschüre über Hammerskins und Freie Kameradschaften in der Region. Ludwigshafen, Winter 2005/06.
[7] APABIZ e.V: Das Internetforum der „Freien Kameradschaften Rhein Neckar". Berlin, 3. Februar 2006.

wird in den 1994 im deutschen Hammerskin-Magazin „Wehrt Euch!" veröffentlichten Richtlinien deutlich: „Die Hammerskins sind eine weiße rassistische Bruderschaft, wir sind inspiriert durch den Glauben unserer Ahnen. Wir sind rassistisch in dem Sinne, dass wir glauben, dass unsere Rasse das natürliche Recht hat, die eigene Tradition und Kultur ohne fremde Einmischung fortzuführen. Wir haben einen tiefen Stolz auf unsere arische Kultur und unser arisches Erbe. Wir unterstützen unsere eigene Art zuerst. Wir wehren uns gegen Leute anderer Weltanschauung, die versuchen unsere natürliche Ordnung zu korrumpieren."[8]

Musikalische Bandbreite

Die wenigen Produktionen der Gjallarhorn Klangschmiede repräsentieren ansatzweise die musikalische Vielschichtigkeit des Spektrums. Längst besteht dessen Musik nicht mehr nur aus dem ursprünglich am Punk angelegten Rock extrem rechter Skinheads.

Klassischer RechtsRock

Der „klassische" RechtsRock ist im Zuge seiner verschärften Ideologisierung in den späten Achtziger bis frühen Neunziger Jahre auf Distanz zum Punk gegangen, der für die neonazistischen Musiker seinerzeit als per se links galt. Hardrock begann die so entstandene Lücke zu füllen, wobei der grölige Gesang erhalten blieb. Der größte Anteil deutscher RechtsRock-Bands ist musikalisch nach wie vor diesem Stil verpflichtet. Ein gutes Beispiel dafür ist die Band Faustrecht aus Kaufbeuren, Bayern, die auf der Schulhof-CD der NPD vertreten ist: „Sie besitzen unsere Wirtschaft und kaufen unsere Seelen. Sind schon längst imstande, uns unser Land zu stehlen. Haben die Macht und Gelder, um die Richtung zu diktieren. Es sind nicht mehr Politiker, die unsere Länder führen. [Refrain:] Die Macht des Kapitals, ist der Feind der freien Welt. Das Schicksal aller Völker, unterjocht von ihrem Geld Die Macht des Kapitels, so verschlagen raffiniert. Das unsere Völker knechtet, getrieben von Habgier [Refrain Ende] Sie zerstören die Grundlagen, auf denen jedes Volk erwuchs. Schüren Hass und Zwietracht, ihre Welt ist nur Betrug. Die Völker dieser Erde, erfüllen für sie nur einen Zweck. Sie schamlos auszubeuten, unser Blut ist ihr Profit [Refrain] Sie züchten einen Menschen, der entwurzelt und naiv. Der leicht ist zu beherrschen, da sein Geist ist primitiv. Die ältesten Kulturen, die die Menschheit hervorgebracht, werden durch Macht- und Geldgier, langsam dahingerafft", singt die Band auf der NPD-CD im Song „Die Macht des Kapitals". Inhaltlich widmet sich Faustrecht vordergründig einer Kapitalismuskritik. Allerdings werden hier die Wirtschaft und die Bevölkerungen als zwei nicht miteinander verbundene gesellschaftliche Kräfte dargestellt. Das Kapital folgt, so die Kritik, nur seinen eigenen Interessen und ist der „Feind der freien Welt"

---

[8] Wehr Euch!, Nr. 5, 1994: Hammerskin-Richtlinien

beziehungsweise eines jeden Volkes. „Volk" ist ein zentraler Begriff der extremen Rechten und wird stets biologisch beziehungsweise ethnisch verstanden. Zu ihm gehört, wer in dieses Kollektiv geboren wurde. Deutlich zu unterscheiden ist der Begriff vom Staatsvolk, das alle Bürger eines Landes mit der gleichen Staatsangehörigkeit bezeichnet. Ferner ist diese „Kapitalismuskritik" antisemitisch motiviert. Die unzulässige Personalisierung der vorgeblichen Kapitalismuskritik auf den Kapitalisten, von dem alles Übel herrühre, lenkt den vermeintlichen Protest zunächst implizit in eine antisemitische Richtung. Wer damit gemeint ist, wird in Textzeilen wie „verschlagen raffiniert", „getrieben von Habgier" und „unser Blut ist ihr Profit" angedeutet – die Begriffe sind alle gängige antisemitische Stereotypen. Das heutige Kapital gehöre also nicht zum „organischen Volkskörper", suggeriert der Text. Im Begleitheft der Faustrecht CD „Klassenkampf", auf der das Lied das erste Mal 2002 veröffentlicht wurde, ist der Text mit einer antisemitischen Karikatur im Stile der Nazi-Hetzpostille „Der Stürmer" abgebildet: Sie zeigt das Konterfei von „Onkel Sam", dessen Nase um mehr als das Doppelte verlängert wurde. Die bekannteste und beliebteste Band des RechtsRock ist Landser aus Berlin, deren Geschichte elf Jahre nach ihrer Gründung 2003 mit der Verurteilung der Musiker als kriminelle Vereinigung nach §129 Strafgesetzbuch endete. Dabei gilt deren Musik in der neonazistischen Szene oft als „Partymusik", da die rassistischen, antisemitischen und offen neonazistischen Texte teilweise zum Mitsingen einladen und manch bitter zynische Passage den Hörern ein 'Schmunzeln' entlockt: „Ein Asylantenheim ist abgebrannt, die armen Schwarzen sollen jetzt obdachlos sein. Nach außen tu ich schwer empört, zu Hause kicher ich still in mich hinein. Ein Türke mit blutigem Kopf fragt mich nach dem Weg zum Krankenhaus. Ich schick ihn in die falsche Richtung, das hälst'e echt im Kopf nicht aus. (Refrain:) Ich weiß es ist gemein, so was von abgrundtief schlecht, aber doch irgendwo geil und irgendwo gerecht", singt die Gruppe beispielsweise im Lied „In den Bergen von Ruanda". Bekannt wurde Landser bereits kurz nach ihrer Gründung mit offen formulierten Gewalt- und Mordfantasien in Songs wie „Schlagt sie tot" oder „Hurra, ein Asylheim brennt". Als andere Bands zwischen 1993 und 1995 wegen ihrer Texte zu Geld und Bewährungsstrafen verurteilt wurden, tauchten Landser ab. Aus dem Untergrund veröffentlichten sie die CDs „Republik der Strolche" (1995), „Rock gegen Oben" (1998) und „Ran an den Feind" (2000), die aufgrund ihrer gewaltverherrlichenden und volksverhetzenden Texte in Deutschland verboten sind. Die Ermittlungen gegen die Band wurden nach mehreren Über- beziehungsweise Angriffen auf Migranten intensiviert, mit denen Landser indirekt in Verbindung gebracht wurden: Am Abend des 11. Juni 2000 griffen im Dessauer Stadtpark drei angetrunkene Jugendliche den 35jährigen ehemaligen afrikanischen Vertragsarbeiter Alberto Adriano an, der bereits seit 1988 in Deutschland lebte und auch mit einer Deutschen verheiratet war. Sie schlugen ihn nieder und traten mehrfach auf den am Boden Liegenden ein. Um ihn zu demütigen, entkleideten sie ihr Opfer und malträtierten erneut den schon längst bewusst- und regungslosen dreifachen Familienvater mit Tritten. Im Krankenhaus erlag er seinen Verletzungen. Im Urteil hoben die Richter hervor, dass der seinerzeit 24-jährige Enrico H., der als Mörder zu einer lebenslangen Freiheitsstrafe verurteilt wurde, gemeinsam mit Freunden und Bekannten gerne die Gruppen Zillertaler Türkenjäger[9] und Landser gehört habe. In der Urteilsbegründung ist sogar ein Song von Landser dokumentiert, das „Afrika Lied", in dem über die gewaltsame Vertreibung von Afrikanern aus Europa gesungen wird: „"Deutschland ist ein schönes Land, wir lieben es so sehr, doch für Affen ist bei uns schon lange kein Platz mehr. (Refrain:) Afrika für Affen, Europa für Weiße, steckt die Affen in ein Boot und schickt sie auf die Reise. (Refrain Ende) Im Hafen geht die Party ab, die Stimmung ist famos, alle Affen sind an Bord, jetzt geht die Reise los. (Refrain) Das Boot, das ist auf hoher See, da gibt's 'nen riesen Schreck. Im Schiffsraum, da dringt Wasser ein, der Kahn, der hat 'nen Leck. (Refrain) Das Boot, das sinkt unweigerlich, den Affen hilft kein Schreien. Und weil keiner schwimmen kann, werden sie wohl ersoffen sein. (Refrain) Die Fische auf dem Meeresgrund beginnen gleich zu zechen. Doch Affenfleisch ist ungesund und alle müssen brechen. (Refrain) Der Haifisch und der Tintenfisch, der Stör und die Morän, die hatten von dem Affenfleisch drei Tage lang Migräne. (Refrain) Und die Moral von der Geschicht, Leute hört gut her, passt euch irgendjemand nicht, dann schickt ihn raus aufs Meer. (Refrain) Afrika für Affen, Europa für Weiße, steckt die Affen in ein Klo und spült sie weg wie Scheiße."

Nach der Tat wurde in Berlin eine Sonderkommission der Polizei gegründet, um endlich die Musiker der Band Landser ausfindig machen zu können. Am Ende ihrer fünfzehnmonatigen Ermittlungen stand am 5. Oktober 2001 die Verhaftung der Bandmitglieder und ihre anschließende Anklage und Verurteilung nach §129 StGB als kriminelle Vereinigung. Das war das erste Mal, dass eine Musikgruppe nach dieser Strafrechtsnorm verurteilt wurde. In seiner Urteilsbegründung am 23. Dezember 2003 hob Richter Weißbrodt hervor, dass sich die Mitglieder als Kämpfer verstanden und ihre Musik als Waffe begriffen hätten. Das Urteil lautete drei Jahre und vier Monate für den damals 38-jährigen Band-Leader Michael Regener. Die anderen Mitglieder der Band wurden nur zu Bewährungsstrafen und Sozialstunden verurteilt, da sie im Rahmen der Ermittlungen und des Gerichtsverfahrens umfangreiche Aussagen über die illegalen Produktions- und Vertriebswege gemacht hatten. Regener legte gegen das Urteil Widerspruch ein, doch Anfang 2005 wurde sein Begehren vom Bundesgerichtshof abgelehnt. Unterdessen hatte Regener längst begonnen unter seinem Spitznamen Lunikoff beziehungsweise dem Bandnamen Die Lunikoff Verschwörung neue CDs zu veröffentlichen. Obwohl er sich in den Texten deutlich gegenüber früheren Landser-Produktionen zurücknimmt, spiegeln sie dennoch sein politisches Weltbild und seine Verachtung gegenüber dem demokratischen System wider: „So Typen wie mich, die hat die BRD nicht

---

[9] Die Zittertaler Türkenjäger war ein Bandprojekt, dass 1997 die CD „12 doitsche Stimmungshits" veröffentlichte. Dafür spielten sie bekannte Schlager und Lieder der „Neuen Deutschen Welle" (NDW) nach und dichteten die Texte zu üblen rassistischen und den Nationalsozialismus verherrlichenden Texten um.

gern, also ließ sie mich verhaften und erst einmal wegsperren. Sie dachten sie hätten Ruhe, doch das war nur Schmus. Ich saß in meiner Zelle und schrieb den Stuttgart-Stammheim-Blues. [...] Irgendwann wurd' ich entlassen, nur um erneut anzuecken. Der Generalbundesanwalt kann mich mal am Aschermittwoch besuchen. Und an den Staatsschutz einen schönen Gruß", singt Lunikoff im Song „Stuttgart-Stammheim-Blues" und im Lied „Unsere besten Leute" heißt es: „Schröder, Schily, Fischer sind unsere besten Leute, besser als alle Demos und Flugblätter noch dazu. Besser als jeder Comic und jeder Science Fiction, sie treiben uns die Wähler scharenweise zu". Im Refrain grölt Lunikoff, der zwischenzeitlich NPD-Mitglied geworden ist: „Jetzt sitz ich vor der Glotze und bin es, der frech grient. Sie erhöh'n sich die Diäten, Mensch Jungs, ihr habt's verdient, denn ihr seid Deutschlands Hoffnung, auch wenn ihr das nicht wollt. Heut rollt für euch der Rubel, ratet mal, was morgen rollt!" Trotz seiner Inhaftierung ist es um Regener nicht still geworden. In Briefen, unter anderem an die neonazistische Hilfsorganisation für nationale politische Gefangene und deren Angehörige e.V. (HNG) mit Sitz in Mainz unterrichtet er seine Fans draußen, wie es ihm im Strafvollzug ergeht. Die vergöttern ihn dafür umso mehr. In der Szene kursieren Aufkleber und T-Shirts mit dem Slogan „Freiheit für Lunikoff" und am 21. Oktober 2006 organisierte die Berliner NPD einen Marsch zur Haftanstalt Tegel, wo mehrere Hundert Anhänger der Partei die Freilassung des Neonazis forderten.

Auch aus Rheinland-Pfalz kamen und kommen RechtsRock-Musiker und – Bands. 2005 erschien auf dem Label White Noise Records aus Lahnau die Split-CD "Hands across the sea" der britischen Blood & Honour-Band Razors Edge und der Gruppe Breakdown aus der Gegend um Simmern.[10] Oft hat die neonazistische Skinhead-Band seitdem live gespielt. Auf einem Konzert am 10. November 2007 präsentierte sie ihre neue CD „...th of November": „The revolution began, with flags in the hands, to be free, was their desire. [...] Remember, Remember, remember, the day in November! Remember, remember, remember, the day in November! Remember, remember, remember, the day in November!", heißt es im Titelsong. Der Refrain scheint sich auf jenes britische Lied zu beziehen, dass von der legendären Pulververschwörung handelt beziehungsweise von Guy Fawkes, der damit vor allem in Verbindung gebracht wird. Vor rund 400 Jahren, am 5. November 1605, versuchten eine Hand voll von Verschwörern das englische Parlament in London zu sprengen. Die angetretenen Wehrmachtssoldaten auf dem Plattencover von Breakdown lassen indes eher vermuten, dass die Band davon träumt den deutschen Bundestag in die Luft zu sprengen oder aber sie bezieht sich positiv auf den 9. November 1923, auf den Hitler-Ludendorff-Putschversuch in München. Die grölig vorgetragenen und in Folge dessen nur bruchstückartig zu

---

[10] Breakdown wird oftmals als Hate-Core-Band bezeichnet, allerdings hat ihre Musik wenig mit dem Hardcore-Subgenre Hatecore zu tun. Es ist vielmehr eine etwas härter gespielte Variante des klassischen Rechtsrock.

verstehenden Zeilen lassen Platz für derartige Interpretationen – vielleicht ist gerade das auch intendiert. Denn eine positive Bezugnahme auf den Nationalsozialismus könnte unter Umständen strafbar sein.

Lagerfeuermusik – Liedermacher

Liedermacher oder besser „nationale Barden", wie sie in der Szene manchmal genannt werden, tragen ihre Texte oft nur von einer Akustikgitarre begleitet vor. Mehr noch als im RechtsRock triefen ihre Texte von Pathos und handeln von Kameradschaft, Heldentum und Opfertod. Frank Rennicke ist der Liedermacher mit der meisten Erfahrung in diesem neonazistischen Musikspektrum, den meisten jüngeren Liedermachern gilt er als Vorbild. Der 1964 geborene 'nationale Barde' gehörte als Jugendlicher zu der nach dem Vorbild der Hitlerjugend geformten Wiking Jugend, die 1994 verboten wurde. 1987 veröffentlichte er seine erste Kassette mit nationalistischen Liedern, der bis heute über 30 weitere Veröffentlichungen folgten. Rennicke, der seit Jahren für die NPD aktiv ist, gehört im Grunde zur kulturell rückwärtsgewandten Fraktion der extremen Rechten. Mit seinem Seitenscheitel wirkt er auf heutige Jugendliche spießig, seine Musik gilt 'normalen' Heranwachsenden als langweilig, und sein traditionelles Frauen- und Familienbild hat mit Rock'n'Roll und modernem Zeitgeist so gar nichts gemein. Heimattümelnde Parolen gehören bei Frank Rennicke ebenso zum Programm wie dumpfer Rassismus und NS-Verherrlichung. Eigentlich ist es kaum vorstellbar, dass dieser Mann der puren Biederkeit bei den martialischen Skinheads Anklang findet. Doch gerade seine politisch offensiven Songs und seine Verurteilung wegen Volksverhetzung haben ihn in der deutschen Szene zum Kult werden lassen. Auch er ist auf der Schulhof-CD der NPD vertreten: „Im Mai '45 in Hamburg es war. Ich sing Euch ein Lied, von dem was geschah. Es ist die Geschichte und viele sind gleich, von dem Mädchen mit der Fahne vom deutschen Reich. Das Mädel war fünfzehn, als der Feind im Reich stand. Doch ihr Herz gab nicht auf, ihren Kampf für das Land und so nahm sie zur Hand in der bittersten Not, die Fahne des Reiches schwarz, weiß und rot. Auf einem Motorrad ein Engländer kam und sah nun das Mädel mit der Fahne im Arm. Doch es durfte nicht sein, das in seinem Bereich, man die Fahne noch zeigte vom Deutschen Reich. Er lacht über sie, noch mahnend er schreit: Komm, gib mir die Fahne, sei brav und gescheit. Komm, gib mir die Fahne, hör' auf mein Gebot. Hier zeigt niemand die Farben schwarz, weiß und rot. Von der Fahne zu lassen das zwingst du mich nicht, eher färbt sie mein Blut, so trotzig sie spricht. Noch trag ich ein Messer, und das Leben ist gleich, wenn ich sterbe so fall' ich für die Fahne vom Reich. Er stieg auf sein Krad, mit bleichem Gesicht und fuhr seinen Weg als noch leise er spricht: Warum geht nur ein Kind noch jetzt in den Tod. Warum nur dieses Opfer für schwarz, weiß und rot. Und noch an dem Abend sank die Fahne dahin, das bewaffnete Mädel kam ihm nicht aus dem Sinn. Ihr Leib war zerschossen, die Lippen ganz bleich, sie starb noch am Abend für die Fahne vom Reich. Das Opfer des Mädchens - vergesst Ihr es nie, verliert nie den Stolz und kämpfet wie sie. Bis es endlich soweit, dass auch hier irgendwann die Zeichen des Reiches man zeigen kann." Die von Frank Rennicke vorgetragene personalisierte Erzählung mit dem Titel „Das Mädel mit der Fahne" versucht Sympathie zu wecken. Die 15-Jährige hält trotz der Niederlage die „Fahne vom deutschen Reich" aufrecht, die hier lediglich in ihrer farblichen Zusammenstellung schwarz-weiß-rot beschrieben wird. Als ein englischer Soldat das Mädchen auffordert, die Fahne abzugeben, bedroht sie diesen mit den Worten „noch trag ich ein Messer" und gelobt heroisch: „Von der Fahne zu lassen, das zwingst Du mich nicht, eher färbt sie mein Blut". Und tatsächlich stirbt sie für das Symbol. Frappant erinnert diese Passage an eine Textzeile aus der HJ-Hymne „Unsere Fahne flattert uns voran", in der es wörtlich heißt: „denn die Fahne ist mehr als der Tod". Das Lied stellt damit gekonnt eine Verbindung zur Ideologie des Nationalsozialismus her, die zudem assoziativ aus der beschriebenen Farbkombination gefolgert werden kann: Auch die Hakenkreuz-Fahne basiert auf den Farben schwarz-weiß-rot. Außerdem beschwört Frank Rennicke in dem Lied einen Opfermythos, auf dessen Basis er die heutige Jugend zum Engagement auffordert: „Das Opfer des Mädchens - vergesst Ihr es nie, verliert nie den Stolz und kämpfet wie sie. Bis es endlich soweit, dass auch hier irgendwann die Zeichen des Reiches man zeigen kann". Das Zeigen einer einfach schwarz-weiß-roten Fahne ist in der Öffentlichkeit rechtlich möglich, verboten sind einzig Fahnen und Symbole des Nationalsozialismus wie die schwarz-weiß-roten Hakenkreuzfahne.

NSHC – Nationalsozialistischer Hardcore

Schneller und härter als der anfangs vom Punk inspirierte RechtsRock und im völligen Kontrast zur Musik der Liedermacher stehen die Bands des Hardcore. Dieser musikalische Stil hat sich Ende der Siebziger-Jahre in den USA aus dem Punk entwickelt und war in den ersten Jahren noch stark von emanzipativen und progressiven Texten geprägt. Im Laufe der Achtzigerjahre und mit zunehmendem kommerziellem Erfolg der Musik rückten die politischen Botschaften mehr und mehr in den Hintergrund. Was verblieb waren die schnellen und harten Rhythmen und die voller Wut ins Mikrophon gebrüllten Texte samt dem dazu gehörigen wild tanzenden Publikum. Die politische Entleerung ließ einen neuen Typus Fan entstehen: einen an Martialität orientierten, politisch desinteressierten Streetfighter-Typ, dessen Image sich mit der Musik Hardcore verband. Die Musik zog mehr und mehr rechte Jugendliche mit ihrem gewaltdominierten sozialdarwinistisch geprägten Weltbild an. Noch mehr faszinierte sie der Anfang der Neunzigerjahre aus dem Hardcore entwachsende Hatecore, der musikalisch auf gesteigerte Härte setzte. Obwohl der Begriff Hate (= Hass) sich anfangs mehr auf die wütenden verbalen Angriffe auf soziale Missstände bezog, erkannten die ersten US-amerikanischen neonazistischen Bands des Genre wie Max Resist, Blue Eyed Devils, No Alibi oder Indimitation One in dem Stil eine Möglichkeit, ihren Hass auf die Gesellschaft zu kanalisieren.[11] Ab Mitte des letzten Jahrzehnts gastierten diese Gruppen auf ihren Europatourneen in Deutschland und machten den neuen musikalischen Stil hier zu Lande bekannt und populär. 2005 erschien mit der Produktionsnummer GKS004 bei der Gjallarhorn Klangschmiede aus Ludwigshafen das erste vollständiges Album der Band Brainwash aus Altenburg, Thüringen, mit dem Titel „Moments of truth". In dem harten, aber eingängigen Song „Frozen Eyes", klagt die Band auf Englisch einen Unbekannten an, Herzen gebrochen und die Jugend verdorben zu haben: „Can you understand what you have done? Can you see all the pain we bear? [...] Do you see all the broken hearts? Do you see our wasted youth? [...] Hate goes out to you, because you exterminate our culture. The culture for which so many died. A hope still remains in us now, the hope in our children. We must give them a reason to live, to build a new future can only rescue us. [Refrain:] Show no mercy and no respect, stand up for what is right, fight back! Bring our kind to the eternal light, the hope never dies!".[12] Auf den Unbekannten projiziert sich ihr Hass, „er" ist für die Zerstörung der (deutschen) Kultur verantwortlich, für die so viele gestorben seien. Brainwash verarbeiten in dem Text klassische Motive der extrem rechten Kulturkritik. Die Jugend sei nicht mehr idealistisch, sondern nur noch materialistisch eingestellt und „die" deutsche / abendländische Kultur, das „Erbe der Großväter", ginge unter. Entsprechend, so die Band im Refrain, sei jetzt ohne Gnade und Respekt gegen diese Entwicklung vorzugehen, um den Kindern wieder eine lebenswerte Zukunft zu sichern. Das Recht müsse man dazu in die eigenen Hände nehmen und den Kampf führen.

Szene

Längst hat sich um den RechtsRock eine eigenständige Szene entwickelt, die aus Cliquen Jugendlicher und (junger) Erwachsener besteht. Deren Interessen und Freizeitgestaltung kreisen um die extrem rechte Musik und stellen so etwas wie eine rechte Erlebniswelt dar. Die Szene bestimmt auch den Lebensstil, der inhaltlich auf einem nationalistischen und rassistischen Weltbild aufbaut und über bestimmte Bekleidungsmarken und Symbole öffentlich dokumentiert wird. Im Kern bestehen diese lokalen Cliquen aus einem festen Kreis

---

[11] In ihrer Selbstbezeichnung sehen sich viele Bands des RechtsRock als Hard- oder Hatecore Band, spielen hingegen jene klassische Form des RechtsRock, einzig der Gesang wird wesentlich aggressiver vorgetragen. Vor allem die Bezeichnung Hatecore muss bei neonazistischen Bands zumeist als Imageträger herhalten, mit dem sie versuchen, sich als die Aggressivsten und Wütendsten darzustellen.

[12] „Begreifst du denn, was du getan hast? Kannst du all den Schmerz sehen, den wir ertragen? [...] Siehst du all die gebrochenen Herzen? Siehst du unsere verdorbene Jugend? [...] Der Hass richtet sich gegen dich, denn du hast unsere Kultur vernichtet. Jene Kultur, für die so viele gestorben sind. Eine Hoffnung bleibt uns, die Hoffnung auf unsere Kinder. Wir müssen ihnen einen Grund zum Leben geben, allein eine neue Zukunft aufzubauen, kann uns noch retten. [Refrain:] Zeig keine Gnade und keinen Respekt, steh auf für das, was richtig ist, schlag zurück! Bringe unsere Art zum ewigen Licht, die Hoffnung stirbt nie!"

von Leuten, von denen zumeist ein oder zwei die mehr oder weniger bestimmenden Personen sind und häufig auch als Wortführer nach außen fungieren. Ihre Stellung basiert auf individuellen Eigenschaften, entweder sind sie besonders redegewandt und/oder kräftig, verfügen über große Szenekenntnisse und -kontakte, und/oder sie organisieren gemeinsame Unternehmungen, sei es eine Party oder ein Konzert am Wochenende oder eben die Fahrt zu solchen Veranstaltungen. Aus derartigen Cliquen können aber auch lokale Kameradschaften erwachsen. Zwischen der RechtsRock-Szene und dem Kameradschaftsspektrum besteht eine breite Schnittmenge, wie sie sich immer wieder bei den jungen NPD-Mitgliedern oder Aktivisten der diversen Kameradschaften beobachten lässt. Die RechtsRock hörenden Cliquen sind aber keine homogenen Gruppen, die sich nach außen abschotten, sondern sie verfügen oft über ein sehr breites Umfeld von Jugendlichen und jungen Erwachsenen, die an manchen Freizeitaktivitäten der Clique teilhaben, ohne zu deren festen Kern zu gehören.[13] Die Entstehungsgründe für derartige Cliquen sind unterschiedlich. Zumeist entwickeln sie sich aus einem kleinen Kreis heraus. Manchmal reicht es, dass einem Jugendlichen die extrem rechte Musik gefällt, der dann andere mit seinem Geschmack 'ansteckt'. Ausgangsort kann aber auch eine zuerst unbekannte lokale RechtsRock-Band sein, deren Übungsraum im Laufe der Zeit zu einem beliebten Treffpunkt avanciert. Treffpunkte für Cliquen können ferner öffentliche Orte sein wie eine bestimmte Parkbank, ein Kiosk, eine Tankstelle oder der lokale Jugendclub oder aber Privatwohnungen und Partykeller. Kneipen beziehungsweise Gastwirtschaften fungieren seltener als Treff, weil die Jugendlichen und jungen Erwachsenen dort gezwungen sind, die Getränke zu kaufen. Das Wissen über ihre Szene schöpfen die Szenegänger aus den Erzählungen anderer sowie aus Szenepublikationen, den so genannten Fanzines. Gerade für Insider haben diese Hefte eine hohe Bedeutung. Die Bezeichnung Fanzine setzt sich aus den englischen Wörtern Fan und Magazin zusammen und bezeichnet damit die von Fans für Fans gemachten Hefte. Ihr Inhalt bestimmt sich über den Herausgeber – ist er mehr an der rechten Musik als an Politik interessiert, ist der Anteil von Interviews mit Bands und Konzerten hoch, ist das Interesse anders herum, spiegelt sich auch das in dem publizierten Magazin wider. Bundesweit sind von herausragender Bedeutung das Magazin „Rock Nord" aus dem niederrheinischen Rees sowie das Heft „Nordwind" aus Ludwigshafen: „Ein Magazin, welches sich zur Aufgabe gemacht hat in regelmäßigen Abständen (alle 2 Monate) über Musik, Geschichte, Politik und weltanschauliche Themen zu berichten", heißt es in der ersten Ausgabe 2005. Bis zum Oktober 2007 wurden acht Ausgaben des Hochglanzmagazins veröffentlicht, das neben Interviews mit bekannten Musikern des Spektrums und Besprechungen neuer RechtsRock-Platten vor allem über neonazistische Aufmärsche und Politik berichtet. Den Rang abgelaufen hat dem Medium Fanzine in den letzten Jahren zunehmend

---

[13] Hitzler, Ronald; Bucher, Thomas; Niederbacher, Arne: Leben in Szenen. Formen jugendlicher Vergemeinschaftung heute. Opladen, 2001.

das Internet – mit ihm ist es leichter mit anderen in Verbindung zu treten oder sich selbst und seine eigenen Vorstellungen darzustellen.[14] Entsprechend präsentieren sich dort die in Sachsen-Anhalt ansässigen extrem rechten Parteien, die neonazistischen Kameradschaften, RechtsRock-Bands und vor allem die diversen Plattenfirmen und einschlägigen Versandfirmen wie eben auch die Gjallarhorn Klangschmiede. Von zentraler Bedeutung für die RechtsRock-Szene sind indes nur einige wenige Seiten, die über ihre professionelle Aufmachung und Aktualität immer wieder aufgerufen werden, wie beispielsweise die Seite aryan88. Auf ihr wird über Neuerscheinungen informiert, Konzertberichte veröffentlicht oder ausgewählte Musikstücke zum kostenlosen Download bereitgestellt. Interaktiver Tummelplatz sind weiterhin die verschiedenen Foren der Szene, wie das des Wikinger Versands oder das Thiazi Forum. Letzteres ist der deutschsprachige Ableger des internationalen Skadi.net, in dem sich mittlerweile 25.000 registrierte Nutzer tummeln, 8.000 davon regelmäßig. Das wohl stärkste Gemeinschaftsgefühl der neonazistischen Erlebniswelt Rechts-Rock-Szene erleben die jugendlichen und erwachsenen Szenegänger bei den Konzerten. Hier steht der Einzelne neben Gleichgesinnten und sie verschmelzen bei ihrer zumeist bierseligen Begeisterung für die Band auf der Bühne fühlbar zu einer Gemeinschaft, die ihren Ausdruck findet im Mitgrölen der politisch fundierten Texte und beim Beweis vermeintlicher körperliche Stärke beim Rempel-Tanz Pogo. Konzerte sind aber auch Orte, an denen die Besucher ihre Kameraden treffen, Freundschaften geschlossen und gepflegt werden und CDs und Fanzines eingekauft werden können - oft auch solche, die legal und via Internet nicht zu bekommen sind. Schon die Anreise zu solchen Konzerten gestaltet sich zumeist als Abenteuer, denn der größte Teil der Besucher weiß meist nicht, wo es abends hin gehen soll. Die Werbung für derartige Veranstaltungen verläuft in der Regel verdeckt. Hinweise auf bevorstehende Konzerte werden von den Organisatoren im Vorfeld an den vertrauten Freundes- und Bekanntenkreis weitergeben, der im Schneeballeffekt wiederum Freunde und Bekannte informiert. Normalerweise werden dafür die modernen Medien, das Internet und auch die Mobilfunktechnik (SMS) verwendet. 2006 fanden in Deutschland mindestens 230 Veranstaltungen mit extrem rechten Rockbands und Liedermachern statt – 25 weniger als 2005. Damit stabilisiert sich die Zahl der Konzerte auf einem hohen Niveau, nachdem sie zuvor sprunghaft angestiegen war – 2004 waren 'nur' 155 derartiger Events organisiert worden. Ferner sind die Konzerte, die in der Regel dezentral und in Eigenregie der Veranstalter durchgeführt werden, Ausdruck dafür, wie flächendeckend sich die extrem rechten Szenen etabliert haben. Das zeigt sich zudem in der hohen durchschnittlichen Teilnehmerzahl – im Schnitt waren rund 125 Personen anwesend. Derartige Konzerte finden auch immer wieder in Rheinland-Pfalz statt, darunter immer wieder solche, die von den Hammerskins organisiert werden. Am 27. Mai 2006 fand in Grünstadt-Kirchheim eine „Jahresparty mit Livemusik" der Hammerskins Westmark mit mehreren Bands statt, zu der mehr als

---

[14] Siehe dazu ausführlicher den Beitrag von Michael Wörner-Schappert in diesem Band.

300 Besucher kamen. Ein Jahr später, am 26. Mai 2007, fand erneut ein Konzert der Hammerskins in Kirchheim statt. Nach dem Auftritt der ersten Band Red, White and Black aus den USA wurde das Konzert gegen 22:30 Uhr von der Polizei beendet und die Personalien von 117 Personen überprüft. Die Auflösung solcher Veranstaltungen ist allerdings nicht die Regel.

Abschluss

RechtsRock ist in den letzten zehn Jahren zum wichtigsten Ideologietransporteur und Rekrutierungsmittel der extremen Rechten geworden. Zunächst verleiht die Musik den bei Heranwachsenden und jungen Erwachsenen bestehenden Vorurteilen, Rassismen und nationalistischen Einstellungen eine Ausdrucksform und verknüpft dies geschickt mit den gängigen Schlagwörtern der extremen Rechten und deren Deutungsangeboten. Da die Texte mit einem absoluten Wahrheitsanspruch operieren, besorgen sie auch die politische Selbstvergewisserung der Hörer. Zudem werden in den Texten Identitätsangebote offeriert. Bis vor wenigen Jahren beinhalteten sie zentral den positiven Bezug auf einen neonazistischen Flügel der Skinhead-Subkultur, doch heute lautet die Botschaft, ein Selbstverständnis als „Nationaler" genüge – vorausgesetzt, der Hörer beziehungsweise die Hörerin hat die ‚richtige', nämlich weiße Hautfarbe. Für die Heranwachsenden und jungen Erwachsenen kann die Musik zu einem wichtigen bis zentralen Bestandteil ihrer alltäglichen Lebenswelt werden. Während Jüngere eher noch dazu neigen, RechtsRock in ihren eigentlichen Musikkonsum zu integrieren, nimmt der Anteil alternativer Musik mit der Konzentration auf den RechtsRock über einen längeren Zeitraum ab und verschwindet schließlich beinahe ganz. Spätestens in diesem Stadium suchen die Hörer Anschluss an die Szene, die sich vor Ort als Clique darstellt – sie stellen eine moderne Form einer Gemeinschaft dar, in der vermeintliche Kameradschaft das verbindende Glied darstellt.[15] Im Rahmen der Szene kommen die Jugendlichen und jungen Erwachsenen dann auch in Kontakt mit den politischen Strategen der extremen Rechten, die versuchen, sie für ihren „Kampf um Deutschland" zu gewinnen.

---

[15] Über Gruppeninterne Gewalt wird hingegen selten gesprochen, vgl. dazu: Speit, Andreas: Mythos Kameradschaft, Gruppeninterne Gewalt im neonazistischen Spektrum, Braunschweig, 2005. Vgl. ferner die Erfahrungen der ... BEITRAG BETREUUNG AUSSTEIGER LANDESJUGENDAMT.

Michael Wörner-Schnappert

**Rechtsextremismus im Internet
Zahlen – Fakten - Gegenmaßnahmen
Beispiele aus der Arbeit von jugendschutz.net**

Rechtsextremismus im Internet – eine Frage des Jugendschutzes

Seit dem Jahr 2000 hat sich die Zahl der Internet-User in Deutschland mehr als verdoppelt und liegt heute bei fast 63% der Bevölkerung. Der Anteil der Jugendlichen, die heute online sind, liegt sogar bei knapp 96%[1]. Die Wahrscheinlichkeit, mit rassistischen und menschenverachtenden Inhalten – gewollt oder ungewollt – konfrontiert zu werden, steigt mit der Häufigkeit und Intensität der Internetnutzung. Schon die JIM-Studie 2005 zeigte, dass ein Drittel der User dieser Altersgruppe schon einmal auf jugendgefährdende Inhalte gestoßen waren[2]. jugendschutz.net, 1997 von den Jugendministerien der Länder als zentrale Einrichtung für den Jugendschutz im Internet gegründet, analysiert im Rahmen von Projekten seit 2000 systematisch und kontinuierlich Rechtsextremismus im Internet. Seit 2007 wird diese Arbeit von der Bundeszentrale für politische Bildung finanziert. Die erfolgreiche langjährige Arbeit basiert auf einer mehrdimensionalen Strategie, um rechtsextremen Inhalten im Internet effektiv entgegentreten zu können. Dazu zählt das kontinuierliche Monitoring, die Erprobung und Entwicklung effektiver Maßnahmen gegen Hass im Internet, internationale Kooperation und Medienpädagogik. Einige Ergebnisse aus dieser Projektarbeit werden im Folgenden vorgestellt.

**Rechtsextremismus im Internet – Schlaglichter
Modernes Outfit für braunes Gedankengut**

Für die rechtsextreme Szene hat das Internet einen zentralen Stellenwert eingenommen[3]. Das Internet bietet ihr die Möglichkeit, rund um die Uhr an jedem PC mit Online-Zugang erreichbar zu sein. Es ist damit die ideale, kostengünstige und allgemein zugängliche Propaganda-Plattform. Darüber hinaus ist es Kommunikationsmedium der Szene, Rekrutierungs- und Mobilisierungsinstrument und trägt über Online-Versandhändler zur (Mit-) Finanzierung bei. Die rechtsextreme Szene hat sich auch hier ohne größere Probleme an den Stand aktueller Technik angepasst und nutzt die neuen Medien zügig und konse-

---

[1] Vgl. ARD/ZDF-Onlinestudie 2007. Erste Ergebnisse; Mai 2007 (http://www.br-online.de/br-intern/medienforschung/onlinenutzung/pdf/datenblatt-onlinestudie-2007-vorab.pdf - 22.10.2007)
[2] Vgl. JIM-Studie 2005, S. 40ff
[3] vgl. Bundesamt für Verfassungsschutz: Zahlen und Fakten zum Rechtsextremismus in Deutschland (Zafarex). Deutsche rechtsextremistische Homepages; http://www.verfassungsschutz.de/de/arbeitsfelder/af_rechtsextremismus/zahlen_und_fakten.html/zuf_deutsche_re_homepages.html (19.10.2007)

quent[4]. Die Zugangsschwelle zu rechtsextremen Inhalten ist mit dem Internet ungleich niedriger geworden – wo früher Szenekenntnisse oder persönliche Kontakte erforderlich waren, um mit Rechtsextremismus in Kontakt zu kommen, genügt heute der Mausklick am heimischen PC, um rechtsextreme Inhalte, Musik und Propaganda abzurufen.

Jugendliche als Zielgruppe

Vielfach nutzen Rechtsextreme geschickt die Möglichkeiten des Internets, um Jugendliche gezielt anzusprechen. Neben jugendaffine Stilmitteln wie Comics und entsprechende Schrifttypen, Animationen und Musik zählt dazu auch das bewusste "Spielen" mit dem Reiz des gesellschaftlich Verpönten und Geächteten. So instrumentalisiert das "Jugendprojekt" des neonazistischen Aktionsbüros Mittelhessen mit dem provokanten Namen "nazis in mittelhessen" und der Warnung "Vorsicht Nazis" regelrecht den Nimbus des Verbotenen.

Dieser Eindruck wird verstärkt durch Musik, einem für Handys optimiertes Video und niedrigschwelligen Kontaktangeboten per Mail oder Mailformular. Zudem wird eine Erlebniswelt angeboten: "Hast du Bock mal auf ner Demo oder Konzert mitzumachen? - Willst du auch mal an einem Wochenende mit dem Bus mitzufahren und zum Beispiel eine Brauereibesichtigung oder Party zu machen? Kein Problem! Du kannst uns einfach mal eine E-Mail schreiben o-

---

[4] Vgl. auch: Pfeiffer, Thomas: Für Volk und Vaterland. Das Mediennetz der Rechten – Presse, Musik, Internet. Berlin 2002. S.341

der unten rechts Kontakt zu uns aufnehmen. Man sieht sich! ;-)"[5] Neben eigens für Jugendliche gestalteten Websites zählen zum virtuellen Propagandasortiment der rechtsextremen Szene Videos, die, häufig mit Musik hinterlegt, Aufmärsche oder den Erlebnischarakter der Szene dokumentieren sollen, Aufkleberangebote, Sprühschablonen, Musik zum Download, Symbole und eine szeneinterne Zitat- und Codesprache. Typisch sind Zahlencodes wie "88", "14" oder "ZOG"[6] oder szene-intern eindeutig belegte Symbole wie die so genannte "Schwarze Sonne"[7].

Leicht auffindbar und vielfältig vernetzt

Rechtsextreme Webangebote sind vielfach wie vielfältig vernetzt. Mit dem Zugang zu einer Website sind andere rechtsextreme Inhalte, zulässige wie strafbare, nur wenige Mausklicks entfernt. Selbst ohne Kenntnis von Web-Adressen oder Gruppennamen ist der Zugang zu diesem "Subnetz" problemlos möglich. So fungiert die NPD häufig als Einstieg und Klammer der Szene. Auf ihren zahlreichen Websites verlinkt sie nicht nur Bundes-, Landes- und Kreisverbände, sondern auch viele deutsche wie internationale neonazistische Webangebote. Das gilt beispielsweise auch für die Website des rheinland-pfälzischen Landesverbandes, die Links zu regionale Kameradschaftssites wie dem für die Region zentralen Infoportal 24 enthält.

Einstiegsdroge Musik – Rechtsextremes für jeden Geschmack

Musik ist elementarer Bestandteil jugendlicher Lebenswelten und Subkulturen. Diese vielfältigen musikalischen Stilrichtungen von Jugendkulturen werden gezielt durch den Rechtsextremismus "bedient" und instrumentalisiert. Es existiert keine "rechtsextreme Musik" als eigenständiger Stil – erst durch den Text wird Musik rechtsextrem. Mittlerweile decken rechtsextreme Musiker fast jeden Musikstil ab und nutzen das Medium Musik, um darüber ihre Propaganda zu transportieren. Eines der für die Szene relevanten Rechtsrock-Versandgeschäfte und –Label ist die Ludwigshafener Gjallarhorn Klangschmiede. Unter einem Banner mit Maschinenpistole und Schriftzug GKS33 ist die "Klangschmiede" online aktiv und bietet zahlreiche Tonträger der Szene zum Verkauf. Der Versand zählte auch zu den Unterstützern der neonazistischen "Aktion Schulhof", einer konzertierten Aktion der Kameradschaftsszene, bei der kostenlos zahlreiche CDs an Schüler und Jugendliche verteilt werden

---

[5] nazis-in-mittelhessen.de; 24.10.07 (Rechtschreibfehler im Original)
[6] ZOG: Kurzform für "zionistic occupated government", eine pathologische Vorstellung, dass die bzw. alle Regierungen von "den Juden" dominiert werden, mithin: die jüdische Weltverschwörung
[7] Broschüre Versteckspiel oder VS NRW oder wikipedia: http://de.wikipedia.org/wiki/Rechtsextreme_Symbole_und_Zeichen

sollten[8]. Bisher sind mehrere tausend Exemplare dieser jugendgefährdenden CD sichergestellt worden. Die NPD reagierte auf das mediale Echo auf diesen rechtsextremen Tabubruch mit einer eigenen CD. Sie produzierte – ebenfalls 2004 – unter dem Titel: "Wahltag ist Zahltag" eine eigene Schulhof-CD und verteilte sie an potentielle Jungwähler und Schüler. Seither hat die NPD zu jeder Wahl eine mit rechtlichen Mitteln nicht angreifbare "Schulhof-CD" produziert. Alle bisherigen – drei – Versionen werden über den so genannten Medienserver der NPD zentral zum Download angeboten.

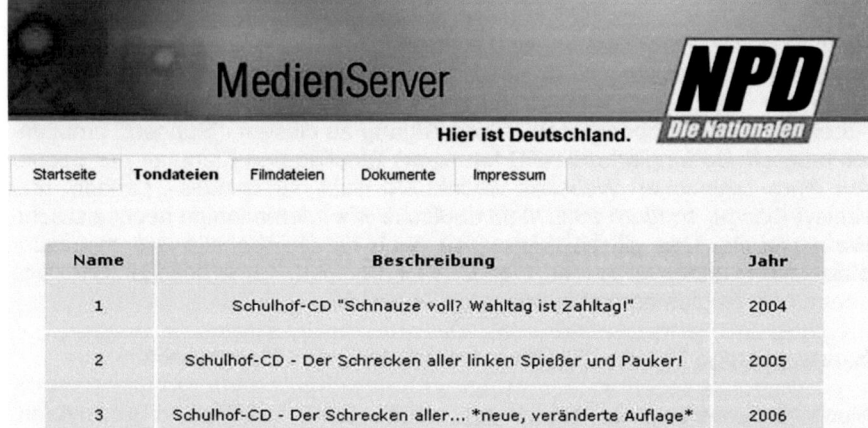

Zusätzlich zu den CDs werden hier auch rechtsextreme Versandhändler und Bands verlinkt. Auf diesen Medienserver verweisen nicht nur alle NPD-Sites, sondern auch zahlreiche Kameradschafts- und andere rechtsextreme Websites. Darüber hinaus finden sich Hinweise auf ihn in zahlreichen Foren, Gästebüchern, Web-Communities etc. Der NPD-Medienserver ist so das meistverlinkte rechtsextreme Musik-Downloadangebot in Deutschland.

Neonazistische Kameradschaften – Mobilisierung, Propaganda, Hetze

Neonazistische Kameradschaften zählen zu den aktivsten rechtsextremen Gruppierungen im Netz[9]. Mitte 2007 nutzten mehr als 200 das Internet zu Rekrutierung, Propaganda und Mobilisierung. Kameradschaften stellen meist Bezüge zu jugendlichen Lebenswelten her, bieten einfache Kontaktmöglichkeiten

---

[8] Siehe dazu auch: Innenministerium Nordrhein-Westfalen: Projekt Schulhof - Verteilung einer Rechtsrock-CD vor den Schulen; http://www.im.nrw.de/sch/723.htm (25.10.2007)

[9] Vgl. jugendschutz.net: Erfolgreich gegen Rechtsextremismus im Internet. Ergebnisse der Arbeit des entimon-Projekts von jugendschutz.net im Jahr 2006; Mainz 2007, S.3 (http://www.jugendschutz.net/pdf/re_kurzbericht_06.pdf)

zur Szene vor Ort und unterbreiten im Sinne einer rechtsextremen Erlebniswelt Unterhaltungs- und Freizeitangebote. Sie nutzen ihre Websites zudem für subtile wie offene Hetze, Propaganda und Manipulation. Regionale Kameradschaften sind über so genannte "Aktionsbüros" oder "Infoportale" vernetzt. In Rheinland-Pfalz ist das neonazistische Infoportal 24 eine der zentralen Vernetzungsadressen für dieses Neonazi-Netz im Internet. Hier werden neben Nachrichten und Terminen aus der Neonazi-Szene – deutschlandweit wie regionale – NPD-Sites ebenso verlinkt wie andere rechtsextreme und neonazistische Sites. Zu diesen zählt auch die Kameradschaft Worms, deren Website unter anderem eine eigene Beschreibung der Geschichte der Stadt Worms enthält. Diese, die „Heimat", sei heute "überfremdet" und es müsse um sie gekämpft werden, so die Seitenbetreiber[10]. Der weit größere angeblich historische Teil ist allerdings der Geschichte der lokalen Eichbaum-Brauerei gewidmet – und zugleich Paradebeispiel neonazistischer Geschichtsklitterung und Verharmlosung des Nationalsozialismus. So wird dort unter anderem ausgeführt: "Bis März 1933 lagen 18% des Eichbaum-Grundkapitals in den Händen des jüdischen Malzfabrikanten Feitel, nach heftiger Kritik erfolgt dessen Rückzug aus der Geschäftsleitung". Was hier als "heftige Kritik" bezeichnet wird, wird in einer Schrift der IHK verdeutlicht: Die Brauerei litt unter dem Terror der Nazis. Nach 1933 gab es massive Anfeindungen gegen Eichbaum als "Judenbrauerei", Boykottmaßnahmen und schließlich 1936 die Arisierung des Unternehmens[11].

Rechtsextreme up-to-date – Missbrauch im Web 2.0

Im so genannten Web2.0[12] werden die User selbst zu Inhaltslieferanten. Die Web 2.0-Dienste, die auch soziale Netzwerke und Communities ermöglichen, werden von Jugendlichen vielfach genutzt. Erste Ergebnisse der diesjährigen JIM-Studie zeigen, dass das Gros der Jugendlichen sich vor allem passiv an diesen Diensten beteiligt – sie „konsumieren", ohne selbst aktiv Inhalte einzustellen[13]. Auch daher multipliziert und potenziert die Platzierung von rechtsextremen Inhalten auf solchen jugendaffinen und hoch frequentierten Angeboten deren Propagandafunktion um ein Vielfaches. Die oft anonyme und kostenlose Registrierung bei entsprechenden Plattformen erlaubt die Präsentation von Propagandamaterialien wie Musik, Videos und Texten sowie die Interaktion

---

[10] Vgl. nach: Website Kameradschaft Worms (22.10.07; http://www.ab-rhein-neckar.de/worms/daten/geschichte.htm)
[11] Vgl. Burrer, Friedrich Dr.: Die IHK Mannheim im Dritten Reich / Teil 3. Die Arisierung von Unternehmen schreitet unerbittlich voran; in: IHK · WIRTSCHAFTSMAGAZIN RHEIN-NECKAR 1/2006, S. 9
[12] Vgl. http://de.wikipedia.org/wiki/Web_2.0 (26.10.2007)
[13] Vgl. Medienpädagogischer Forschungsverband Südwest: Pressemitteilung 03/07: Jugendliche machen mit bei Web 2.0. Erste Ergebnisse der JIM-Studie 2007 veröffentlicht; http://www.mpfs.de/fileadmin/images/PM_mpfs_03_JIM07_Web2.0.pdf

mit anderen Nutzern. Gerade über die von Jugendlichen viel genutzten Videoplattformen wie z.B. YouTube sind zahllose rechtsextreme Videos und Propagandaclips verfügbar. Häufig werden dabei Bilder oder Filme aus dem 3.Reich gemischt mit – oftmals in Deutschland verbotener – (Neo-)Nazi-Musik, oder die rechtsextreme Szene produziert Propagandavideos, die dann über solche Portale verbreitet werden. Darüber hinaus werden rechtsextreme Webadressen, Gruppen und Veranstaltungen beworben oder Werbe- und Propagandavideos von NPD und Kameradschaften verbreitet.

Maßnahmen gegen Rechtsextremismus
Gemeinsam verantwortlich gegen Hass im Netz

Rechtsextreme Inhalte sind dazu geeignet, Jugendliche gezielt zu erreichen und Hass, Vorurteile und rechtsextreme, menschenverachtende Ideologie an sie heranzutragen. Gerade für gefährdungsgeneigte Jugendliche bedeuten sie einen potentiellen Szene-Zugang. Um zu verhindern, dass solche Internet-Inhalte weiter eine Türöffner-Funktion innehaben und um ihnen wirkungsvoll entgegenzutreten, bedarf es der Anstrengung und Beteiligung aller Akteure in einer "Kultur gemeinsamer Verantwortung". Diese erfordert die dauerhafte Beobachtung und effektive Kontrolle der rechten Szene im Internet, um Entwicklungen und Trends aufzuzeigen und gegen unzulässige Inhalte vorzugehen. Sie erfordert die schnelle und effektive Strafverfolgung mit zeitnaher Ahndung unzulässiger Inhalte sowie eine Internet-Industrie, die für die Inhalte auf ihren Servern und Rechnern eine soziale Verantwortung übernimmt. Notwendig sind darüber hinaus internationale Kooperationen, um in einem grenzüberschreitenden Medium effektiv gegen unzulässige Inhalte vorzugehen. Sie bedarf aber auch und gerade der vielfachen individuellen Unterstützung und Übernahme von Verantwortung. Nur mit einer aufmerksamen, engagierten Internet-Gemeinschaft, die problematische Inhalte meldet und Rechtsextremismus im Internet selbst immer wieder aktiv widerspricht, kann Rassenhass und Volksverhetzung im Internet effektiv und dauerhaft angegangen werden. Dies erfordert neben dem persönlichen Engagement auch den medienkompetenten Umgang mit dem Internet.

Effektive Bekämpfung unzulässiger Inhalte

Die Arbeit von jugendschutz.net zeigt, dass das Internet kein „sicherer Hafen" für Neonazis, Rassenhass und Diskriminierung ist. Durch Hinweise über das Hotline-Formular[14] sowie eigene Recherchen und kontinuierliches Monitoring beobachtete und analysierte jugendschutz.net im Vorjahr knapp 2.600 rechtsextreme URLs. Rechtsextreme Inhalte müssen dabei – im realen Leben wie im

---

[14] Ein entsprechendes Online-Formular ist unter der URL http://www.jugendschutz.net/hotline online.

Internet –, auch wenn dies unerträglich scheinen mag, im Rahmen des Rechts auf freie Meinungsäußerung toleriert werden, solange nicht gegen Strafrecht oder Jugendschutzbestimmungen verstoßen wird. Gegen unzulässige Inhalte auf solchen Websites ist jugendschutz.net auch 2006 erfolgreich vorgegangen: vier von fünf unzulässigen rechtsextreme Angebote im In- wie im Ausland wurden durch die Intervention von jugendschutz.net entfernt[15].

Um Rechtsextreme im Web effektiv bekämpfen zu können, bedarf es internationaler Kooperationen. jugendschutz.net hat daher vor fünf Jahren das International Network against Cyberhate (INACH) mitbegründet. Diesem Netzwerk antirassistischer Internet-Hotlines gehören mittlerweile 15 Mitgliedsorganisationen aus ebenso vielen Nationen an[16]. Diese Zusammenarbeit hat die Arbeit gegen Rechtsextremismus im Internet weiter effektiviert. Neben dem gemeinsamen druckvollen Vorgehen gegen unzulässige Angebote bietet INACH seinen Mitgliedern einen kollektiven Erfahrungsschatz an best-practice-Möglichkeiten, technischen Kenntnissen und pädagogischen Fähigkeiten. Diese Erfahrungen werden auch über internationale Workshops weitergegeben und ausgetauscht.

Ein Beispiel effektiver Netzwerkarbeit war die Sperrung des bei einem argentinischen Neonazi-Providers gehosteten „Anti-Antifa Network". Hier wurden Hasslisten von „Gegner" publiziert, die zahlreiche persönliche Daten sowie die Aufforderung zu Gewalt gegen die Betroffenen enthielten. Da das Anschreiben eines Szene-Providers kaum Erfolg versprechend ist, suchte jugendschutz.net andere Möglichkeiten, um gegen diese Inhalte vorzugehen. Als effektiv erwies sich hier die Beschwerde bei dem Unternehmen, bei dem der rechtsextreme Provider seine Server gemietet hat – von diesem wurde er nach Beschwerden von jugendschutz.net gezwungen, die Anti-Antifa-Site sowie diverse andere deutschsprachige Sites zu löschen. Ohne die Kooperation mit einer spanischen Partner-Hotline, die die Übersetzung des Schriftverkehr und der Geschäftsbedingungen verschiedener involvierter Firmen übernahm, wäre dieser Erfolg nicht möglich gewesen. INACH betreibt darüber hinaus politisches Lobbying zu einer Harmonisierung der internationalen Normen gegen Hass im Internet und versucht, auf Ebene der EU und OSZE ein gemeinsames Vorgehen der Staatengemeinschaft gegen Cyber-Hate zu erreichen.

Prävention durch Medienpädagogik

Ein maßgeblicher Ansatzpunkt im Kampf gegen Rechtsextremismus im Internet ist die Sensibilisierung von Jugendlichen und Erwachsenen für die Prob-

---

[15] Vgl. jugendschutz,.net: Erfolgreich gegen Rechtsextremismus im Internet. Ergebnisse der Arbeit des entimon-Projekts von jugendschutz.net im Jahr 2006; Mainz 2007; S.; http://www.jugendschutz.net/pdf/re_kurzbericht_06.pdf
[16] Vgl. http://www.inach.net/?link=nodes

lematik rechtsextremer Propaganda und Möglichkeiten der Auseinandersetzung damit. Veranstaltungen und Workshops über Rechtsextremismus im Internet und den medienkompetenten Umgang mit Hass im Internet sowie die Konzeption und Erprobung von Praxismodulen sind medienpädagogische Schwerpunkte von jugendschutz.net. Zielgruppen dieser Arbeit sind Jugendliche, Multiplikatoren, Polizei und Strafverfolgung. Der Bedarf an Informationen und Weiterbildung zum Themenbereich Rechtsextremismus im Internet ist konstant hoch, und die entsprechenden Anfragen an jugendschutz.net übersteigen bei weitem die personellen Kapazitäten. Deshalb setzt jugendschutz.net verstärkt auf die Integration dieses Thema in den Ausbildungskanon von Pädagoginnen und Pädagogen. Wie dies aussehen kann, ist im Buch „Erlebniswelt Rechtsextremismus"[17] dokumentiert, das die Ergebnisse einer Seminarreihe zusammenfasst, die jugendschutz.net gemeinsam mit dem Verfassungsschutz Nordrhein-Westfalen organisiert hat und in deren Rahmen angehenden Pädagoginnen und Pädagogen praxisrelevantes, inhaltliches und methodisches Wissen zum Thema Rechtsextremismus vermittelt wurde. Über die Hälfte der Seminarteilnehmenden haben daraufhin im Seminar erarbeitete Projekte an Schulen durchgeführt. Ob durch Maßnahmen gegen Websites und ihre Betreiber oder durch Veranstaltungen, Workshops, Handreichungen für Jugendliche, Eltern und Multiplikatoren – die Arbeit von jugendschutz.net zeigt, dass Rechtsextremismus im Internet weder toleriert werden muss, noch dass eine Auseinandersetzung damit nicht möglich ist. Gerade das Medium Internet als jugendliches Medium bietet sich an, um positive Angebote, Informationsangebote und historische Wahrheiten aufzuzeigen, die Rechtsextremes entlarven helfen.

---

[17] Glaser, Stefan, Thomas Pfeiffer (Hg): Erlebniswelt Rechtsextremismus. Menschenverachtung mit Unterhaltungswert. Hintergründe, Methoden, Praxis der Prävention. Schwabach / Ts. 2007

Sabine May

„Wölfe im Schafspelz" – eine Informations- und Aufklärungskampagne gegen Rechtsextremismus

„Wölfe im Schafspelz", so lautet der Titel der Informations- und Aufklärungskampagne gegen Rechtsextremismus aus dem Programm Polizeiliche Kriminalprävention der Länder und des Bundes (ProPK). Die Kampagne, die im Auftrag der Innenministerkonferenz unter Beteiligung des Verfassungsschutzes, des Deutschen Forums für Kriminalprävention und unter Beteiligung der Kultusministerkonferenz entwickelt wurde, startete im Februar 2006.

Mit der Zielrichtung ausgelegt, ein deutliches Zeichen gegen Rechtsextremismus zu setzen, wurden zum einen interessante und geeignete Arbeitsmaterialien zusammengetragen und verteilt. Zum anderen wurde ein Kreativwettbewerb ausgeschrieben. So sollten vor allem junge Menschen und Multiplikatoren gewonnen werden, sich aktiv und kreativ mit dem Thema auseinanderzusetzen.

Medienpaket „Wölfe im Schafspelz"

Das Medienpaket „Wölfe im Schafspelz" ist ein Unterrichtspaket für Schülerinnen und Schüler ab 13 Jahren. Es enthält eine DVD mit zwei Filmbeiträgen sowie ein Begleitheft mit Hintergrundinformationen und vielen interessanten Anregungen und Vorschlägen für die Aufbereitung des Materials. Bei den beiden Filmbeiträgen handelt es sich um die Dokumentation „Rechtsextremismus heute – zwischen Agitation und Gewalt" und den Spielfilm „Platzangst".

Dokumentation „Rechtsextremismus heute – zwischen Agitation und Gewalt"

Die Dokumentation wurde von dem Politologen und Journalisten Dr. Rainer Fromm gestaltet und dauert etwa 27 Minuten. In einzelnen Sequenzen werden verschiedene Erscheinungsformen des „modernen" Rechtsextremismus aufgegriffen, wie beispielsweise das veränderte öffentliche Auftreten und der zunehmende Verzicht auf eindeutige Symbole und Zeichen. Die Dokumentation, die für Multiplikatoren und etwas ältere Schülerinnen und Schüler ab Klassenstufe 9 geeignet ist, liefert Informationen zur Struktur des Rechtsextremismus sowie zu Personen und Argumentationsmustern. Neben rechtsextremen Akteuren kommen auch Aussteiger aus der rechtsextremistischen Szene zu Wort, die die Gefährlichkeit der Rechten untermauern. Der Beitrag zeigt zudem, wie die rechte Szene versucht, junge Menschen über Musik CDs, über Konzerte, über das Internet oder über vielseitige Freizeitangebote zu erreichen und ihr rechtsextremes Gedankengut zu verbreiten. Am Ende der Dokumentation heißt es: „Rechtsextreme haben die Zeichen der Zeit erkannt. Sie ködern

Jugendliche mit Musik und Kultur, allen voran die NPD. Ihre Saat scheint aufzugehen: Immer mehr Erstwähler geben diesen Parteien ihre Stimme. Das macht diese Entwicklung so brandgefährlich." Umso wichtiger ist es, das Thema aufzugreifen und mit jungen Menschen über dessen Erscheinungsformen, über die Botschaften der Rechtsextremisten und insbesondere über die Gefahren ins Gespräch zu kommen.

Spielfilm „Platzangst"

Der Film „Platzangst" ist von der Schauspielerin und Regisseurin Heike Schober mit Unterstützung des Produzenten Rene Zeuner gemacht und basiert auf einem gleichnamigen Theaterstück. Er dauert 64 Minuten, ist für Jugendliche ab 13 Jahren geeignet und bietet viele interessante Ansatzpunkte für Gespräche und Diskussionen.

Der Film erzählt in erster Linie die Geschichte einer jungen Liebe, die sich tatsächlich so in der Stadt Brandenburg zugetragen hat, zeigt aber auch die politischen Identitätsprobleme des 16jährigen Hauptdarstellers Martin, der aus normalen Verhältnissen stammt, zu einer rechten Clique gehört und sich entsprechend kleidet. Martin verliebt sich in Marina, die in Russland geboren und mit ihren Eltern als Spätaussiedlerin nach Deutschland gekommen ist. Martin weiß zunächst nichts von Marinas Herkunft. Das erfährt er von seiner rechtsorientierten Clique, deren Mitglieder ihn zur Rede stellen. Der völlig überraschte Martin wirft Marina daraufhin vor, ihm nicht die Wahrheit gesagt zu haben. Auf Marinas Frage, was das zwischen ihnen ändere, weiß Martin keine Antwort. Von seiner Clique bedrängt mit der „Russin" Schluss zu machen, wird Martin zunehmend verunsichert. Er weiß nicht was er tun soll und gerät dabei zunehmend in den Konflikt sich zwischen seiner Treue zur Clique, die sich durch ein hohes Zusammengehörigkeitsgefühl, Kameradschaft, Stärke und die Bereitschaft zur Gewaltanwendung auszeichnet und seinen Gefühlen, sich für Marina entscheiden zu müssen.

Der Film zeigt Martins Alltag in der Schule und in der Clique. Martin ist ein schlechter Schüler, er geht auch nicht gerne zur Schule und ist eher unzuverlässig. Martin, der eher zurückhaltend auftritt und auch künstlerische Talente zeigt, versucht in der rechten Clique Anerkennung zu finden. Die Clique akzeptiert Martin, macht sich jedoch über ihn lustig, als er sich entschließt bei einer Theatergruppe mitzumachen. Hier trifft er Marina zum ersten Mal, die er später bei einer Party näher kennen und lieben lernt.

Martin begeistert sich zunehmend für die Theatergruppe und findet dort für seine Fähigkeiten insbesondere als Techniker Anerkennung. Auch seine Zugehörigkeit zur rechten Szene führt hier nicht erkennbar zur Ablehnung. In der Leiterin der Theatergruppe erfährt er zudem eine angenehme Gesprächspartnerin, die ihm sogar ihre Hilfe anbietet. Als die Clique von Marinas Herkunft erfährt, wird Martin zunehmend angefeindet. Er soll mit Marina Schluss machen. Unsicher, was er tun soll, hält er sich von allen fern.

In der Folge spitzt sich die Geschichte des Films immer weiter zu. Es kommt zu einem „Showdown", der das Ende bewusst offen lässt. Wie wird Martin sich am Ende entscheiden? Wie könnte die Geschichte weitergehen? Wie würden sich die jungen Menschen an Martins Stelle entscheiden? Einige von vielen weiteren interessanten Fragestellungen und Möglichkeiten, die der Film für die Aufbereitung mit Jugendlichen bietet. Wie die meisten jungen Menschen strebt der Protagonist Martin nach Anerkennung und sucht seinen Platz im Leben. So fällt es auch nicht sonderlich schwer, sich mit Martin zu identifizieren. Der Film bietet keine einfachen Antworten oder vereinfachenden Erklärungen. Er wirft vielmehr etliche Fragen auf, die die jungen Menschen beschäftigen und die der Prozess des Erwachsenwerdens mit sich bringt. „Platzangst" ist ein Film, der keinen erhobenen Zeigefinger trägt und so einen vorurteilsfreien Zugang zu diesem Thema schafft.

Kreativwettbewerb „Zivilfahnder sucht Filmemacher"

Im Frühjahr 2006 startete ein bundesweiter Kreativwettbewerb, der von der Initiative SCHAU HIN! und ihrem Botschafter, dem Schauspieler Till Demtrøder sowie der Softwarefirma MAGIX unterstützt wurde. Bundesweit waren alle jungen Menschen von 13 bis unter 18 Jahren aufgerufen, sich als Team, als Klasse, Verein, Schule oder sonstige Gemeinschaft mit dem Thema Rechtsextremismus auseinanderzusetzen. Sie sollten bis Mitte Oktober 2006 einen Videospot von maximal 60 Sekunden drehen, der das Thema „Gegen Rechtsextremismus und seine neuen Erscheinungsformen" kurz und prägnant in Szene setzt. Attraktive Preise wurden ausgelobt. So gab es als ersten Preis 1000 Euro sowie die Neuverfilmung des Spots durch ein professionelles Filmteam zu gewinnen.

Bundesweit gingen insgesamt 184 Filmspots ein, davon alleine 30 Einsendungen aus Rheinland-Pfalz. Im Mai 2007 wurden die Preisträger des Wettbewerbs geehrt. Umso erfreulicher, dass eine rheinland-pfälzische Schule mit ihrem Spot und der Botschaft „Sei kein dummes Schaf und lass dich nicht verführen" den zweiten Platz belegte und einen Drehtag mit Till Demtrøder in Hamburg gewinnen konnte.

Das Ergebnis kann sich insgesamt sehr gut sehen lassen. In ihren Spots senden die Schülerinnen und Schüler klare Botschaften gegen Rechts und warnen in eindringlichen Appellen vor den Gefahren und Verharmlosungstendenzen. Und genau das war Ziel des Wettbewerbs: Die Jugendlichen sollten nicht nur „passiv" Informationen zum Rechtsextremismus konsumieren, sondern selbst Botschaften und Inhalte entwickeln. Und die Botschaften der jungen

Menschen sollen natürlich auch die Gleichaltrigen zum Nachdenken und zur kritischen Diskussion des Themas anregen. So wird als ein weiterer Baustein der Initiative ein Teil der bundesweit eingereichten Spots aufbereitet und den Schulen für den Unterricht zur Verfügung gestellt.

Das Medienpaket „Wölfe im Schafspelz" wurde bundesweit an weiterführende Schulen verteilt. Weitere Informationen zum Thema Rechtsextremismus und zu vielen anderen Themen unter www.polizei-beratung.de

Angelika Stock

Kommunale Kriminalprävention als Netzwerkarbeit

Rechtsextreme Einstellungen und Haltungen in der Gesellschaft zu verändern ist ein schweres Geschäft. Die Aussage „Rechtsextremismus lebt in und von der Mitte der Gesellschaft" kann jeder täglich erfahren, der Bus und Straßenbahn fährt, in Mittagspausen in der Kantine sitzt, bei Familienfeiern den Gesprächen lauscht oder Talkshows der auch etwas anspruchsvolleren Kategorie zuschaut.

Aktionsprogramme gegen Rechtsextremismus, Fremdenfeindlichkeit und Antisemitismus in Form von Initiativen und Bundesprogrammen werden aufgelegt, zeitlich befristet und laufen dann aus. Weitere werden initiiert: mit neuen Modellen und in anderen Orten. Bei vielen Akteuren vor Ort ist der Eindruck entstanden, dass Gelder und Maßnahmen immer dann eingesetzt werden, wenn es einen gewalttätigen Vorfall gegeben hat, der medienwirksam an die Öffentlichkeit gelangte.

Das Deutsche Jugendinstitut München forschte über Täterbiografien und setzt sich für eine frühzeitige und andauernde Prävention ein. Dabei stehen für sie nicht nur die Kinder im Mittelpunkt, vielmehr bedürfen auch Eltern, Erzieher/innen und Lehrkräfte der Nachhilfe[1]. Der Bedarf ist da. Er ist eindeutig formuliert. Probleme sollen gesamtgesellschaftlich und nachhaltig angegangen werden. Wer soll das in welcher Form leisten?

Die Rolle der Kommunen

„Es gibt eine tiefe Sehnsucht nach innerer Sicherheit, die noch weiter wachsen wird – in dem Maße nämlich, in dem Wohlstand und die gewohnte Ordnung bedroht sind oder nur zu bedroht scheinen. Der Staat hat die Pflicht, diese Nachfrage zu bedienen; zu diesem Zweck ist er Träger des Gewaltmonopols. Es geht darum, wie er diese Nachfrage befriedigt."[2] Es geht nicht nur um Rohheitsdelikte oder gar Terror. Die Menschen sind für Fragen der sozialen Ordnung höchst sensibel geworden. So manche Meldung bei Polizei und Kommune befindet sich auf einer Ebene, die deutlich unter der straf- und ordnungsrechtlichen Grenze liegt. Sicherheit und das Sicherheitsgefühl können weder Polizei, Ordnungsämter oder die Sozialarbeit allein beeinflussen. Das ist jedem klar, der um die Vielschichtigkeit von sozialen Rahmen- und Sozialisationsbedingungen der Menschen weiß.

---

[1] Vgl. Klaus Wahl: Vertragen oder schlagen? Berlin 2007 aus Klaus Wahl: Fremdenfeindliche Täter. In: APuZ 31/2007
[2] Heribert Prantl: http://www.bpb.de/themen/P15A3Q,0,Mechanismen_der_Angst.html Abruf 08.10.2007

Eine Möglichkeit, Strukturen für nachhaltige Präventionsarbeit zu schaffen, sind kommunalpräventive Räte. Im internationalen Vergleich gesehen, war Deutschland lange Zeit darin ein Entwicklungsland. Erst in den 1990er Jahren kam dieses Thema in den bundesdeutschen Kommunen auf die Agenda. In Ludwigshafen wurde 1994 das erste Gremium dieser Art in Rheinland-Pfalz gegründet, heute sind es allein in diesem Bundesland mehr als 92 Gremien dieser Art. In Deutschland sind es mehr als 2.000. Kommunale Kriminalprävention ist eine freiwillige Aufgabe. Seit März 2004 ist in § 1 Abs. 8 Polizeiordnungsgesetz (POG) die Einrichtung eines kriminalpräventiven Rates als Kann-Vorschrift geregelt. Keine Kommune muss jedoch ein derartiges Gremium einrichten. Schon gar nicht ist festgelegt, wie eine solche Aufgabe umsetzt werden soll. Fragen nach Themenschwerpunkten, Organisationsstrukturen und Finanzierung bleiben unbeantwortet. Entscheidet sich eine Kommune für die Einrichtung eines kommunalpräventiven Rates, dann entscheidet sie mit der strukturellen Einbindung gleichzeitig über seine Programmatik. Die Anbindung in einem Sozialdezernat generiert andere Schwerpunkte und Sichtweisen als wenn die Anbindung an ein Ordnungsamt erfolgt. In Ludwigshafen ist man seit jeher der Auffassung, dass alle Probleme im Kern mit gesellschaftlichen Bedingungen zu tun haben. Die Projekte und Angebote sind daher sehr eng mit dem Jugend- und Sozialbereich verbunden. Lernen ist ein Leben lang möglich. Die Angebote beziehen sich daher auf Menschen jeden Alters und jeder Herkunft.

Wertewandel! Ja, und wer macht die Arbeit?

Der Wertewandel und die Individualisierungsprozesse der Gesellschaft haben u.a. bewirkt, dass die Identifikation mit Institutionen, die hierarchische Strukturen aufweisen, wie Vereinen, Kirchen, Verbänden, sinkt. Neben befriedigenden sozialen Bezügen in festen Gruppen müssen die Aktivitäten auch den Akteuren selbst etwas bringen. Ob, wofür und für wie lange Bürger/innen sich politisch und gesellschaftlich beteiligen wollen, das sind höchst individuelle Entscheidungen geworden, die einem Kosten-Nutzen-Denken unterliegen.[3]

Gleichzeitig formulieren Bürgerinnen und Bürger sehr deutlich, dass sie Maßnahmen zur Stärkung der Sicherheit in der Stadt erwarten. Nicht nur die Sicherheitslage, auch das Sicherheitsgefühl soll möglichst positiv sein und im Fokus von Politik und Polizei stehen. Beide Faktoren – Sicherheitslage und – Gefühl sind zu bedeutenden Standortfaktoren für die Wirtschaft geworden und seit langer Zeit offensiv benannt und gefordert. Gerade für Städte wie Ludwigshafen, die im Interesse einer weiteren Diversifizierung der Wirtschaft neue Ansiedlungen von Industrie, Handel und Technologien fördern muss, ist der Sicherheitsaspekt von herausragender Bedeutung. Öffentliche Sicherheit ist

---

[3] vgl. Schultze 1998: Partizipation. In: Dieter Nohlen (Hrsg.) 2002 Kleines Lexikon der Politik

zu einem elementaren und eigenständigen Merkmal und Indikator von Lebensqualität von Menschen in Städten und Regionen geworden.

Institutionen wie Schulen, Kindertagesstätten, Seniorenverbänden, aber auch Eltern und Schülerinnen und Schüler formulieren offensiv Bedarf nach Gewalt- und Suchtprävention oder nach Angeboten, die die Menschen fit machen im Umgang mit menschenverachtenden Parolen. Schaut man sich Täterbiografien[4] an, dann wird klar, dass Prävention alle Ebenen der Sozialisation umfassen muss. Kindertagesstätten, Schulen, Jugendfreizeitstätten müssen sich dafür verantwortlich zeichnen, demokratische Werte zu vermitteln und Zivilcourage vorzuleben und einzuüben.

Bürger/innen in die kommunalpräventive Arbeit einzubinden, ist ein zentrales Anliegen vieler Präventionsräte. Dennoch müssen viele Gremien feststellen, dass es nur schwer gelingt, Bürger/innen für kommunale Präventionsarbeit zu gewinnen.[5] Das ist in Ludwigshafen nicht anders. Wer sich beteiligt, sind in erster Linie Vertreter/innen aus Kommune, Polizei, freien Trägern, Verbänden und Wirtschaft. Also Funktionsträger/innen, die von ihren Vorgesetzten in die Arbeitskreise geschickt werden.

---

[4] vgl. Klaus Wahl (Hrsg.): Fremdenfeindlichkeit, Antisemitismus, Rechtsextremismus. Drei Studien zu Tatverdächtigen und Tätern, Berlin 2001; ders. (Hrsg.): Skinheads, Neonazis, Mitläufer, Täterstudien und Prävention, Opladen 2003
[5] vgl. Verena Schreiber: Lokale Präventionsgremien in Deutschland. Institut für Humangeographie. Frankfurt am Main, 2007 (=Forum Humangeographie 2)

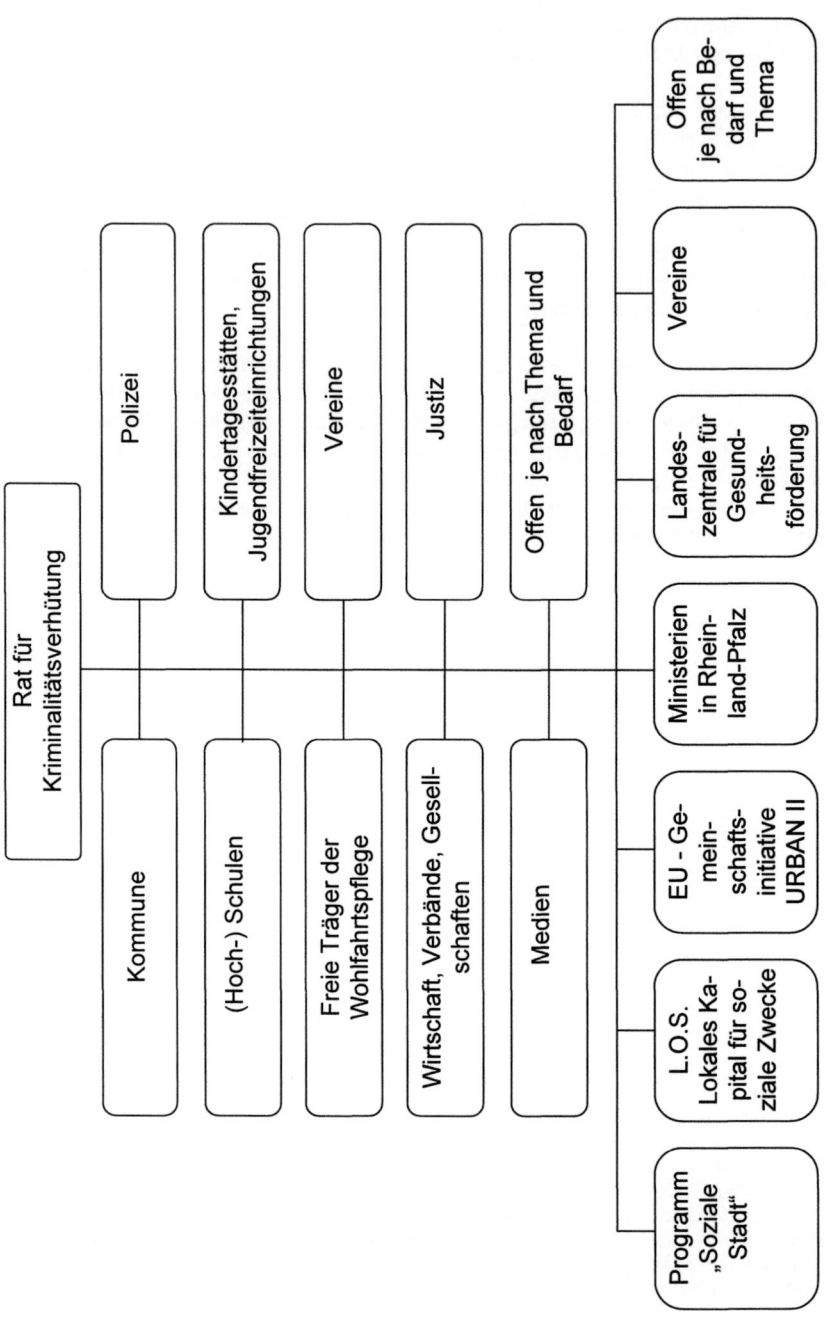

Abbildung 1: eigene Darstellung der Autorin (Stand Oktober 2007)

Das Schaubild zeigt die Akteure (vertikale Anordnung) des Kommunalpräventiven Rates der Stadt Ludwigshafen. Unter dem Motto „Gemeinsames Handeln Vieler" sind alle Arbeitsgruppen interdisziplinär besetzt. Sie widmen sich selbst definierten Themen rund um Gewalt und Sucht, Stammtischparolen und Seniorensicherheit, Schuleschwänzen und Interkultureller Kompetenz. Gerade wenn die Bindekraft von Einzelnen gegenüber Institutionen abnimmt, muss die Bindekraft zwischen den Institutionen gestärkt werden. Ein Nebeneinanderher war noch nie sinnvoll, jetzt aber ist es schlicht schon aufgrund enger werdenden personellen und finanziellen Ressourcen nicht mehr möglich. Kluge Vernetzung und Koordinierung von Aufgabenverteilung sind zwingend erforderlich.

Woher kommen die finanziellen Mittel? Im Schaubild (horizontale Anordnung) sind einige der Programme und Institutionen aufgeführt, die je nach Themen-Stellung projektbezogene Mittel in Ludwigshafen zur Verfügung stellen. Die Mittel aus den Programmen „Soziale Stadt" und „Urban II" sind Mischfinanzierungen aus Bund-Länder-Kommunal-Mitteln beziehungsweise Mittel aus der Europäischen Union (EU). Die finanzielle Grundlage kommunalpräventiver Gremien sollte auf mehreren Füßen stehen. Neben einem festen Grundetat ist es sinnvoll, weitere Partner für die Finanzierung von Projekten einzubinden. Jeder Kooperationspartner steht mit seinem Namen für dieses Projekt ein. Das Image der Partner unterstützt das Präventionsanliegen und verhilft zu breiterer Öffentlichkeit.

Es ist auch in Ludwigshafen so, dass bis auf seltene Ausnahmen nur wenige Bürger/innen in der kommunalen Kriminalprävention agieren. Dennoch kommen sie in den Genuss der Arbeit. Durch Öffentlichkeitsarbeit, fortgebildete Lehrkräfte und Erzieher/innen, durch finanziell unterstützte Projekte in Schulen, Kindertagesstätten oder durch öffentliche Ausstellungen und Diskussionen. Fachkräfte externer Träger können dank ihrer Verbindungen durch die Arbeitsgruppenarbeit zu anderen Fachdiensten gezielter beraten. Dadurch werden beispielsweise Eltern von Jugendlichen mit rechtsextremen Neigungen direkt an die kompetenten Stellen geleitet. Erzieher/innen können in der Kindertagesstätte die Kinder, die durch ihr Verhalten auffallen, gezielter unterstützen und die Eltern beraten.

Voraussetzungen für einen lebendigen Kommunalpräventiven Rat

„Eine Organisation zustande zu bringen, die Prestige verleiht und die Loyalität der potentiellen Mitarbeiter gewinnt, ist eine komplizierte und schwierige Aufgabe, die gleichbedeutend ist mit der Herstellung umfassender und nicht bloß partieller Leistungsfähigkeit."[6]

Kein kommunales Präventionsgremium kann von heute auf morgen mit mehreren Arbeitsgruppen und der parallelen Bearbeitung verschiedener Themen aufwarten. Kein Gremium kann die in der Kommune identifizierten Problemlagen sofort oder auf Dauer lösen. Für den Anfang reichen ein oder zwei Arbeitsgruppen, die sich ein Ziel setzen. Ist dies erreicht, kann überlegt werden, wie weiter gearbeitet wird. Zwingende Voraussetzung für ein Kommunalpräventives Gremium ist ein politischer Wille, dauerhaft in die kommunale Kriminalprävention zu investieren. Sie muss Chefsache sein, nur dann sind auch Vorgesetzte von Fachabteilungen und Sachbearbeiter/innen gewillt, die Arbeit zu unterstützen. Sie darf von parteipolitischen Auseinandersetzungen nicht berührt werden und soll Kommune, Polizei und allen gesellschaftlichen Gruppen als Mitglieder und Akteure offen stehen. Und was lebt, muss auch sterben dürfen. Das gilt auch für Organisationen und ihre Projekte und Angebote. Bedarfe ändern sich. Darauf muss reagiert werden. Die Grundstruktur des Rates für Kriminalitätsverhütung der Stadt Ludwigshafen ist mit relativer Konstanz ausgestattet. Projektarbeitsgruppen werden erst dann fest institutionalisiert, wenn ihre dauerhafte Zusammenarbeit nahe liegt. Darüber hinaus werden in freien Arbeitsgruppen Themen bearbeitet, die voraussichtlich nur für eine befristete Zeit auf der Agenda stehen.

Organisationszweck

Für alle Akteure muss ein gemeinsames Ziel definiert sein, das ihnen bekannt ist. Der Auftrag des Rates für Kriminalitätsverhütung der Stadt Ludwigshafen impliziert sechs Anliegen:

- Analyse der Ludwigshafener Sicherheitslage
- Erhöhung des Sicherheitsgefühls und der Sicherheitslage
- Installierung und Pflege einer gesamtgesellschaftlichen Plattform zur Zusammenarbeit für eine zielgruppengerechte und zieldefinierte Präventionsarbeit
- Erarbeitung und Förderung von Konzepten und Umsetzung von Projekten der Präventionsarbeit
- Austausch und Weiterentwicklung der Präventionsarbeit im Sinne der aktuellen und gültigen Standards
- Regionale und bundesweite Netzwerkarbeit, Öffentlichkeitsarbeit und Herausgabe von Publikationen, Initiierung und Unterstützung von lokalen und landesweiten Kampagnen zur Prävention.

---

[6] Barnard, Chester I. 1970: Die Führung großer Organisationen. Essen (amerikanisches Original: The Functions of the Executive von 1938) zitiert nach Bogumil, Jörg; Schmid, Josef 2001: Politik in Organisationen, Leske + Budrich

Bereitschaft zur Kooperation

Kommunale Kriminalprävention lebt durch Zusammenarbeit zwischen den unterschiedlichen Institutionen und Ressorts. „Gut bekannt sind noch die Zeiten, in denen es zwischen Polizei und sozialer Arbeit scharfe Trennungslinien gab. Man könnte sie auch als opponierende Parteien bezeichnen. Auf der einen Seite die Polizei, die ihr Legalitätsprinzip mit dem Zwang zur Strafverfolgung betont und den Schutz des Staates in den Mittelpunkt stellte. Auf der anderen Seite die soziale Arbeit, die Beratung, Hilfe und Verständnis fokussierte und Gesellschaftskritik übte."[7]

Die Aufgabenbereiche sind klar definiert und zwischen den Professionen abgegrenzt. Was sich im Laufe der jahrelangen Zusammenarbeit entwickelt hat, ist ein hohes Maß an Akzeptanz und der Bereitschaft miteinander zu kooperieren. Ressentiments haben sich deutlich reduziert, oftmals aufgelöst. Vertrauen hat sich in vielen Momenten der Zusammenarbeit gebildet. Es ermöglicht, auch mal den kleinen Dienstweg zu nehmen, um Meinungen und Sichtweisen auszutauschen und Absprachen zu treffen.

Leistungsfähigkeit und Wirksamkeit

Mitglieder einer Projektarbeitsgruppe, die ihre Ziele erreichen und ihre Vorstellungen umsetzen können, erleben sich als selbstwirksam. Ergebnisse können sich sehen und vorzeigen lassen. Im guten Fall haben die Akteure ihre Kompetenzen in die Gruppe eingebracht und mit den Mitstreiter/innen fachlich und persönlich neue Erfahrungen gesammelt. Sie sind Teil eines Netzwerkes, bekommen Anregungen und Austausch und bieten beides im Gegenzug anderen an. Vielfach unterschätzt ist die Tatsache, dass ein Rat für Kriminalitätsverhütung seine Binnensoziologie fördern muss. Mitglieder von Projektarbeitsgruppen benötigen Fortbildungen, Tagungen oder auch mal Supervision, um leistungsfähig zu bleiben. Aus dem Etat des Rates für Kriminalitätsverhütung werden jährlich derartige Maßnahmen unterstützt. So bekommt das Tandem aus Polizist und Lehrer, das ein Antigewalt- und Deeskalationstraining anbietet, Supervision in der städtischen Erziehungsberatungsstelle. Die Moderator/innen des Argumentationstrainings gegen Stammtischparolen erhalten jährliche Fortbildung in Kommunikationstechniken oder ein Coaching. Die Projektarbeitsgruppe Sucht erfährt finanzielle Unterstützung, um beispielsweise an externen Fachtagungen teilzunehmen. Die Möglichkeit der Fortbildung steht allen Projektarbeitsgruppen zur Verfügung. Im Rahmen von Plenumssitzungen referieren regelmäßig externe Fachleute zu aktuellen Fragen, um das Wissen aller Mitglieder zu erweitern und neue Impulse für die Kommunale

---

[7] Sozialdezernent Wolfgang van Vliet in der Festrede anlässlich des Jubiläums „10 Jahre Rat für Kriminalitätsverhütung" Stadt Ludwigshafen/Rhein am 05.02.2004

Kriminalprävention zu liefern. Der Gewinn für die Mitglieder ist ihre Kompetenzerweiterung. Und diese bringen sie in die Tätigkeit ihrer Projektarbeitsarbeitsgruppe und gleichermaßen in ihre eigenen Institutionen ein. Dieser Input ist für viele Akteure und beteiligte Institutionen Motivation und Anerkennung zugleich und ermöglicht es einem kommunalpräventiven Gremium in fachlichen Austausch dezernats-, ressort- und trägerübergreifend zu agieren.

Blitzlichter aus Angeboten des Rates für Kriminalitätsverhütung

Der Rat für Kriminalitätsverhütung der Stadt Ludwigshafen arbeitet in sieben auf Dauer angelegten Projektarbeitsgruppen, die in Abbildung 2 aufgeführt sind. Vorsitzende ist die Oberbürgermeisterin, ihre Stellvertretung sichern der Sozialdezernent und der Polizeipräsident. Alle Projektsarbeitsgruppen sowie die Geschäftsführung sind paritätisch von Kommune und Polizei besetzt. Das Projektplanungsteam fungiert als Steuerungsgruppe. Aus allen Projektarbeitsgruppen ist ein Akteur dort vertreten. Hier werden Plenumssitzungen vor- und nachbereitet, strategische Planungen erarbeitet und Schwerpunktthemen festgelegt.

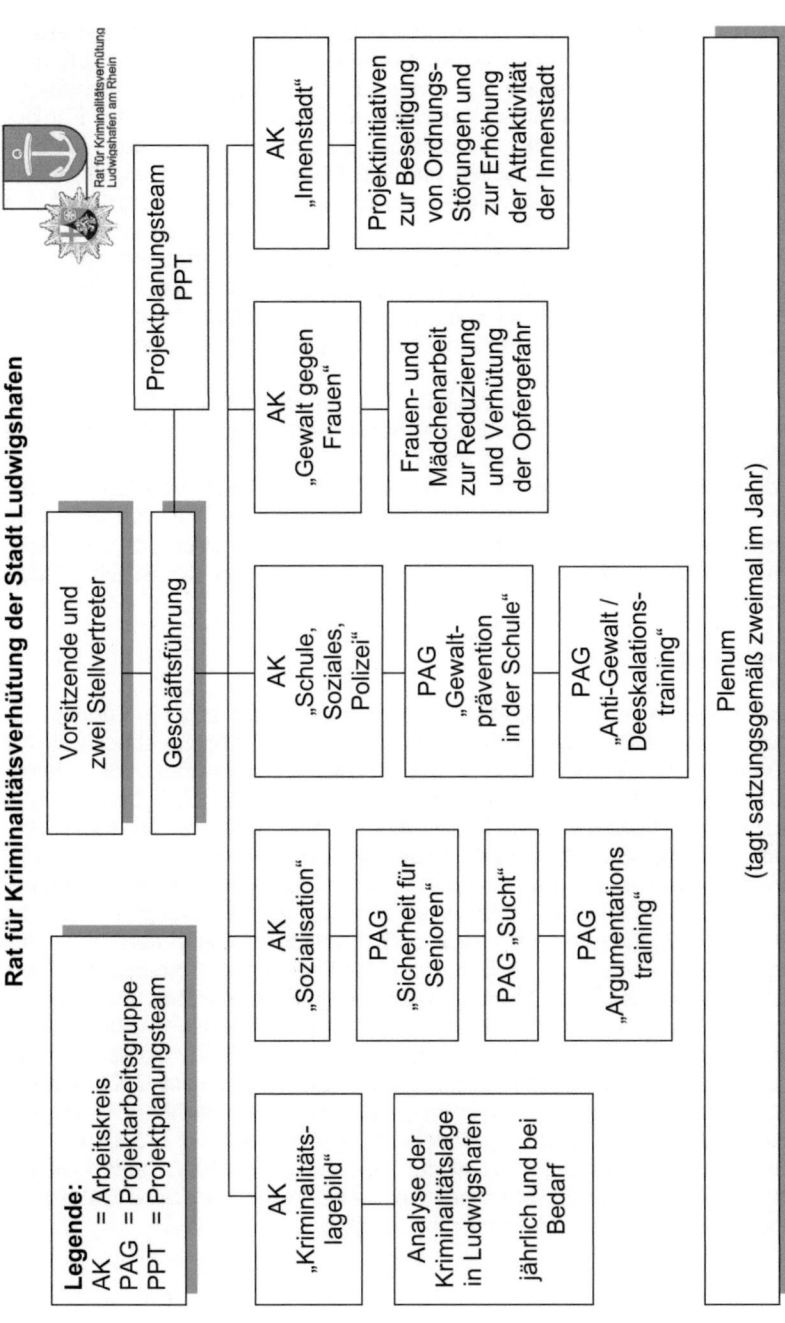

Abbildung 2: Organigramm Rat für Kriminalitätsverhütung Stadt Ludwigshafen (Stand 2007)

Im AK Kriminalitätslagebild geht es um die Analyse der lokalen Sicherheitslage. In den zwei Mal jährlich stattfindenden öffentlichen Plenumssitzungen stellt das Polizeipräsidium Rheinpfalz ein Lagebild vor, deren themenspezifische Ausrichtung sich jeweils am Schwerpunktthema der Sitzung orientiert. Für Zusammenstellung und Bewertung der Statistik gilt der Grundsatz, dass im Umgang mit kriminalstatistischen Zahlen höchste Sorgfalt geboten ist, um keine falschen Schlüsse zu ziehen. Die Daten werden von Experten interpretiert und interdisziplinären Betrachtungen unterzogen. Aussagen zur Kriminalitätsbelastung werden nur auf der Basis differenzierter Sonderauswertungen getroffen. Der Blick auf andere Statistiken, Einzelbetrachtungen und die Berücksichtigung längerer Zeiträume sind dabei maßgeblich. Ein Lagebild kann von allen Projektarbeitsgruppen für ihre Themenbearbeitung erbeten werden.

Darüber hinaus werden im Kommunalen Präventionsgremium Themen bearbeitet, die keiner bereits bestehenden Arbeitsgruppe zugeordnet sind. Diese freien Arbeitsgruppen fungieren als Satelliten. Sie wurden von der Geschäftsführung direkt initiiert und sind bis auf weiteres zeitlich befristet. Die Entscheidung, ob und in welcher Form ein Thema bearbeitet wird und in den Status einer Projektarbeitsgruppe mündet, entscheiden die Mitglieder der jeweiligen Arbeitsgruppe. Zu diesen Satelliten gehört beispielsweise die Arbeitsgruppe Schuleschwänzen.

Schuleschwänzen

Eine Analyse des Schulentwicklungsplanes aus dem Jahr 2003 in Ludwigshafen zeigte, dass die Zahl der Schulabgänger ohne Hauptschulabschluss bei über 15 % liegt. In manchen Schulen lag sie zeitweise bei über 27%. Gleichzeitig konnte eine Steigerung in der Zahl der verhängten Bußgelder wegen fortgesetzter Schulversäumnisse konstatiert werden. Beides: Schulversäumnisse und fehlender Schulabschluss bilden ein hohes Gefährdungspotenzial für Jugendliche, auf Dauer ins gesellschaftliche Abseits zu geraten. Es ist ein Symptom für Schwierigkeiten und eine Form der Verweigerung, mittelfristig schwerwiegende Konsequenzen haben. Sozialhilfe, Maßnahmen über das Kinderjugendhilfegesetz, spätere Einkommensverteilung und mangelnde Teilhabe stehen in unmittelbaren Zusammenhang mit Zufriedenheit und Lebenschancen. Sie stehen auch in Wechselwirkung mit einer Wertevermittlung bis in die folgenden Generationen. Junge Menschen ohne Schulabschluss sind im Arbeitsmarkt kaum zu vermitteln. Die Aussicht, auf Dauer vom Staat alimentiert zu werden, ist sicherlich kein Beitrag zum Selbstwertgefühl. Wer ist verantwortlich? Lehrkräfte, Eltern, Jugendliche, Institutionen wie Jugend- und Schulämter, außerschulische Partner für Hausaufgabenhilfen oder Freizeitbetreuung? Klar ist, ohne Zusammenarbeit, ohne Vernetzung aller Beteiligten sind weder Prävention noch Veränderung möglich.

Der Rat für Kriminalitätsverhütung der Stadt Ludwigshafen gründete zu dem Thema eine interdisziplinäre Arbeitsgruppe, in der Vertreter/innen von (Hoch-) Schulen, Jugendförderung, Sozialer Dienst des Jugendamtes, Polizei, Justiz und Schulpsychologischem Dienst zusammen kamen. Im Rahmen einer quantitativen und qualitativen Untersuchung wurde das Problem in Ludwigshafen beleuchtet und mittels einer Fachtagung bewertet. Handlungsschritte konnten erarbeitet werden, die eine Stärkung und bessere Information von Lehrkräften, Eltern und Jugendlichen ermöglicht. Eine Broschüre mit CD-Rom wird ab Winter 2007 Ludwigshafener Lehrkräften zur Verfügung stehen. Sie soll helfen, Schuleschwänzen schneller zu erkennen und mit Eltern, Jugendlichen und außerschulischen Partnern ins Gespräch zu kommen. Verbindliche Absprachen sollen formuliert und konsequent umgesetzt werden. Elternbriefe in sieben Sprachen[8] geben den Lehrkräften die Möglichkeit, auch nicht deutsch sprechende Eltern zu informieren. Parallel dazu entwickelten einzelne Schulen Konzepte wie sie schulintern mit dem Phänomen umgehen möchten. Das Amtsgericht zeigte sich bereit, bei Schulversäumnissen Anhörungen der Erziehungsberechtigten und der Jugendlichen anzusetzen, um auch von hier die Schulpflicht zu unterstreichen und gegebenenfalls Maßnahmen zu forcieren. Die Arbeit des Kommunalpräventiven Gremiums fungierte hier als Anstoß, aus dem in einer Reihe von schulischen und außerschulischen Bereichen Initiativen entwickelt wurden.

Interkulturelle Kompetenz

In der Stadt Ludwigshafen leben im Jahr 2007 rund 20% Nicht-Deutsche, davon ein großer Teil türkischer Migrant/innen. Demografische Studien gehen davon aus, dass im Jahr 2020 mindestens 50% aller Ludwigshafener Bürger/innen unter 40 Jahre einen Migrationshintergrund haben werden. Auf Initiative der Migrationsbeauftragten der Stadt Ludwigshafen in Zusammenarbeit mit der Rheinland-Pfälzischen Landesbeauftragten für Ausländerfragen und dem Rat für Kriminalitätsverhütung konnte die Interkulturelle Kompetenz in Stadtverwaltung und Polizei im Rahmen einer gemeinsamen Fortbildung aufgegriffen werden. Das Angebot richtet sich insbesondere an Personal aus Abteilungen und Einrichtungen mit intensivem Publikumskontakt – gerade auch mit Menschen unterschiedlicher Kulturen. In der Pilotphase des Projektes nutzten die Ausländerbehörde, Einbürgerungsstelle, Bürgerdienste sowie die Polizei das Angebot. Die Vermittlung sozialer Kompetenz stand dabei im Mittelpunkt und fokussierte im Wesentlichen kommunikative Fähigkeiten. Da Verwaltungen in ihrer Außenwirkung in der Öffentlichkeit eine wichtige Vorbildfunktion einnehmen, ist die Stärkung der kommunikativen, sozialen und interkulturellen Kompetenzen von Personal ein zentraler Baustein, wenn es um das Klima in der Gesellschaft und zwischen den Kulturen geht. Die Qualifizierungsmaßnahme trug auf der individuellen Ebene zum Abbau von Stress er-

---

[8] arabisch, deutsch, griechisch, italienisch, russisch, serbo-montenegrin, türkisch

zeugenden Verhaltensweisen im Umgang mit Klienten, Kollegen und Vorgesetzten bei. Die teilnehmenden Mitarbeiter/innen konnten in diesem Projekt eine Professionalisierung ihrer Kompetenzen in der Beratung von (schwierig erlebten) Klienten deutscher und nicht-deutscher Kulturen erwerben. Das interkulturelle Trainerteam arbeitete in einer Auftaktveranstaltung zunächst mit den Führungskräften und anschließend mit Mitarbeiter/innen auf der Sachbearbeiterebene. Das Projekt wird unter Bezuschussung von Landesmitteln weiter fortgesetzt.

Ganz normal anders

Feindselige Einstellungen gibt es nicht nur zwischen Individuen, sondern können sich auch auf gesellschaftliche Gruppen beziehen. Derartige Gruppenbezogene Menschenfeindlichkeit[9] kann jeden Menschen treffen, je nachdem, zu welcher Gruppe er gehört: behinderte, homosexuelle, andersfarbige, wohnungslose Menschen, Frauen, etc. Ergebnisse der Langzeitstudie „Gruppenbezogene Menschenfeindlichkeit" zeigt in der Entwicklung zwischen 2002 bis 2005 eine zum Teil wachsende Abwertung gegenüber schwachen Gruppen wie behinderte Menschen. Der Aktionstag „ganz normal anders" in Ludwigshafen findet jeweils am 2. Septemberwochenende in einem Stadtteil statt, in dem Behinderteneinrichtungen konzentriert sind. Der Tag wird gemeinsam gestaltet von Menschen mit und ohne Beeinträchtigung und soll dazu beitragen, äußere und innere Hemmschwellen abzubauen. Die Initiative führt seit vier Jahren das Bund-Länder-Programm „Soziale Stadt" und der Rat für Kriminalitätsverhütung gemeinsam durch und erfreut sich in der Bevölkerung großer Beliebtheit. Das Programm umfasst Bausteine aus Kultur, Sport, Unterhaltung, Spiel, Information und kulinarischen Genüssen. Auch hier arbeiten Polizei, Kommune, freie Träger und die Wirtschaft zusammen. Aus den Erfahrungen dieses Aktionstages zeichnete sich ein Bedarf von Sicherheitstrainings für behinderte Menschen ab. Für Rollstuhlfahrer/innen konnte in den letzten Jahren das Programm „Kampfkunst im Rolli" initiiert werden. Behinderte Menschen sind durch ihre Beeinträchtigung nicht automatisch potenzielle Opfer, sondern können mit und durch ihren Rollstuhl sehr viel mehr agieren als oftmals von ihnen selbst und ihrer Umgebung angenommen wird. Ziel ist es dabei nicht nur, dass sie sich im Ernstfall körperlich und technisch besser wehren können, sondern dass sie durch neue Erfahrungen zu höherem Selbstwertgefühl und Selbstbewusstsein im Alltag gelangen.

Infoveranstaltungen für Lehrkräfte

Von Seiten der Schulen wird immer wieder mitgeteilt, dass Lehrkräfte oftmals Unsicherheiten aufweisen, wie sie sich bei Jugenddelinquenz oder bei auftretenden Konflikten mit möglichem strafrechtlichem Hintergrund verhalten sollen.

---

[9] Vgl. www.kulturbuero-sachsen.de/dokumente/Heitmeyer.pdf Abruf vom 15.10.2007

Sollen sie einen Jugendlichen anzeigen, der eine Waffe mit in die Schule bringt? Muss ein Heranwachsender zwingend angezeigt werden, wenn er jemanden geschlagen hat? Was unterscheidet einen Freizeit- von einem Dauerarrest, der vom Jugendgericht auferlegt wurde? Erfährt die Schule davon? Was muss eine Lehrkraft tun, wenn sie sieht, dass ein Jugendlicher mit einem blauen Auge in die Schule kommt und er erzählt, sein Vater habe ihn wegen der fünf in Mathe geschlagen? Informationen über Jugenddelinquenz, Jugendstrafverfahren und Garantenstellung der Lehrkräfte (§ 13 StGB) werden in gemeinsamen Veranstaltungen von Polizei, Jugendstaatsanwalt und Jugendgerichtshilfe Lehrerkollegien vorgestellt. Fragen und Erfahrungen der Lehrkräfte werden hier diskutiert und beantwortet. Ziel ist, dass Lehrkräfte im Umgang mit o.g. Fragestellungen sicherer werden, sich untereinander konsultieren können und Ansprechpartner bei Polizei, Justiz und Jugendgerichtshilfe kennen lernen.

Schlussbetrachtung

Die Beispiele aus der kommunalpräventiven Praxis der Stadt Ludwigshafen/Rhein zeigen, dass es viele Möglichkeiten gibt, sich in einer Kommune der Prävention zu widmen und Strukturen aufzubauen. Engagement und Kreativität der Akteure fallen aber weder vom Himmel noch sind sie zum Nulltarif zu haben. Auch dieses Gremium arbeitet daran, engagierte Menschen zu finden, zu aktivieren und zu wertschätzen, die sich für das soziale Miteinander in der Stadt einsetzen. Die Rahmenbedingungen sind wie bei vielen Gremien dieser Art ähnlich: Kommunale Mittel sind begrenzt und bürgerschaftliches Engagement nur marginal vorhanden. Was geschaffen wurde, ist eine gesellschaftliche Plattform, auf der Menschen und Institutionen zusammen arbeiten. Gerade die Vernetzung eröffnet die Möglichkeit, Ressourcen zu bündeln und Zusammenarbeit zu einer win-win-Situation für Akteure und Bürger/innen zu machen.

Wenn wir wollen, dass in der gesellschaftlichen Entwicklung die Bevölkerungsschichten nicht auseinanderdriften zwischen denen, die sich private Security und Privatschulen leisten und denen, für die der "Rest" bleibt, wenn wir den Zusammenhalt der Gesellschaft und ein Miteinander behalten und fördern möchten, wenn wir wollen, dass Menschen sich für die Gesellschaft einsetzen, um dieses berühmte "Mehr als die Summe seiner Teile" zu erreichen, dann müssen wir Vernetzung und die Anerkennung von Engagement fördern.

Es gibt in der Kommunalen Kriminalprävention noch deutliches Entwicklungspotenzial. So könnte die systematische Einbindung von Kinder- und Jugendparlamenten ein Baustein sein, der bislang nur von wenigen Kommunalpräventiven Gremien[10] genutzt wird. Auch das Engagement von Senior/innen und lokalen Geschäftsleuten ist in vielen Fällen ausbaufähig. Weiterhin sollte die Kommunale Kriminalprävention mehr auf eine Interkommunale Zusammenarbeit setzen. Das Rad muss nicht neu erfunden werden. Eine Kooperation mit Nachbarstädten wird Netzwerke der Prävention stärken.

Bei der Projektauswahl und Umsetzung muss die Nachhaltigkeit im Auge behalten werden. Aus diesem Grund sind eine Mischung aus langfristigen Projekten, die am besten dauerhaften Angebotscharakter haben, und solchen mit Einzelaktionen zur Aktivierung und punktuellen Öffentlichkeitsarbeit zu unterscheiden. Beide haben ihren Wert und ihre Berechtigung. Auch aus Aktionstagen können Projekte und dauerhafte Entwicklungen entstehen. Dennoch muss die grundsätzliche Überlegung bei den Akteuren Einzug finden: Was kommt danach? Wie schaffen wir es, Veränderungen dauerhaft zu initiieren? Jedenfalls dann, wenn das gemeinsam definierte Ziel lautet: wir wollen eine demokratische und chancengerechte Gesellschaft.

Literatur

Bogumil, Jörg; Schmid, Josef 2001: Politik in Organisationen, Leske + Budrich

Ising, Josef; Ladinek, Hans Jürgen 2004: Deeskalationstraining. Handlungsorientierte Bausteine zur Gewaltprävention. Hrsg.: Rat für Kriminalitätsverhütung der Stadt Ludwigshafen/Rhein

Klaus Jensen Stiftung 2007: Abschlussbericht des Projektes Gewaltprävention in Rheinland-Pfalz. Hrsg. Ministerium des Innern und für Sport, Leitstelle Kriminalprävention. Wallstraße 3, 55122 Mainz

Landespräventionsrat Rheinland-Pfalz _ Leitstelle Kriminalprävention (Hrsg.) 2005: Projektmacher. Ideen, Strategien, Konzepte.
Bezugsadresse: Ministerium des Innern und für Sport, Leitstelle Kriminalprävention im Auftrag des Landespräventionsrates Rheinland-Pfalz, Wallstraße 3, 55122 Mainz

Lange, Erhard H.M. 2003: Zivilcourage im öffentlichen Dienst in Vergangenheit und Gegenwart. Schriftenreihe der Fachhochschule des Bundes für öffentliche Verwaltung. Band 40. Brühl/Rheinland

Nohlen, Dieter (Hrsg.) 2002: Kleines Lexikon der Politik. Lizenzausgabe der Bundeszentrale für politische Bildung. München: C.H. Beck

---

[10] Ein Beispiel dieser Einbindung bietet das Jugendparlament der Gemeinde Bobenheim-Roxheim.

Schreiber, Verena 2007: Lokale Präventionsgremien in Deutschland. Institut für Humangeographie. Frankfurt am Main (=Forum Humangeographie 2)

Stadt Ludwigshafen (Hrsg.) 2005: Fachtagung Schuleschwänzen. Theoretische Erklärungsmodelle und empirische Befunde zu schuldistanzierten Verhaltensweisen

Stadt Ludwigshafen (Hrsg.). Schulverweigerung: frühzeitig erkennen, schnell reagieren, vernetzt handeln. Ein Handbuch für die Praxis. Voraussichtlicher Erscheinungstermin: Dezember 2007

Zeitschriften

Aus Politik und Zeitgeschichte 31/2007 Antisemitismus

Aus Politik und Zeitgeschichte 37/2007 Fremdenfeindlichkeit und Gewalt

Internet

http://www.ludwigshafen.de/leben_in_ludwigshafen/soziales/krimirat/

www.kulturbuero-sachsen.de/dokumente/Heitmeyer.pdf Abruf vom 5.10.2007

www.bpb.de/themen/P15A3Q,0,Mechanismen_der_Angst.html
Abruf 8.10.2007

DVD

„Sprechen verstehen". Eine DVD in fünf Sprachen für Eltern- und Multiplikatorenarbeit in Kindertagesstätten zur Verbindung von Sprachentwicklung und Präventionsarbeit. Ausgezeichnet mit dem Landespräventionspreis 2006 des Ministeriums des Innern und für Sport, Leitstelle Kriminalprävention in Mainz. Bezugsadresse: Nidro Jugend- und Drogenberatungsstelle, Speyer und Germersheim. E-Mail: info-nidro-speyer@ludwigsmuehle.de

Hans Jürgen Ladinek

„Argumentationstraining gegen Stammtischparolen"[1] - eine Möglichkeit menschenverachtenden, (rechts-)extremistischen Äußerungen Paroli zu bieten

Wir wollen nicht, dass sich extremistisches Gedankengut in unserer Zivilgesellschaft breit macht, dass Mitbürgerinnen und Mitbürger anderer Herkunft/Nationalität mit erniedrigenden, verletzenden Aussagen konfrontiert werden, dass die „ParolenschwingerInnen" kein couragiertes Eingreifen erfahren, dass in unserer Gesellschaft Widerstand nur eine leere Worthülse bleibt. Wir wollen, dass Zivilcourage gelebte Selbstverständlichkeit wird, auch wenn es manchmal schwer ist, über seinen eigenen Schatten zu springen. Wir müssen unsere „eigene Schere im Kopf" wahrnehmen, wir müssen lernen zu erkennen, dass wir selbst vorurteilsbehaftet sind und uns von liebgewordenen Erklärungsmustern befreien müssen. Wer sich in der Arbeit gegen Rechtsextremismus engagiert, merkt sehr schnell, dass dieses Thema nicht alleine an den unbelehrbaren RechtsextremistInnen / Neonazis etc. festzumachen ist, sondern dass es in allen Schichten der Gesellschaft verortet ist. Sicherlich mag die Sprache in bestimmten Kreisen sehr unterschiedlich sein, der Inhalt ist oft der gleiche. Dies macht die Sache sicherlich nicht leichter, es erfordert ein genaues Hinschauen und Hinhören. Was sollen wir denn glauben, wenn wir, wie im Deutschen Fernsehen mit folgender Programmankündigung der Talk-Show „Sabine Christiansen" vom vorvergangenen Jahr konfrontiert werden:„Arm durch Arbeit – Reich durch Hartz IV?" Es ist für den Verfasser dieses Beitrages nicht nachvollziehbar, wie gleichgültig und unkommentiert anwesende namhafte PublizistInnen und PolitikerInnen diese Ankündigung im Raum stehen ließen - auch wenn man anschließend noch so intellektuell und „sachlich" in der Sendung diskutierte, der Eindruck bei den Menschen bleibt: „ Ich hab's ja schon immer gesagt,, den Hartz-IV-EmpfängerInnen wird das Geld hinten und vorne reingeschoben !" Genau darum geht es - wer tritt diesen Eindrücken vehement entgegen, wer bezieht Stellung, wer schweigt nicht? Sofort kommt die Frage: „Ja - was und vor allem, wie kann ich denn dagegen etwas tun? Wie verhalte ich mich denn, wenn ich mit lauter netten Leuten aus meinem Bekannten- und Verwandtenkreis zusammensitze und solche Parolen aufkommen? Soll ich denn die netten Beziehungen aufs Spiel setzen, soll ich mich vielleicht bei meinen Freunden unbeliebt machen?" Genau das ist der Punkt, wir müssen Stellung beziehen wenn andere, in welcher Art und Weise auch immer, diskriminiert und ausgegrenzt werden, denn wir tun uns selbst keinen Gefallen – es weckt Schuldgefühle in uns selbst. Wir haben eine eigene Verantwortlichkeit der wir uns stellen, die wir akzeptieren müssen, um diese Diskriminierung jetzt und in Zukunft zu bekämpfen. Es reicht nicht aus, sich

---

[1] „Argumentationstraining gegen Stammtischparolen" nach Dr. rer. pol. Klaus-Peter Hufer, M.A., PD, Fachbereichsleiter der Kreisvolkshochschule Viersen/NRW

auf den Standpunkt zurückzuziehen: „Als Einzelne/Einzelner kann ich ja doch nichts bewirken, ich weiß ja auch gar nicht was ich tun soll". Wie die Ethnologin **Lida van den Broek**[2] aus den Niederlanden erkennt, „wir müssen unsere eigenen Privilegien und unsere Macht erkennen, dann führt dies zu autonomer Verantwortlichkeit, um Diskriminierung aus eigenen Interessen zu bekämpfen." Dazu bedarf es aber bestimmter Fertigkeiten, die erlernt werden können. Der Verfasser, der sich im Spätjahr 2002 zusammen mit 16 Menschen der unterschiedlichsten Professionen (Pfarrerinnen, Rentnern, Erzieherinnen, SozialarbeiterInnen etc.) zum Trainer für das „Argumentationstraining gegen Stammtischparolen" ausbilden ließ, ist der festen Überzeugung, dass wir vielleicht manchmal sprachlos aber nicht wehrlos sind, wenn wir mit diskriminierenden, menschenverachtenden Parolen konfrontiert werden. Das „Argumentationstraining gegen Stammtischparolen" kann dabei helfen, solche Situationen besser zu bewältigen. Es ermutigt geradezu, sich einzumischen, Partei zu ergreifen, ohne dabei zu übersehen, dass es auch Grenzen gibt, die man akzeptieren muss, ohne dabei sein Gesicht zu verlieren. Das Einnehmende an diesem Lernprozess ist die Erfahrung, mit schwierigen Situationen angemessen umzugehen, Strategien zu erlernen, die man im Alltag ganz praxisbezogen umsetzen kann. Wenn wir uns auch sehr häufig in Situationen befinden – gerade z. B. im Schulalltag als Lehrerin/Lehrer – in denen wir glauben, ein gewisses Verständnis aufbringen zu können, müssen wir klar machen, dass wir uns gezielt einsetzen sollten für unteilbare Menschenrechte, für eine demokratische Kultur, für Toleranz und Völkerverständigung, dass wir klar Stellung beziehen gegen die Verächtlichmachung Andersdenker, gegen Rassismus, gegen Diskriminierung und vor allem gegen Rechtsextremismus. Bei dieser Lernmethode, wie Klaus-Peter Hufer in seinen Materialien ausführt, soll es auch darum gehen, Materialien an die Hand zu geben, die etwas dazu aussagen, welche psychologischen, sozialpsychologischen und politische Motivationen hinter den Sprüchen und Parolen liegen. Wie sieht ein solches „Argumentationstraining" in der Praxis aus? Dieses Training ist wie eine Werkstatt zu verstehen, ein Labor, eine offene Lernsituation. Es wird durch die Trainerinnen und Trainer nicht belehrt, es wird gemeinsam geübt und man setzt sich mit der Realität spielerisch auseinander. Es geht natürlich auch – aber nicht nur – um Wissensvermittlung, das Ausprobieren und gemeinsame Nachdenken aber steht im Vordergrund. Der Lernprozess ist das Entscheidende, an dem Ergebnis sind alle beteiligt. Die Gruppe entscheidet alleine. Klaus-Peter Hufer führt weiter aus: „Beim Argumentationstraining werden politische Erklärungen, Argumente, Schlagwörter und Parolen auf ihre emotionale Basis und Wirkung und sachliche Angemessenheit hin überprüft und eventuelle Gegenstrategien erprobt. Die Teilnehmerinnen und Teilnehmer haben Gelegenheit, gemeinsam mit anderen ihre politischen Deutungen auszutauschen, vielfach gehörte politische Erklärungsmuster diskursiv zu erörtern und auf ihre Plausibilität oder a-

---

[2] Lida von den Broek, Ethnologin NL, aus: "Am Ende der Weisheit – Vorurteile überwinden" 1988

ber Fragwürdigkeit hin zu bedenken. "Wie bereits erwähnt – die Gemeinsamkeit bei dieser Methode steht im Vordergrund. In Form von Rollenspielen werden erlebte Schwierigkeiten bei der eigenen Argumentation simuliert, in der Nachbereitung kann auf erfahrene Misserfolge in diesem Rollengespräch, auf erlebte Frustrationen und auf eine realistische Selbsteinschätzung eingegangen werden. Es wird dabei auch auf eine realistische Selbsteinschätzung Wert gelegt, es wird aber auch der Umgang mit kritischen Rückmeldungen und Fremdeinschätzungen reflektiert. Man soll befähigt werden, Widerstand leisten zu können – insbesondere wenn man einen Großteil der Gruppe gegen sich hat und man lernt auch, Eigeninitiative zu ergreifen. Dadurch können eine Förderung der Selbstachtung und ein gewisses Selbstvertrauen erfolgen, man erlebt Achtung vor den anderen und ihren Standpunkten. Natürlich ist das „Argumentationstraining gegen Stammtischparolen" auch politische Bildungsarbeit. Im Training selbst ist es unausweichlich, sich mit Fragen der Migrationspolitik, der sog. „Ausländerkriminalität", mit Asylfragen/Flüchtlingspolitik, Arbeitslosigkeit, Armut, Sozialabbau, Antisemitismus, Islamophobie u.a. zu beschäftigen. Es wird entsprechendes Material zur Verfügung gestellt, jedoch gilt auch hier wieder das zuvor schon mehrfach erwähnte Gruppenprinzip, die Trainerin, der Trainer referieren das Thema nicht alleine, sie geben Informationen, die von den TeilnehmerInnen vertieft werden. Sie sind, das zeigen die Erfahrungen aus den bereits zurückliegenden Seminaren, sehr wohl selbst in der Lage, diese inhaltliche Arbeit zu leisten. Dies kann dadurch geschehen, dass alle TeilnehmerInnen typische Parolen benennen, die von den TrainerInnen sichtbar aufnotiert werden. In anschließenden Kleingruppen versuchen die TeilnehmerInnen Gegenargumente zu den Parolen zu finden. Dies sollte möglichst durch kurze, knappe Sätze erfolgen, die dann später gemeinsam im Plenum vorgestellt werden. Es wird dabei ganz deutlich, dass die meisten TeilnehmerInnen sehr wohl in der Lage sind Gegenpositionen zu finden und im Laufe der Diskussion auch immer sicherer werden. Es kommen aus dem Kreis der SeminarteilnehmerInnen immer wieder neue Informationen und Argumente hinzu. Bei dieser gemeinsamen Arbeit wird ganz automatisch die Frage nach den Gründen und Hintergründen der Stammtischparolen gestellt werden, warum werden diese Parolen gebraucht, welchen Zweck erfüllen sie, gibt es Erklärungsansätze aus der Sozialpsychologie? Es wird jedem/jeder TeilnehmerIn schnell klar werden, dass man sich mit Themen wie, Vorurteil, Aggression, Gewalt und Macht auseinandersetzen muss. Vorurteile werden früh gelernt. Viele Kinderfeste und Karnevalsumzüge sind voll besetzt mit „IndianerInnen", kleinen „Holländerinnen" usw. Kinder können sich diesen systematisch falschen Informationen und damit dem falschen Bild von der Wirklichkeit nicht entziehen, betont Lida von den Broek in ihrem Buch: „ Am Ende der Weißheit – Vorurteile überwinden". Sie nennt den Rassismus „einen gesellschaftlich organisierten Täuschungsversuch". „Wenn dir ein paar Mal etwas über Türken erzählt wird, na ja dann weißt du es besser, aber nach dem zehnten Mal fängst Du an, an dir selbst zu zweifeln und nach dem dreizehnten Mal glaubst du es dann", erzählt eine jugendliche Teilnehmerin in einem Seminar.

Wenn systematisch von allen Seiten und immer wieder dieselbe Botschaft verkündet wird, kann sich kaum jemand ihrem Einfluss entziehen, dann wird sie, wenn auch vielleicht zögerlich, angenommen.[3] Vorurteile haben, was wir alle wissen, für die Einzelnen die Bedeutung der Sicherheit und der Orientierung in unübersichtlichen Situationen. Vorurteile halten soziale Gruppen zusammen, es erfolgt eine Aggressionsverschiebung auf andere, fremde Gruppen, wie Klaus Peter Hufer ausführt. Vorurteile stabilisieren eine Gesellschaft/ein politisches System, erhalten Macht und rechtfertigen sie. Verschiedene Methoden machen das im Training erfahr- und erlebbar – über ein sog. „Positions- und Meinungsbarometer", bei dem sich die TeilnehmerInnen zwischen „Ja" und „Nein" positionieren können („Jungs sind gewalttätiger als Mädchen", „Ausländer sind krimineller als Deutsche", „Ausländische Jungs machen Mädchen öfter an als deutsche Jungs", „Die Todesstrafe macht Sinn bei Gewaltverbrechen, wie Mord und Totschlag" etc.). Wie Vorurteile entstehen können, macht eine weitere Übung aus dem Argumentationstraining deutlich. Die „Stille Post" ist hervorragend dazu geeignet, etwas zum Thema „Gerüchteküche" zu erfahren. Der amerikanische Psychologe Gordon W. Allport führte in den 40er Jahren das folgende Experiment durch: Er zeigte einem Auditorium ein Dia, das eine Szene in einer U-Bahn wiedergab. Ein schwarzer und ein weißer Mann stehen sich gegenüber, auf den Bänken im Waggon sitzen weitere Menschen. Der Schwarze ist mit Anzug, Krawatte und Hut bekleidet. Der Weiße trägt eine Arbeitskluft, in seinem Gürtel steckt ein messerähnliches Werkzeug. Der Weiße redet mit erhobenem Zeigefinger auf den Schwarzen ein, der hält beide Arme nach unten. Nachdem das Dia gezeigt wurde, kommt eine Versuchsperson, die das Bild nicht gesehen hat, herein und erhält vor versammeltem Publikum 20 detaillierte Informationen über die Abbildung. Diese Person übermittelt das Gehörte einer zweiten Versuchsperson, die das Bild ebenfalls nicht kennt. Die so informierte zweite Versuchsperson berichtet dann einem dritten Probanden usw. Am Ende (es gab mehrere Durchläufe) hatte in der Hälfte der Berichte der Schwarze das Messer in der Hand, in vielen Fällen bedrohte er damit den weißen. Bei diesem Experiment drängen sich einige Fragen auf: Inwieweit spielen bei der diametralen Umdrehung des ursprünglichen Vorgangs Vorurteile eine Rolle? Werden von Versuchsperson zu Versuchsperson die Bilder so weitergegeben, dass sie in die jeweilige Vorurteilsstruktur passen? Wird das ausgeblendet, was nicht stimmt? Verfahren wir alle mehr oder weniger nach dem Motto: „Wenn die Wirklichkeit und unsere Vorstellung nicht übereinstimmen, umso schlimmer für die Wirklichkeit?"[4] Die TeilnehmerInnen merken, allerdings nicht erst bei dieser Übung, wie groß „die Schere im Kopf" bei uns allen ist, und wie hinderlich uns Vorurteile bei unseren Einschätzungen beeinflussen können („Polizisten schützen Faschisten!") Die Themen Aggression, das Entstehen von Aggressionen, das

---

[3] aus dem Buch „Fremd ist der Fremde nur in der Fremde!" v. Regina u. Gerd Riepe, Lmuv-Verlag 2001

[4] Literatur: Allport, G.W./Postman, L.: The Basic Psychology of Rumor in: Maccoby/Newcomb/Hartley Hrsg.: Readings in Social Psychology, 3.Aufl..,New York 1958

Thema Autoritarismus, Konventionalismus, Destruktivismus etc. nehmen einen breiten Raum im Argumentationstraining ein, sind theoretische Ergänzungen zu vielen praktischen Bausteinen aus dem Programm. Es wird weiterhin der Frage nachgegangen, wie gefährlich sind Stammtischparolen? Welche Verhaltensweisen stehen dahinter? Natürlich gilt das zentrale Interesse den Gegenstrategien. Wie verhält man sich in prekären Situationen der verbalen Eskalation, der zunehmenden Gereiztheit und Aggressivität? Gibt es überhaupt Möglichkeiten, gegenzusteuern? Und wiederum, das ist das faszinierende an der Methode und wird von Klaus-Peter Hufer auch immer wieder betont, sind es die TeilnehmerInnen selbst, die ihre Überlegungen und Strategien festlegen. Die TrainerInnen geben Tipps und Hinweise, aber die selbsterprobten und – reflektierten Handlungsschritte sind wesentlich bedeutsamer und prägen sich bei den TeilnehmerInnen viel eher ein als vorgegebene Maßnahmen („Learning by doing"). Sehr deutlich wird dies bei den Rollenspielsituationen – einem „typischen Stammtisch, einer Freundes- oder Familienfeier". Bei der Auswertung dieser Rollensituationen wird von allen die Frage gestellt werden: „Was steckt eigentlich hinter diesen Parolen?". Der Verfasser ist der Meinung, dass dies mit der wichtigste Teil des Argumentationstrainings ist. Hier wird deutlich, wie stark doch z. B. die Neigungen zu autoritären Charaktereigenschaften und Verhaltensweisen bei den ParolenschwingerInnen sind, wie die Großmachtphantasien und Abschottungsbedürfnisse bei denjenigen sind, die solche Meinungen vertreten. In diesem Zusammenhang sei nur auf die Webseiten der einschlägigen Homepages von rechtsextremen, rechtsautoritären Institutionen hingewiesen. Das gefährliche der Parolen, wie Klaus-Peter Hufer weiter schreibt, liegt darin, dass der Schritt von der verbalen zu handelnden Aggression leicht vollzogen werden kann, vor allem wenn ein als Gesinnungsgemeinschaftsgefühl getarnter Gruppendruck erzeugt wird. Weiterhin wird schnell klar, welche Befindlichkeiten bei den Verkündern von den Parolen vorhanden sind. So bleibt festzustellen, dass viele dieser Menschen sich in ihren Lebenssituationen als zu kurz gekommen empfinden, es zeigt ihre mangelnde innere Souveränität und Unfähigkeit, mit Diskrepanzen und Widersprüchlichkeiten leben zu können und es dokumentiert gleichzeitig sehr viel von ihren persönlichen Ängsten. Die TeilnehmerInnen merken in dem Training sehr schnell, wie schwierig es sein kann sich in der Konfrontation von den Parolen abzugrenzen. Wie schwierig es sein kann, sich in den meist emotional aufgeheizten Situationen zu behaupten. Es wird deutlich, dass ein einmal eingeübtes Verhalten (z. B. in den Rollenspielsituationen) sehr hilfreich ist, dass z. B. belehrendes, überhebliches Verhalten kontraproduktiv sein kann. Dass Körpersprache ein wichtiges Hilfsmittel darstellt und dass sog. Kooperationspartner enorm wichtig sind, um die eigene Überzeugungskraft zu unterstützen. Wichtig in diesem Zusammenhang ist die Feststellung, die Hufer trifft, dass entscheidender als der Widersacher die Unentschiedenen, die Indifferenten sind – die können eher überzeugt werden. Ob man sinnvoll mit Fundamentalisten diskutieren kann, möchte der Verfasser dieser Ausführungen dahin gestellt lassen. Ob man die Kraft hat, auf die noch so einfachsten, „dümmlichsten" Parolen einzugehen, muss eigentlich jeder/jede für sich selbst entscheiden, das ist in vielen Fällen auch situationsbedingt. Aber auch hier kann man bestimmte Strategien im Verlauf eines Argumentationstrainings erproben und erlernen. Die zurückliegenden, durchgeführten Seminare zeigen deutlich, wie viel Potenzial in uns allen steckt, zeigt deutlich, dass wir keinesfalls hilf- und wehrlos sind und dass wir uns nur auf uns selbst besinnen müssen, um menschenverachtenden, rassistischen, intoleranten Parolen wirkungsvoll entgegenzutreten. Das Argumentationstraining ist hervorragend dazu geeignet, die unterschiedlichsten Situationen, in denen man mit solchen Parolen konfrontiert wird, zu erfahren und Lösungsstrategien zu entwickeln. In dem Training, und das ist für den Verfasser auch so einnehmend, erfährt man auch über sich selbst sehr viel, man wird sicherer und kann das Eingeübte, Erlernte auch an andere weitergeben. Die Rückmeldungen aus den bereits durchgeführten Seminaren – mit Lehrerinnen und Lehrern, mit Erzieherinnen und Erziehern, mit Sozialarbeiterinnen und Sozialarbeitern etc., geben dem Verfasser Recht. Das „Argumentationstraining für Menschenrechte, Toleranz, Respekt gegenüber dem Anderen" muss gelebt werden. Es muss klar gemacht werden, dass wir alle den Mut haben müssen, unsere Stimmen zu erheben, wenn wir feststellen, dass unser Gemeinwesen durch extremistische Einstellungen gefährdet ist.

Herbert Heitland

(R)AUSwege aus dem Extremismus – Erfahrungen und Projekte des Aussteigerprogramms (R)AUSwege

1. Entwicklungen und Veränderungen in der rechtsextremistischen Szene

„Neonazis, Rechtsradikale, „Rechtsextremisten", diese Bezeichnungen transportieren ein eindeutiges Feindbild. „Rechtsextremistische Jugendliche - das sind doch die mit den kurz geschorenen Haaren, den Springerstiefeln und Bomberjacken!" In der aktuellen Wirklichkeit treffen solche Klischees immer weniger zu. Neben den einfach zu erkennenden, häufig rechtsextremen Skinheads entwickelt sich ein schwer einzuschätzendes Spektrum von rechtsextremistischen Erscheinungsformen.

Eine genauere Betrachtung der Jugendszenen zeigt, dass rechte Orientierung und rechter Extremismus mittlerweile sehr differenziert in den unterschiedlichsten Jugendkulturen „andocken" und dort jeweils Nischen finden konnten. Dies ist ein „Erfolg" der Strategie der Rechten, zuerst jugendliche Kulturlandschaften zu besetzen, um anschließend politische Botschaften nach zu schieben. Besonders empfänglich für Botschaften dieser Art sind männliche Jugendliche, der Anteil der Mädchen und Frauen in der rechten Szene liegt bei ca. 10 - 15 %.

Rechte Konzepte erklären die Welt und deren Komplexität zwar in völlig verzerrter, aber einfachster und deshalb überschaubarer Weise. Sie bieten leichte, handlungsorientierte Lösungen an. Dabei bewegen sie sich innerhalb eines Rahmens, der wie folgt beschrieben werden kann: Rechtsextremismus ist das Zusammentreffen von Ideologien der Ungleichwertigkeit von Menschen und von Gewaltakzeptanz zu deren Durchsetzung. Dabei ist die Überzeugung vorherrschend, die Zugehörigkeit zu einer Nation oder Rasse entscheide über den Wert eines Menschen. Das Fremde wird als zu bekämpfende Bedrohung wahrgenommen, das Wohl des eigenen Volkes steht über Allem, auch über den Grundrechten Einzelner oder Minderheiten (vgl. Möller 2001).

Organisationen, die sich von diesem inhumanen und undemokratischen Gedankengut leiten lassen, sind einigermaßen gut erkennbar, wenn sie strafrechtlich relevant oder verfassungsfeindlich agieren. Die klassischen Strukturen der rechten Szene haben sich allerdings in den letzten Jahren, auch aufgrund staatlicher Repressionen (u.a. Verbot der Wiking-Jugend, der FAP, in Rheinland-Pfalz z.B. durch die Auflösung der so genannten „Kameradschaft Westerwald", geplantes Verbot der NPD etc.) stark gewandelt. Vielfach haben sich die Akteure in informellen Cliquen oder Aktionsbündnissen organisiert.

Wichtiges Kommunikationsmittel und Bindeglied sind dabei Handys und Internet.

Gewandelt haben sich auch die Formen der Beeinflussung und Agitation. Das „rechte" Angebot an die Jugendlichen ist umfassend, vielfältig, modern, frech, leicht zugänglich und an den Interessen und Vorlieben junger Menschen und an deren „Lifestyle" orientiert. Für einzelne Jugendliche gehört die Übernahme dieses Stils, auch als Mittel zur Provokation, zum guten Ton. Es existiert mittlerweile ein reicher Vorrat an rechten Zeichen, Symbolen, Codes, Kleidung, an rechter Musik oder rechten Internetseiten. Gerade das Internet bietet eine rechtsextremistisch getönte „Erlebniswelt", die vielen Bedürfnisse ihrer oft jugendlichen Nutzer gerecht wird.

Für die Hinwendung zur rechten Szenen ist bei den jugendlichen „Einsteigern" somit oftmals weniger eine politische Ideologie oder Haltung die Antriebsfeder. Vielmehr sind Aspekte wie Originalität, erlebnisreicherer Alltag, Aktion, Provokation, einer Gruppe angehören und Stärke demonstrieren zu können wie auch gesteigertes Selbstwertgefühl Ausschlag gebend. Teilweise erklären Jugendliche auch, dass der Anlass für das Anschließen an die rechte Clique Konflikte mit ausländischen Jugendlichen war. Man habe sozusagen Schutz in der rechten Gruppe gesucht. Hier wird das häufig bei rechtsextremistisch Orientierten anzutreffende Muster deutlich, „sich selbst als Opfer zu betrachten." Besonders verbreitet ist dieses Muster unter so genannten „desintegrierten Jugendlichen" (Heitmeyer 2002), die sich als Gesellschaftsverlierer fühlen. Andererseits gibt es in der rechtsextremistischen Szene auch Jugendliche, die bspw. das Gymnasium besuchen oder den Einstieg ins Berufsleben geschafft haben.

Dass Musik eines der wirksamsten Medien ist, um Jugendliche zu erreichen, hat die rechte Szene zunehmend erkannt. Seit den 90er Jahren ist in Deutschland eine breit gefächerte rechte Musikszene entstanden. Eine Vielzahl von Bands, Plattenlabels, Versandhäusern und Szeneläden versorgt einen expandierenden Markt. Die verschiedensten Musikstile ermöglichen Jugendlichen eine Zuordnung zu fast sämtlichen Subkulturen. Angefangen von Liedermachern über Rock, Black Metall, Techno, Neofolk usw. erstreckt sich das rechte Musikangebot. Musik- CD`s von Gruppen wie Landser, Skrewdriver, Noie Werte, Spirit of 88, von Liedermachern wie Frank Rennicke oder Annett Moeck und DJ Adolf werden getauscht oder kopiert und sind mittlerweile erstaunlich weit unter Jugendlichen verbreitet, nicht zuletzt an Schulen. Legale und illegale Konzerte ermöglichen eine besonders intensive Begegnung mit rechtsextremer Musik. Texte beziehen sich häufig auf vermeintliche soziale Ungerechtigkeiten, Benachteiligung im Alltag, auf den Zusammenhalt unter Rechten, auf Heidentum, nordische Mythologie, die Idee des Kampfes, auf die Wehrmacht etc.

Als Feindbilder dienen vor allem Ausländer, Juden, Politiker und die Medien. Musik transportiert so in besonderer Weise Emotionen, politische Inhalte und bildet eine Basis für politische Identität. Es gibt Gruppen, die sich der Illegalität ihrer Texte durchaus bewusst sind und deshalb nur im „Untergrund" auftreten, Andere wiederum versuchen ein juristisches „Katz-und-Maus–Spiel", indem sie ihre Texte vorab von Anwälten der Szene überprüfen lassen. Gerade im Graubereich von Indizierungsverfahren der Bundesprüfstelle für jugendgefährdende Medien sowie Strafverfahren im Sinne des § 86a und des § 130 StGB spiegelt sich die Strategie rechter Gruppen wieder. Sie besetzen bestimmte Begriffe und Symbole und schüren Emotionen gegen unsere demokratische Grundordnung. Der so geschaffene Nährboden macht empfänglich für radikale, rechtsextremistische „Lösungen".

So hat die rechte Szene in vergangenen Jahren mehrere Aktion gestartet, bei denen kostenlose CDs´ unter dem Namen „Schulhofprojekt" bundesweit an Schulen verteilt werden sollten. Hinter diesen „Schulhof CDs´" stand zum einen ein Netzwerk von insgesamt 56 neonazistischen Kameradschaften bzw. die NPD. Ein Beschlagnahmebeschluss nutzte nicht viel, nur ein Teil der CDs´ konnte beschlagnahmt werden. Zudem wurden die CDs´ auf dem Medienserver der NPD als download angeboten. Auch auf dem Sektor Bekleidung unternimmt die rechte Szene große Anstrengungen, sich an den Bedürfnissen der Jugendlichen zu orientieren. Dabei bedient man sich zum einen der etablierten neutralen Kleidungsmarken, die mit einer rechten Bedeutung belegt werden. Zum anderen werden aber auch von „Rechten für Rechte" eigene Labels kreiert. (z.B. CONSDAPLE, Thor Steinar, Dobermann Deutschland usw.). Der Vertrieb dieser Labels erfolgt zum großen Teil über das Internet. In einigen Schulen, die sich mit dieser Thematik aktiv auseinandergesetzt haben, ist das Tragen dieser Marken im Rahmen der Hausordnungen untersagt. Die Herstellung und der Vertrieb von Kleidung und Musik haben sich in der Szene zu einem einträglichen Geschäft entwickelt. Die Besitzer einschlägiger Geschäfte und Versandhäuser sind häufig –allein schon aus marketingstrategischen Überlegungen- auch „politisch" in der rechtsextremistischen Szene aktiv.

Neben Kleidercodes gibt es eine Vielzahl von Symbolen und Zahlencodes, die eine rechte Gesinnung verdeutlichen. Einige von ihnen sind eindeutig und dementsprechend auch verboten. Sie demonstrieren offen die politische Einstellung ihres Trägers. Andere wiederum sind verschlüsselt, sie dienen intern als Erkennungszeichen und tragen damit zur Identitätsbildung innerhalb der Gruppen bei.

Dass das Internet vor allem auch das Medium der Jugend ist, hat die rechte Szene schnell begriffen. Zusätzlich ist es das am schnellsten expandierende Kommunikationsmedium. Es bietet die Möglichkeit, zu günstigen Preisen Inhalte jeder Art weltweit zu verbreiten. Da es für die Verbreitung unerheblich ist, in welchem Land die Daten tatsächlich gespeichert werden, können über die

Speicherung im Ausland die gesetzlichen Bestimmungen eines Landes technisch umgangen werden. Aktuell finden sich über 1000 deutschsprachige Seiten mit rechtsextremistischen propagandistischen Inhalten im Internet. Viele dieser Seiten sind professionell gemacht und sprechen durch ihre Aufmachung insbesondere Jugendliche an, was die Gefahr birgt, dass Kinder und Jugendliche die Seiten unbemerkt von den Eltern anklicken. Neben der Verbreitung rechter Inhalte nutzt die rechte Szene das Internet intensiv als Medium der Kommunikation. Rechte Gästebücher, Diskussionsforen oder Möglichkeiten des Downloadens rechter Musik bzw. rassistischer Computerspiele sind zu finden.

Als Reaktion auf die Umtriebe der Rechten und der daraus wachsenden Gefahr für unser Gemeinwohl haben sich eine Vielzahl von staatlichen und privaten Initiativen und Projekten entwickelt.

2. Aussteigerprogramm (R)AUSwege

Gemäß Ministerratsbeschluss vom 13. März 2001 richtete das Landesjugendamt eine zentrale Anlaufstelle für das Programm „**(R)AUSwege** aus dem Extremismus - Beratung und Hilfen für Ausstiegewillige in Rheinland-Pfalz" ein. Dabei wurden folgende Programmziele formuliert:

- Erreichung junger Menschen,
- die sich extremistischen, insbesondere rechtsextremistischen Gruppierungen angeschlossen haben,
- Motivierung zum Ausstieg
- Konkrete individuelle Beratung und Hilfestellung für Betroffene zur persönlichen Stabilisierung und gesellschaftlichen Reintegration.

Um die Sicherheit des Projekts zu gewährleisten wurde u.a. auf ein Kontaktverfahren Wert gelegt, dass die Überprüfung der Stichhaltigkeit der Angaben der jungen Menschen mit einbezieht. Die Unterstützung, die das Aussteigerprogramm (R)AUSwege anbietet, ist in vielen Fällen notwendig, da mit der Mitgliedschaft in einer rechten Clique oder einer so genannten „Kameradschaft" häufig eine ganze Reihe persönlicher Probleme einhergehen. Dazu gehören u.a. keine abgeschlossene Schulausbildung, Probleme am Arbeitsplatz, Alkoholkonsum, kaum noch Freunde außerhalb der rechten Szene oder auch eine zu befürchtende Bedrohung durch die rechten Kameraden beim Ausstieg. Über eine kostenlose Hotline mit der Nummer 0800 – 45 46 000 können Interessierte auch anonym die Mitarbeiter des Aussteigerprogramms erreichen. Neben sozialpädagogischen und sozialarbeiterischen Hilfestellungen ist die Auseinandersetzung mit ihren politischen Einstellungen ein weiterer wichtiger Bestandteil der Arbeit.

In der Einzelfallhilfe von (R)AUSwege wird zwischen zwei Fallarten unterschieden: In einem „Fall erster Stufe" bleibt die Ratsuchende, der Ratsuchende an der Hotline anonym. Es wird mit ihr oder mit ihm ein Kennwort vereinbart, mit dem sie / er sich bei einer wiederholten Kontaktaufnahme „identifizieren" kann. Von einem „Fall zweiter Stufe" wird dann gesprochen, wenn ein Ratsuchender, eine Ratsuchende an der Hotline oder am Elterntelefon seine / ihre Anonymität aufgibt und es danach zu wiederholten Kontakten - sei es am Telefon oder in der persönlichen Beratungssituation - kommt.

In den letzten beiden Jahren hat die Zahl der Ratsuchenden, die der Fallstufe 1 zuzuordnen sind, deutlich zugenommen. Wesentliche Inhalte dieser Beratungsgespräche, die sich in der Regel auf 2 bis 3 Kontakte beschränken, waren:

- wie verhalte ich mich, wenn ich aussteigen möchte,
- wie verhalte ich mich gegenüber ehemaligen Kameraden, Kameradinnen,
- wo kann ich sonst noch Hilfe bekommen.

Zwei Beispiele sollen hier kurz vorgestellt werden:

„**James Dean**" meldete sich über eine Zeitraum von 4 Monaten ca. alle 14 Tage. Nachdem er sich zunächst als „Rechter Intellektueller" vorgestellt hatte, der über politische Theorien diskutieren und „überzeugen" wollte, wurde in den weiteren Gesprächen zunächst deutlich, dass er sich in einer prekären Lebenssituation befand. Außerdem suchte er mit den Mitarbeitern von (R)AUSwege augenscheinlich die Auseinandersetzung, die er möglicherweise gerne mit anderen „Autoritäten" geführt hätte. Mit angestoßen durch die Beratungsgespräche bemühte er sich um eine Ausbildungsstelle im sozialen Bereich. Durch die Konfrontation mit einer Vielzahl hilfebedürftiger Menschen geriet sein bisheriges, eher sozialdarwinistisch geprägtes Weltbild, ins Wanken. Mittlerweile hat er seine Ausbildung begonnen.

„**Windy**" eine junge Frau in der Szene war in den ersten Gesprächen fasziniert von dem „Friedensflieger Rudolf Hess" . Nachdem wir sie in den weiteren Gesprächen mit Zitaten von Hess über die „Deutsche Frau" konfrontiert hatten, begann sie ihre Rolle in der Szene zu hinterfragen.

Zugenommen haben im letzten Jahr Einzelanfragen aus Einrichtungen der Kinder- und Jugendhilfe. In diesen Fällen hatten die Erzieherinnen bzw. Erzieher Kontakt mit dem Aussteigerprogramm aufgenommen nachdem die jeweiligen Jugendlichen z.B. durch rechtsextremistische Sprüche, Verteilung von Werbematerial für die NPD sowie durch die Teilnahme an NPD- Demonstrationen aufgefallen waren. Die Erzieherinnen und Erzieher waren unsicher, wie sie mit dieser Situation umgehen sollten. Vor allem befürchteten sie eine negative Beeinflussung der jüngeren Wohngruppenmitglieder. In allen Fällen stand die Jugendhilfemaßnahme kurz vor dem Abbruch. Parallel zu den Gesprächen der sozialpädagogischen Fachkräfte von (R)AUSwege mit den Jugendlichen, wurden in Absprache mit den Einrichtungsleitungen Fortbildungsveranstaltungen für die Mitarbeiter und Mitarbeiterinnen zum Themenbereich „Rechtsextremismus" durchgeführt. Durch die Intervention von (R)AUSwege konnte bis auf eine Ausnahme in allen Fällen der Abbruch der Jugendhilfemaßnahme verhindert werden.

Im Jahr 2007 wurden 14 Aussteiger der Fallstufe II betreut. Diese Aussteiger waren seit durchschnittlich 15 Monaten in intensivem Kontakt mit dem Aussteigerprogramm. Befragt nach ihren Einstiegsgründen gaben 13 von ihnen die Anerkennung, die sie zu Beginn in der Szene erlebt hätten, als einen wichtigen Einstiegsgrund an. „Fun" und „Action", den die Szene anfänglich zu bieten hatte, wurden sieben Mal als Einstiegsgrund genannt und vier Aussteiger nannten ihre damalige politische Überzeugung (Es waren mehrere Nennungen möglich). Von diesen 14 aktuellen Aussteigern bezeichneten sich sieben als Mitläufer in der Szene, drei hatten nach eigenen Angaben eine Kaderfunktion und vier sahen sich zwischen diesen beiden Ebenen.

Als Ausstiegsgründe gaben neun Aussteiger die drohende bzw. bereits erfolgte Strafverfolgung an, zwei nannten den Partner bzw. die Schwangerschaft der Partnerin und in 3 Fällen wurden die Kombination aus persönlichen Gründen und die drohende Strafverfolgung genannt. Die konsequente Linie die von der Polizei und der Justiz in Bezug auf diese Klientel verfolgt wird, beeinflusst die Ausstiegsmotivation offenbar dann positiv, wenn eine entsprechende Hilfe und Unterstützung angeboten wird.

3. Elterninitiative gegen Rechts

Wenn Jugendliche sich rechten Cliquen oder Szenen zuwenden und sich beispielsweise als Nazi-Skin gebärden, entstehen für die Eltern und Familien meist sehr schwierige und belastende Situationen. Auf der Suche nach einer qualifizierten Beratung bzw. Unterstützung hatten sich in der Vergangenheit viele betroffene Eltern auch an das Aussteigerprogramm (R)AUSwege gewandt. Aus der fachlichen Notwendigkeit die Beratung der Eltern von der Beratung der Jugendlichen zu trennen wurde das Konzept für die Elterninitiative gegen Rechts entwickelt. Im Rahmen des Programms „entimon", das Teil des Aktionsprogramms der Bundesregierung "Jugend für Toleranz und Demokratie - gegen Rechtsextremismus, Fremdenfeindlichkeit und Antisemitismus" war, wurde der Aufbau der Elterninitiative unterstützt.

Seit 2004 können sich betroffene Mütter und Väter mit ihren Sorgen und Fragen an die Elterninitiative wenden. Sie ist beim Landesjugendamt angesiedelt und unter der Telefonnummer 0 61 31 / 96 75 20 erreichbar. Neben telefonischen Beratungsgesprächen sind auch persönliche Treffen mit den Berater/Innen möglich. Häufig geht es am Anfang darum, Hilfestellungen bei der Bewertung zu geben, ob überhaupt und wie weit Jugendliche schon in der rechten Szene Fuß gefasst haben. Weiterhin kann man hier Hinweise und Tipps für den Umgang mit dem Problem bzw. für bestimmte Alltagssituationen erhalten. Darüber hinaus initiiert und begleitet die „Elterninitiative gegen Rechts" lokale Elterngruppen, in denen betroffene Eltern zusammenkommen und sich gegenseitig unterstützen können. Die Elterninitiative gegen Rechts ist eine der wenigen professionellen Beratungsstellen für Eltern von rechtsextremistisch orientierten Jugendlichen in Deutschland. Der Anteil der Fälle, in denen Eltern anonyme Beratung wünschen ist mit ca. 10 % gering. Häufig stehen die Eltern zum Zeitpunkt der Kontaktaufnahme unter einem erheblichen Druck und beschreiben die familiäre Situation als sehr angespannt. Demzufolge freuen sich die betroffenen Eltern, dass nach dem telefonischen Erstkontakt die Wartezeit bis zu einem persönlichen Beratungsgespräch im Durchschnitt nur 8 Tage beträgt. Seit dem Start des Projekts im Jahr 2004 wurden insgesamt 78 Eltern/Familien intensiv beraten. In 80 % der Anfragen ging die Kontaktaufnahme von den Müttern aus. In dem Beratungsprozess legen die Mitarbeiterinnen und Mitarbeiter der Elterninitiative großen Wert auf die Einbeziehung der Väter, da diese eine wichtige Rolle innerhalb des familiären Systems, vor allem in Bezug auf die Vorbildfunktion für ihre Söhne, spielen. Offensichtlich sind die Bemühungen erfolgreich, denn an den in aller Regel stattfindenden persönlichen Beratungsgesprächen nahmen in 58 % beide Elternteile, in 34 % die Mutter alleine und in 8 % der Vater alleine teil. In mehreren aktuellen Fällen baten die Eltern, auch ein Gespräch mit ihrem betroffenen Sohn zu führen. Davon erhofften sich die Eltern sehr viel. Auch wenn die Mitarbeiterinnen und Mitarbeiter diese Erwartungen dämpften, kam es in der Folge dieser Gespräche zu unerwartet positiven Entwicklungen. Hierfür können verschiedene Gründe ausschlaggebend sein:

a) die Jugendlichen erleben, dass ihre Eltern etwas unternehmen, dass sie aktiv werden,
b) die Mitarbeiterinnen und Mitarbeiter können eine neutrale Vermittlerrolle zwischen "verfahrenen Positionen" einnehmen,
c) die Gespräche wurden von den Jugendlichen auch als eine Art Wertschätzung wahrgenommen.

Beurteilt man die derzeitige Situation der Eltern nach dem „Achtstufigen Phasenmodell von Krisen", (Schuchardt 1985) so befindet sich die Mehrzahl der aktuell „betreuten" Eltern in der 6. Phase der „Annahme", d.h. in der „Erholungs- und Reorganisationsphase". Die Eltern beginnen, sich mit der Situation abzufinden, sie als Schicksal anzunehmen, bzw. zu begreifen. Eine größere Gelassenheit bzw. innere und äußere Distanzierung von der rechten Orientierung des Kindes insgesamt, der eigenen Schuld und Verantwortung hierfür stellen sich ein. Die elterliche Lebensqualität steigt wieder, der Leidensdruck sinkt.

Erstmalig gab es im vergangenen Jahr zwei Beratungsanfragen aus Kindertagesstätten die von den Mitarbeiterinnen und Mitarbeitern der Elterninitiative bearbeitet wurden. Anlass war in beiden Fällen das rechtsextremistische Auftreten von Eltern, die z.b. ihre Kinder offen aufforderten „ nicht mit Ausländern zu spielen" und die sich den Erzieherinnen gegenüber offen als „rechtsextrem" bzw. „ausländerfeindlich" bezeichneten. Neben grundlegenden Informationen über die Themen „Rechtsextremismus" und „Strategien rechtsextremistischer Gruppen" wurde ein Kontakt zur zuständigen Fachkraft im sozialpädagogischen Fortbildungszentrum (SPFZ) vermittelt.

4. Zugangswege zu den Programmen

Ausstiegskandidaten und betroffene Angehörige melden sich in aller Regel nicht von sich aus, sondern werden von Kontaktpersonen aus ihrem Umfeld auf die Beratungsmöglichkeiten durch das Aussteigerprogramm (R)AUSwege und die Elterninitiative aufmerksam gemacht. Häufig genannte Kontaktpersonen sind die Jugendsachbearbeiter bei der Polizei, Lehrer, Jugendpfleger, Mitarbeiter aus den Beratungsstellen und zunehmend die Mitarbeiter des Sozialdienstes in den Justizvollzugsanstalten. Das Aussteigerprogramm hat die Bedeutung dieses Zugangswegs schon früh erkannt und eine aktive Informations- und Vernetzungsarbeit in das Umfeld von potentiellen Zielpersonen hinein aufgenommen, die zusammen mit der Elterninitiative gegen Rechts fortgesetzt und ausgebaut wurde.

Jahr	Veranstaltungen	Teilnehmerinnen / Teilnehmer
2004	22	302
2005	29	442
2006	41	900
2007	48	1278

Tabelle 1: Informationsveranstaltungen für Fachkräfte / Multiplikatoren

Die Wirkung dieser Informations- und Vernetzungsarbeit soll an zwei Beispielen dargestellt werden:

Beispiel 1

Ein Mitarbeiter einer Polizeiinspektion meldet sich über die Hotline. Er kennt das Aussteigerprogramm aus einer Projektpräsentation. Er möchte für einen Kollegen aus einem benachbarten Kreis Informationsmaterial anfordern. Dort soll es in einem Schulzentrum Probleme mit rechtsextremistischen Jugendlichen geben. (R)AUSwege nimmt Kontakt zu dem Kollegen auf und erfährt, dass er selbst von einer besorgten Mutter und Schulelternvertreterin angesprochen wurde, die in einer Klasse eine Infoveranstaltung zu dem Thema durchführen möchte. (R)AUSwege bietet seine Unterstützung an und bereitet nach Absprache mit der Schulleitung und der Schulelternvertreterin gemeinsam mit dem Mitarbeiter der zuständigen Polizeidienstelle diese Informationsveranstaltung vor. Nach Ankündigung dieser Veranstaltung melden sich unabhängig voneinander 2 Eltern bei der Elterninitiative, deren 3 Söhne das Schulzentrum besuchen und die alle Kontakte zur rechtsextremistischen Szene haben. Beide Elternpaare nehmen zurzeit das Beratungsangebot der Elterninitiative in Anspruch.

Beispiel 2

Im Januar 2006 erfuhren die Mitarbeiter von (R)AUSwege und der "Elterninitiative gegen Rechts" über eine Staatsanwaltschaft, dass Hilfe suchende Eltern aus deren Einzugsbereich bei Polizei und Staatsanwaltschaft nach Beratungsmöglichkeiten in Bezug auf ihre rechtsextremistisch orientierten Kinder nachgefragt hatten. Darauf hin haben die Mitarbeiterin und die Mitarbeiter von (R)AUSwege und der "Elterninitiative gegen Rechts" mit örtlichen Fachkräften der sozialen Arbeit, Jugendsachbearbeitern der Polizei, Beratungsstellen und Mitarbeitern aus dem Bereich des Jugendschutzes Kontakt aufgenommen, um sie zum einen auf die Hilfs- und Beratungsmöglichkeiten des Aussteigerprogramms und der Elterninitiative aufmerksam zu machen. Zum anderen war von Interesse, wie sie ihre Region und ihr Arbeitsfeld in Bezug auf Rechtsextremismus bei Jugendlichen „einschätzten". Von 65 ausgewählten Ansprechpartnerinnen und Ansprechpartnern wurden 47 erreicht. Fast drei Viertel der Befragten schätzte die Situation in Bezug auf „Rechte Jugendliche" als „bedenklich" bzw. „teilweise bedenklich" ein. Mehr als zwei Drittel sahen „Handlungsbedarf" und drei Viertel hatten Interesse an einer Informationsveranstaltung zum Thema „Rechtsextremismus". Daraufhin wurde im Herbst 2006 vom Aussteigerprogramm (R)AUSwege und der Elterninitiative eine Fortbildungsveranstaltung durchgeführt. In der Fortsetzung dieser ersten regionalen Fachtagung wurde im Frühjahr 2007 - auf Wunsch der Teilnehmerinnen und Teilnehmer- das Thema „Elternarbeit mit Eltern rechter Jugendlicher" in einer zweiten Fachtagung aufgegriffen. Gemeinsam wurde der Frage nachgegangen, wie die betroffenen Eltern in der Region gestärkt und unterstützt werden können.

5. Informations- und Kommunikationsplattform „Komplex"

Die Jugendlichen der Zielgruppe von (R)AUSwege kamen z.T. durch das Internet in rechtsextremistische Kreise oder sie operieren selbst über das Internet. Deshalb wurde das Internet als weiteres potentielles Zugangsmedium in den Blick genommen. Die praktische Arbeit mit jungen Menschen, die aus der rechtsextremistischen Szene aussteigen wollen, sowie mit Eltern von rechtsextremistisch orientierten jungen Menschen hatte zudem gezeigt, dass für Betroffene der Weg zu einer fachgerechten Unterstützung oftmals sehr lang ist. Das Telefon als bislang wichtigstes Medium der Kontaktaufnahme verlangt von den Betroffenen bereits eine ausgeprägte Motivation zur Kontaktaufnahme mit einer unterstützenden Institution. Betroffene, die in ihrer Auseinandersetzung mit der eigenen Situation noch nicht soweit gekommen sind, werden durch das Telefon oder durch Multiplikatoren nur im Einzelfall erreicht. Aus Sicht des Aussteigerprogramms sowie des Elternprojekts, wurde es als sinnvoll erachtet, zusätzlich zu den bisherigen Ansätzen eine stärker aufsuchende Form der Arbeit mit jungen Menschen, aber auch mit deren Eltern anbieten zu können. Das Internet schien insofern ein weiteres viel versprechendes Medium sowohl für das aktive Zugehen auf die Zielgruppe wie für den Aufbau eines Erstkontaktes zu sein. Auch Eltern berichteten, dass sie in der Frühphase der Auseinandersetzung mit dem Thema vergeblich im Internet nach qualifizierten Informationen für sich gesucht hätten. In dieser Phase hätten sie sich noch gescheut, das telefonische Angebot der Elterninitiative in Anspruch zu nehmen. Es verdichteten sich Hinweise, dass manche Eltern zunächst eine anonyme Kontaktaufnahme (z.B. via E-Mail) bevorzugen. Die Kommunikation per Internet bietet diese Möglichkeit. In den bestehenden Elterngruppen verfügten alle Eltern über einen Internetanschluss und nutzten diesen auch.

Der medienpädagogische Forschungsverbund Südwest hat in seiner Basisstudie zum Medienumgang 12- bis 19- Jähriger (JIM 2007) in Deutschland festgestellt, dass 95 % der Haushalte, in denen diese Altergruppe aufwächst, ans Internet angeschlossen sind. Dabei ist der Anteil derjenigen Jugendlichen, die mehrmals pro Woche oder häufiger online sind, auf 83 % gestiegen. Die Jugendlichen verbringen durchschnittlich 114 Minuten im Internet, Jungen ca. eine Viertel Stunde länger als Mädchen. Die Nutzungszeiten von Jugendlichen die ein Gymnasium besuchen, liegen bei 100 Minuten, bei den Haupt- und Realschülern bei 120 bzw. 128 Minuten. Alle Nutzergruppen bevorzugen kommunikative Tätigkeiten, wie z.B. Chat (72 %) und Email (60 %) im Internet. Innerhalb aller Gruppen nutzen Jungen das Internet häufiger als Mädchen. Mehr als ein Viertel der Jugendlichen glauben, dass die Inhalte im Internet vorher auf ihre Richtigkeit überprüft worden sind. Diese hohe „Glaubwürdigkeit" nimmt mit einem geringeren Bildungsgrad und bei den jüngeren Altergruppen noch zu.

Diese Ergebnisse bestätigen die Überlegungen von (R)AUSwege, das Internet als modernes und zielgruppengerechtes Zugangsmedium zu nutzen. Das Internet könnte den Zugang zu Hilfe und Problemlösung erleichtern, wenn die Kommunikationswege entsprechend den spezifischen Nutzungsgewohnheiten gestaltet werden und wenn die Plattform und die Kontakte durch erfahrene Kräfte betreut werden. Aus dieser Idee wurde ein Konzept unter der Überschrift „komplex- Kommunikationsplattform gegen Rechtsextremismus" mit folgenden Zielsetzungen erarbeitet:

- Erschließung des Mediums Internet für eine aufsuchende Arbeit mit den Zielgruppen rechtsextremistisch orientierte Jugendliche, Eltern und Fachkräfte
- Auseinandersetzung mit diesen über ihre rechtsextremistische Orientierung
- Motivierung zum Einstieg in den Ausstieg, bzw. zur Distanzierung
- Weitervermittlung an das Angebot von „(R)AUSwege" sowie an andere Angebote
- Angebot eines zeitnahen, niedrigschwelligen Zugangs zu Hilfe und Information für Eltern rechtsextremistisch orientierter Jugendlicher
- Verbesserung des Austauschs unter betroffenen Eltern im Rahmen zu schaffender Internetforen
- Zeitgemäße und sachgerechte Motivation sozialer Fachkräfte zur Arbeit mit jungen Extremisten mittels webgestützter Kommunikation
- Erschließung von Informationen über die Szene sowie über fachgerechte methodische Reaktionen
- Verbesserung der Kommunikation unter den örtlichen Fachkräften z.B. durch geschützte Webforen und Chats

Im Rahmen des Bundesprogramms „Vielfalt tut gut. Jugend für Vielfalt, Toleranz und Demokratie" wurde dieses Konzept in der 2. Programmsäule „Überregionale Modellprojekte" aufgenommen.

Die notwendigen Vorarbeiten zur Umsetzung der Informations- und Kommunikationsplattform „komplex" konnten im Jahr 2007 weitestgehend abgeschlossen werden Zurzeit findet ein „Probebetrieb" mit einer geschlossenen Nutzergruppe statt. Der Echtbetrieb wird in der ersten Jahreshälfte 2008 beginnen.

Die Informations- und Kommunikationsplattform bietet über den Portalmanager getrennte Zugangswege für die unterschiedlichen Zielgruppen der Plattform an. Weiter besteht die Möglichkeit, externe Fachkräfte als Moderatorinnen und Moderatoren für Chats und Foren einzubinden. Für „Lokale Initiativen" können im Bedarfsfall geschützte Bereiche zur internen Information und Kommunikation eingerichtet werden. Ab April 2008 wird dieses Angebot unter www.komplex-rlp.de erreichbar sein.

6. Förderung von Beratungsnetzwerken gegen Rechts

Im Juli 2007 startete ein zweites Bundesprogramm „Förderung von Beratungsnetzwerken- Mobile Interventionen gegen Rechtsextremismus". In allen Bundesländern sollen durch die Förderung eines landesweiten Beratungsnetzwerkes die Kommunen bei Problemen mit rechtsextremistischem Hintergrund unterstützt werden. Aus dem Beratungsnetzwerk sollen anlassbezogen, unmittelbar und zeitlich befristet „Mobile Interventionsteams" zur Intervention vor Ort gebildet werden. Dieses Bundesprogramm soll die präventiven Ansätze des Programms „Vielfalt tut gut. Jugend für Vielfalt, Toleranz und Demokratie" ergänzen.

In der Vergangenheit hatte es immer wieder Anfragen von Gemeinden bzw. Kreisen an (R)AUSwege gegeben, die im Zusammenhang mit rechtsextremistischen Aktivitäten Beratungs- und Unterstützungsbedarf signalisierten. In der Zusammenarbeit mit den Verantwortlichen vor Ort wurden dazu individuelle Lösungsansätze entwickelt und umgesetzt. Auch auf dem Hintergrund dieser Erfahrungen wurde (R)AUSwege vom Ministerium für Bildung, Wissenschaft, Jugend und Kultur im Sommer 2007 beauftragt, ein Konzept zur Umsetzung des Bundesprogramms in Rheinland- Pfalz zu erarbeiten und einen entsprechenden Projektantrag zu formulieren. Die Eckpunkte sind nachfolgend dargestellt:

- Das Landesjugendamt übernimmt die Funktion der Landeskoordinierungsstelle; diese steuert Lösungs- und Beratungsangebote zur Bekämpfung von Rechtsextremismus, Fremdenfeindlichkeit und Antisemitismus"
- Erfahrene Fachkräfte bilden ein dauerhaft existentes Beratungsnetzwerk. Das Beratungsnetzwerk verknüpft unterschiedlichste Kompetenzen. Es bildet bedarfsorientiert „Mobile Interventionsteams" für die Bekämpfung von Rechtsextremismus und unterstützt sie. Die Unterstützung der Mobilen Interventionsteams erfolgt sowohl fallübergreifend wie fallbezogen; Konzepte dazu sind im Beratungsnetzwerk zu entwickeln.
- Vier regionale Beratungsknoten werden eingerichtet. Sie fungieren als personalisierte Sensorien und Aktivposten in ihren Regionen.
- Mobile Interventionsteams sind ein Verbund von Experten aus dem Beratungsnetzwerk und aus der lokalen Szene. Diese werden vor Ort anlassbezogen, unmittelbar und zeitlich begrenzt aktiv.
- Die anlassbezogene Hilfe vor Ort erfolgt insbesondere durch Beratung sowie weiterführende Unterstützungsleistungen im Sinne einer Aktivierung von zivilgesellschaftlichem Engagement der Bürger gegen rechtsextreme Tendenzen.

Im September 2007 wurde der Projektantrag mit einer Projektlaufzeit bis zum 31.12.2010 vom Bundesministerium genehmigt.

Zwischenzeitlich wurden von der Landeskoordinierungsstelle im Landesjugendamt Fachkräfte aus unterschiedlichen staatlichen und nichtstaatlichen Institutionen, die allesamt über Expertenwissen zum Thema Rechtsextremismus verfügen, auf eine Mitarbeit im Beratungsnetzwerk angesprochen. Aktuell hat das Beratungsnetzwerk 15 Mitglieder.

Die Beratungsknoten, im Rahmen des Bundesprogramms eine rheinlandpfälzische „Spezialität", sind bei freien Trägern der Jugendhilfe in Regionen verankert, die Auftretens-Schwerpunkte rechtsextremistischer Aktivitäten in Rheinland- Pfalz sind oder waren.

Nach einer intensiven konzeptionellen und administrativen Vorbereitungsphase fand am 12.12.07 die offizielle Auftaktveranstaltung für Rheinland-Pfalz statt.

Zu erreichen ist das Beratungsnetzwerk unter der Telefonnummer: 06131/967508 Email: Beratungsnetzwerk@lsjv.rlp.de

Literatur:
Heitmeyer, W.: Deutsche Zustände, Folge 1. Frankfurt a/M. 2002
Grumke, Th.; Wagner, B.: Handbuch Rechtsradikalismus. Opladen 2002
Braun, Stefan: Rechtsrock- die Jugend im Visier. ajs-informationen 2/41. Stuttgart 2005
Fahr, Margitta S.: Was steht auf jedem Haus? Ausländer raus! Potsdam 2002
Möller, K.: Rechte Kids. Weinheim und München 2000
Gesicht zeigen (Hrsg.): Handbuch für Zivilcourage. Frankfurt/ New York 2000
Medienpädagogischer Forschungsverbund Südwest: Jugend, Information, (Multi-)Media. Stuttgart 2007

Informationen:
www.das-versteckspiel.de (Infos über Kleidung, Symbole und Zahlencodes)
www.gegen-rechts.rlp.de (Übersicht über landesweite und regionale Aktivitäten gegen Rechts, Analysen und Hintergrundwissen)
www.buendnis-toleranz.de (Über 1.000 Gruppen und Einzelpersonen haben hier Ideen und Vorschläge eingebracht oder auf schon unternommene Aktivitäten gegen fremdenfeindliche, rassistische und antisemitische Bestrebungen hingewiesen)
www.verfassungschutz.de (Infos über die rechtsextreme Szene, Jahresberichte, Hintergründe)
www.politische-bildung-rlp.de (Veranstaltungen, Publikationen, Literatur zum Thema Rechtsextremismus)

Fragmente

Ein wichtiger Faktor ist dabei auch die familiäre Situation der Jugendlichen, „erlebte Wertschätzung" und ein „demokratischer Erziehungsstil" sind u.a. wirksame Schutzfaktoren gegen rechte Manipulation. Auch die eigene politische Einstellung der Eltern kann eine wichtige Rolle spielen.

Fritz Marz

Politisch - pädagogische Lösungsansätze in Schule und Unterricht

Einführende Überlegungen

Ein demokratisch verfasste Gesellschaft, deren oberster Wert der Schutz der Menschenwürde darstellt, muss sich gegen Extremismus und Gewalt – unabhängig von welcher Seite – auf allen Ebenen wehren und wirksame Gegenstrategien entwickeln.

Der folgende Beitrag setzt sich mit der Frage auseinander, welche Lösungen im Bereich Schule und Unterricht gegenwärtig als Erfolg versprechend angesehen werden können und welche Bedingungen vor allem zu beachten sind. Im Blick auf die Vielfalt der Konzepte, kann hier nur eine Auswahl dargestellt werden, die versucht besonders nachhaltige Verfahren zu präsentieren. Wenngleich das Lernfeld der Politischen Bildung hierbei eine besondere Rolle spielt, werden andere Fachgebiete und die gesamte Schulstruktur nicht ausgeblendet.

Kritische Positionen, die eine Wirksamkeit pädagogischer Arbeit grundsätzlich bezweifeln und hier eine Überforderung von Schule und Unterricht konstatieren, übersehen zum einen die vielen Beispiele von „best practice" und gelungener Unterrichtsarbeit und zum anderen, dass es sich hier um gesamtgesellschaftliche Phänomene handelt für deren erfolgreiche Beeinflussung verschiedene gesellschaftliche Bereiche zusammenwirken müssen und diese Voraussetzungen allzu oft nicht gegeben sind bzw. nicht gewährt werden.

Soll daher die Frage nach den effizienten Möglichkeiten von schulischen Lösungsperspektiven realistisch eingeschätzt werden, so ist eine reflektierende Bezugnahme zu weiteren Makrobereichen notwendig, um die Erfolgchancen adäquat beurteilen zu können und um überzogene Erwartungen zu vermeiden.

Grundsätzlich muss aber davon ausgegangen werden, dass politisch-gesellschaftliche Probleme letztlich nicht pädagogisch, sondern politisch gelöst werden müssen. Dies kann natürlich nicht bedeuten, dass keine Handlungsmöglichkeiten bestehen, aber die Erfolgschancen sollten eher in der präventiven pädagogischen Intervention verortet werden.

Unterrichtsbezogene Konzepte

Für die konkrete pädagogische Arbeit erscheinen besonders die im Folgenden dargestellten unterrichts- und schulspezifischen Handlungsstrategien für eine konstruktive Auseinandersetzung mit rechtsextremen Orientierungen hilfreich.

Um ihre Chancen aber auch ihre Grenzen besser herausstellen zu können, werden sie zunächst isoliert dargestellt, wenngleich sie sich in der pädagogischen Realität häufig überschneiden und je nach den situationsspezifischen Bedingungen verschieden ausgeprägt sind. Kurzfristige Einstellungsveränderungen können in der Regel nicht erwartet werden, da sich derartige Einsstellungen in der Regel über einen längeren Zeitraum herausbilden. Neben grundsätzlichen präventiven Zielsetzungen für den „normalen" Heranwachsenden, sollten pädagogisch orientierte Ansätze zur Auseinandersetzung mit rechtsextremen Einstellungen auch dem Einzelnen in seiner spezifischen Lebenssituation hilfreiche Lösungswege aufzeigen, die ggf. praktische "Ausstiegshilfen" ebenso wie neue soziale Integrationsangebote umfassen können.

Die im Folgenden überblicksartig dargestellten Ansätze setzen für ihre schulische Anwendung eine Feinanalyse voraus, wobei der folgende Vertrauensansatz für besonders ausgeprägte extremistische Einstellungen geeignet erscheint, wenngleich er an die Kompetenzen der Lehrenden besondere Anforderungen stellt. Eine situationsgerechte Intervention setzt bei ihnen selbst eine eindeutige demokratische Position voraus, die unterlegt ist mit umfassendem Fachwissen und einer demokratischen Werteorientierung, die im Einzelfall konkret und überzeugend zum Ausdruck kommt. Ein Wegschauen würde demokratiefeindliche Einstellungen zementieren und letztlich auch ihre Akzeptanz fördern. Notwendig ist hier ein dialogisch – kommunikativer Unterricht, in dem Grundgesetztreue ohne Indoktrination und die Fähigkeiten zu dialogischen Auseinandersetzung mit Alternativen möglich ist. (vgl. auch bpb aktuell 2007)

Der individuelle, schülerorientierte Vertrauensansatz (Marz/Maurer)

Seine kennzeichnenden Merkmale sind:

- Ein zwischenmenschliches Vertrauensverhältnis, bei dem der Lehrer eine diskriminierende Etikettierung strikt vermeidet und dem Schüler in seiner Gesamtpersönlichkeit eine positive Wertschätzung zukommen lässt.

- Eine grundsätzlich positive Lehrerhaltung trennt sorgfältig zwischen den Auffassungen, die ein Schüler äußert und seiner Person.

- Wenn es um Kompensationen von emotionalen Defiziten, Selbstwert- und Identitätsproblemen geht, steht die Suche nach anderen Bewältigungsstrategien etwa über alternative Identifikationen im Vordergrund.

- Positive Ansätze beim Schüler sind hier zu suchen und zu verstärken, ohne in begründeten Fällen auf eine klare Grenzziehung zu verzichten.

- Emotionale Provokationen sind möglichst durch demokratische Verhaltensweisen unter Einbezug der gesamten Klasse zu bearbeiten, um die Chancen eines nichtautoritären Entscheidungsprozesse zu verdeutlichen.

Wenn es zentrale Aufgabe politischer Bildungsarbeit ist, junge Menschen an die demokratischen Grundwerte heranzuführen und ihnen eine Orientierung über die vielfältigen politischen und gesellschaftlichen Gruppen zu geben, dann ist das folgende informatorische Konzept für den „normalen" Unterricht von besonderer Bedeutung.

Der informatorisch-aufklärende Ansatz mit vorwiegend kognitiver Wissensvermittlung:

Merkmale dieses Ansatzes sind:

- eine umfassende Informationsvermittlung, die über historische, politische, wirtschaftliche und gesellschaftliche Faktoren und Bedingungen informiert. (z.B. Migrationspolitik)

- Anbahnung eines grundlegenden Verständnisses, das auf der Grundlage eines umfassenden Wissens eher erreicht und besser fundiert sein soll.

- Einbeziehung affektiv reflexiver Zielsetzungen wie z.B. Toleranz auf der Basis von Wissen und grundlegendem Verständnis.

- Im Gegensatz zum schülerorientierten individuellen Vertrauensansatz verschiebt sich hier die Schwerpunktlegung mehr zu einer generelleren Information für die gesamte Lerngruppe, wobei die individuelle Interaktion mehr zurücktritt.

Erlebnispädagogische Ansätze

Bei diesem Konzept liegt der Akzent auf affektiv - emotionalen Dimensionen in der Schülerpersönlichkeit, da besonders rechtsradikale Propaganda medial geschickt und affektiv - akzentuiert diese Wahrnehmungsebene anspricht, um nicht erfüllte Sehnsüchte aufzugreifen und ihre "einfachen Lösungen und autoritären Strukturen " anzubieten. Schulische Realisierungsansätze sind hier:

- eine erlebnisreiche Ausgestaltung von Klassenfahrten und Schullandheimaufenthalten; auch unter Einbeziehung von Fahrten zu Gedenkstätten für die Opfer des Nationalsozialismus.

- Verstärkung des Angebotes von Projekten und Freizeitaktivitäten u. a. in Form vermehrter Arbeitsgemeinschaften.

- aktuelle situationsbezogene Auseinandersetzungen bei konkreten Anlässen: Aufarbeitung von lokalen Konflikten im Zusammenhang mit Rassismus und Fremdenfeindlichkeit.

Erlebnispädagogik hat insbesondere die Chance, das Selbstwertgefühl von Jugendlichen spürbar zu stärken und aufgrund der gemachten Erfahrungen, die Kompetenz zu entwickeln, Aggressionen abzubauen. Letztlich kann ein wertvoller Beitrag zur Immunisierung geleistet werden, da Gefährdungen von extremistischer Seite chancenlos sind, weil der „ich-starke" Jugendliche die fremdbestimmten Angebote nicht mehr benötigt.

Ansätze interkultureller Erziehung:

Konzepte einer interkulturellen Erziehung zielen vor allem auf Integration ausländischer Kinder und Jugendlicher im Bildungsbereich bei gleichzeitiger Förderung ihrer sozialen und kulturellen Eigenständigkeit. Als wesentliche Arbeitsprinzipien gelten hier:

- Erziehung gegen Rassismus und gegen das Nationaldenken

- Erziehung zur Empathie, zur Solidarität und zum kulturellen Respekt

Bezieht man die schulische Wirkungsforschung in dieses Konzept mit ein, so erweisen sich besonders schulische Arrangements als wirksam, bei denen es gelingt unmittelbare personale Begegnungen und Beziehungen mit Jugendlichen verschiedener Kulturen herzustellen.

Das Konzept "Akzeptierende Jugendarbeit mit rechten Jugendcliquen (Krafeld 1992)

Ausgangspunkt ist hier die Überlegung, dass diese Gruppen allzu oft als Feinde der Gesellschaft stigmatisiert werden und die Menschen mit ihren Lebensschicksalen aus dem Blickfeld verschwinden. Gerade aber die realen Probleme der Jugendlichen sind in den Mittelpunkt zu stellen und nicht die Probleme, die sie machen.

Wesentliche Kennzeichen sind hier neben der Beziehungsarbeit, die Akzeptanz bestehender Cliquen, das Angebot sozialer Räume sowie die Entwicklung einer lebensweltorientierten infrastrukturellen Arbeit.

Neben den Chancen einer qualifizierten und intensivierten Anwendung dieser verschiedenen Ansätze stellt sich darüber hinaus grundsätzlich die Frage, inwieweit es vor allem der Schule gelingt, Schüler und Schülerinnen tatsächlich Demokratie in ihrer Alltagssituation erfahren zu lassen. Hier ist vor allem zu bedenken, dass nicht nur die Behandlung eines bestimmten Unterrichtsthemas, sondern auch die Realisierung demokratischer Unterrichtsprinzipien und Schulstrukturen eine besondere Prägewirkung entfalten kann.

Der schulische Gesamtansatz der demokratischen Schulkultur - das Projekt der Bund-Länder-Kommission: „Demokratie leben und lernen"

Während die vorhergehenden Ansätze vor allem die Möglichkeiten für die konkrete Unterrichtsgestaltung betrafen, ist dieses Projekt der erstmalige schulische Großversuch mit einer demokratischen Schulkultur umfassend demokratische Handlungskompetenzen zu vermitteln. Erste empirische Berichte erweisen sich als viel versprechend gerade unter der Zielsetzung extremistische Einstellungen zu vermeiden und die demokratische Alternative konkret erfahrbar gegenüber zustellen. (vgl. u. a. die Ergebnisse der BLK – sowie der jährlichen Rheinland–Pfälzischen Demokratietage)

Ziel des Modellversuchs ist es, die demokratische Handlungskompetenz der Schülerinnen und Schüler zu fördern und eine demokratische Schulkultur zu entwickeln – also Demokratie zu lernen & zu (er-)leben.
Damit schließt der Modellversuch, zu dessen Vorgeschichte rechtsextremistisch motivierte gewalttätige Ausschreitungen von Jugendlichen sowie in zahlreichen Jugendstudien festgestellte allgemeine Erscheinungsformen von Politik- bzw. Politikerverdrossenheit und Defizite im Hinblick auf politisches Wissen wie auf demokratische Einstellungen gehören, auch an ein Konzept an, das politische Bildung im Kern als "Demokratie-Lernen" begreift und dabei die Perspektive der "Akteure", also der politisch handelnden Bürgerinnen und Bürger betont.
Dabei unterscheidet z. B. der Hannoveraner Politikwissenschaftler Prof. Dr. Gerhard Himmelmann (Himmelmann 2001) zwischen Demokratie als Gesellschaftsform (Gesellschaft, Wirtschaft, Recht), als Herrschaftsform (politische Ordnung und Institutionen) und als Lebensform (Lebenswelt und Gestaltung sozialer Beziehungen). Auch wenn in den meisten Rahmenrichtlinien der Bundesländer die Erziehung zur Demokratiefähigkeit oder Demokratiekompetenz zu den anerkannten Leitzielen gehört, überwiegt im Politikunterricht der meisten Schulen die Vermittlung von Kenntnissen und Fähigkeiten in den ersten beiden Bereichen. Die demokratiepädagogisch aktive Schule als Lebenswelt und als Erfahrungs- und Erprobungsraum demokratischer Partizipation im Sinne von "civic education" und politischer Beteiligung von Jugendlichen vor Ort, d. h. in der eigenen Gemeinde, gehört wohl eher zu den Ausnahmeerfahrungen von Schülerinnen und Schülern.

Hier setzt das Programm "Demokratie lernen & leben" an, indem es ein Demokratie-Lernen favorisiert, das - unabhängig und nicht in Konkurrenz zum Unterricht über Institutionen, Strukturen und Prozesse der verfassten Demokratie - auf der erlebten Erfahrung demokratischer Prozesse und konstruktiver Partizipation basiert - und das nicht erst in den Abschlussklassen der Sekundarstufe I und in der Sekundarstufe II, sondern schon von der Grundschule an. Die Präferenz für "Demokratie als Lebensform" ergibt sich aus der defensiven und präventiven Orientierung des Programms, das sich als Maßnahme zur Überwindung Demokratie skeptischer, Demokratie abstinenter und Demokratie feindlicher Entwicklungen und Einstellungen junger Menschen begreift.

Daher dienen die vier Angebote/Module (hier verstanden als grundlegende institutionelle Entwicklungsbereiche der Schule) des Programms: Unterricht, Projekte, Demokratie in der Schule und Schule in der Demokratie im Wesentlichen der Realisierung der beiden Hauptziele:

1. der Entwicklung einer demokratischen Handlungskompetenz der Schüler/innen (unter Einbeziehung der Reflexions- und Kommunikationskompetenz)

2. der Entwicklung einer demokratischen Schulkultur als Zielsetzung und - im Sinne der Schulentwicklungsqualität des Programms - als Unterstützungs- und Service-Angebot des BLK-Programms für die Schulen.

Zur Entwicklung demokratischer Handlungskompetenz bei Schülerinnen und Schülern gehören Erfahrungen nicht nur in "repräsentativen Formen" der Partizipation wie Klassensprecher/in, Schülervertretung einer Schule, Landesschülervertretung oder die Mitwirkung in Institutionen wie Gesamtkonferenz oder Schulausschuss, sondern - und dies wäre dann nicht nur für eine Minderheit relevant - in "basisdemokratischen Formen" wie Klassenrat bzw. Klassenversammlung, Schulstufenversammlung oder Schul- (Voll)Versammlung. Neben den partizipativen Strukturen und Mitwirkungsmöglichkeiten braucht eine gelebte Demokratie in der Schule auch Mitverantwortung der Schülerinnen und Schüler für das eigene und das gemeinsame Lernen, insbesondere für das Projektlernen.

Demokratische Schulentwicklung geht vom Konzept einer "lernenden Schule" mit der Bereitschaft zur kontinuierlichen Veränderung und Weiterentwicklung aus. Das Ziel ist ein nachhaltiger Qualitätsentwicklungsprozess, an dem möglichst viele Gruppen der Schule (Schüler/innen, Lehrer/innen, Eltern und Kooperationspartner) aktiv beteiligt sind. Dazu benötigen und erhalten die Schulen Unterstützung durch den Aufbau einer Netzwerkstruktur.

Zur Umsetzung dieser beiden zentralen Ziele bietet das BLK-Programm "Demokratie lernen & leben" vier verschiedene, aber miteinander vernetzte Module an.

Modul 1: Unterricht

„Modul 1 dient dem Zweck, demokratieerschließende Inhalte als ‚Gegenstände' der Politischen Bildung in Form curricularer Einheiten bzw. didaktischer Vorgaben zu entwickeln und in einem auf verständnisintensives Lernen orientierten Unterricht entwicklungsadäquat und praxisrelevant zu vermitteln."(Edelstein & Fauser 2001, S. 30)

Innerhalb dieses Moduls sollen Angebote entwickelt werden, die

- der Erprobung neuer Unterrichtsformen
- der Förderung sozialen Lernens und der Arbeit in Gruppen
- der Verbesserung der Kommunikation(sstrukturen)
- der Schulung von Methoden selbstständigen und eigenverantwortlichen Lernens
- der individuellen Aktivierung und Förderung von Schüler/innen

dienen.

Modul 2: Lernen in Projekten

„Lernen in Projekten entspricht vielen der Erwartungen, die an eine Methodik des verständnisintensiven Lernens geknüpft werden. Die individuelle Handlungskompetenz (und deren selbstwirksamkeitsförderliches Erleben) und der Aufbau sozialer und sozialkognitiver sowie politikpropädeutischer Kompetenzen werden durch selbstbestimmtes Lernen in Projekten gefördert." (Edelstein & Fauser 2001, S. 32)

Das Projektlernen soll vom vielfach marginalen Sonderstatus der Projekttage am Ende des Schuljahres zum festen Bestandteil des Unterrichtsalltags werden u. a.

- durch professionelle Planung und Durchführung von Projekten

- durch die Vermittlung eines eigenständigen und nachhaltigen Status (qualitativ und quantitativ) des Projektlernens im Leitbild und/oder Qualitätsprogramm/Profil der Schule, im pädagogischen Jahresarbeitsplan und in den konsensual im Kollegium getroffenen Entscheidungen über Unterrichtsformen und Unterrichtsorganisation

- durch die positive Resonanz bei Schüler/innen und Lehrer/innen unter der Voraussetzung der erlebten Bedeutsamkeit der Arbeit in Projekten.

- Das Projektlernen

- trägt zur Differenzierung der Lehrerrolle bei.
- fördert die Kooperation zwischen Lehrkräften.
- begründet hierarchiefreie Formen der Zusammenarbeit zwischen Lehrer/innen und Schüler/innen.
- ermöglicht den Einsatz variabler und flexibler Arbeitsformen.

Modul 3: Schule als Demokratie - oder: Demokratie in der Schule

- Modul 3 zielt auf „die Entwicklung von Partizipationsformen mit realem Einfluss auf die Lebenswirklichkeit, auf die Kultur einer Schule [und stellt damit] eine programmatische Entwicklung einer Schule zu einer aktiven Gemeinschaft dar, die in vielen Schulen längst begonnen wurde." (Edelstein & Fauser 2001, S. 35)

- Hier geht es also darum, bereits vorhandene demokratische Strukturen auszubauen und die realen Partizipationsmöglichkeiten für Schülerinnen und Schüler zu verbessern, u. a. durch

- die Einrichtung neuer unmittelbarer Partizipationsformen wie Klassenrat, Stufenversammlung und Schulversammlung

- den Ausbau vorhandener Partizipationsmöglichkeiten innerhalb der SV (Klassensprecher/in, Schulsprecher/in u.a.m.) im Sinne einer Verbesserung der Qualifikationen der SV-Vertreter/innen und der Anerkennung und Wertschätzung durch Schulleitung und Lehrerkollegium (z.B. auch in qualifizierten Zertifikaten für die beteiligten Schüler/innen)

- verstärkte Nutzung oder Reorganisation von Schülerzeitungen und anderen Medien (z. B. Homepage der Schule) zur Information der Schülerschaft über Elemente einer demokratischen Schulkultur, Partizipationsprojekte etc.

- Beteiligung der Schüler/innen an der Diskussion über Leitbild oder Verfassung der Schule

- Beteiligung der Schüler/innen an der internen Evaluation der Unterrichtsqualität (z.B. durch gemeinsam entwickelte Schüler-Lehrer-Fragebogen zum Unterricht)

- Beteiligung der Schüler/innen an der Unterrichtsplanung, insbes. bei Formen des "Offenen Unterrichts"(z. B. Freiarbeit, Projektlernen, Exkursionen, Lernortkooperationen)

- Förderung des Sozialen Lernens und des toleranten und produktivem Umgangs mit individuellem Anderssein (Heterogenität als Chance kreativen Lernens).

Modul 4: Schule in der Demokratie

„[...] Öffnung der Schule im hier behandelten Kontext von Empowerment und Anerkennung von Schülern (und übrigens auch von Lehrern) [bedeutet] die Erweiterung der Mitwirkung und Partizipation auf das kommunale Umfeld der Schule und außerschulische Akteure, nicht zuletzt Akteure der Jugendarbeit und Jugendhilfe, sowie, mit Bezug auf die berufsbildenden Einrichtungen, Akteure der Arbeitswelt. Eine solche Erweiterung entspricht einem Verständnis der Schule als einer im vollen Sinne ‚öffentlichen' Einrichtung, die zugleich staatlich und zivilgesellschaftlich verankert ist." (Edelstein & Fauser 2001, S. 39)

Schule soll also stärker als bisher als Teil der sie (besonders im Nahraum) umgebenden politisch-gesellschaftlichen Realität wahrgenommen werden. Lebenswelten der Jugendlichen (in der Gemeinde, in Jugendverbänden, in Vereinen und Cliquen) sollen stärker beachtet und in das Schulleben integriert werden, damit - in einem weiter gefassten Sinne - politisches Handeln und Anerkennung demokratischer Verhaltensnormen und der eigenen Verantwortlichkeit weniger als außerhalb der eigenen Lebenswirklichkeit und Interessen empfunden werden. Dazu können beitragen:

- Kooperationen mit außerschulischen Partnern in Gemeinde oder Kreis (Jugendhilfe, Jugendpfleger, Jugendhäuser etc.), in Partizipationsprojekten (Jugendparlament, Jugendrat, Initiativen zur Städteplanung insbesondere im Sport- und Freizeitbereich etc.), in Vereinen, Jugendverbänden, Bürgerinitiativen etc., in Lernortkooperationen mit regionalen Unternehmen (z.B. im Zusammenhang mit Problemen der Ausbildungs- und Arbeitsplatzsuche, des Kennenlernens betrieblicher Strukturen, Planungs- und Entscheidungszusammenhänge u.a.m.)

- Projektarbeit in Verbindung mit Medien (Radio, Video/lokales Fernsehen, Internet usw.)

- Einbeziehung von Problemen und Kontroversen des politisch-gesellschaftlichen Umfeldes in den Unterricht und Beteiligung an lokalen Diskussionsprozessen (Leitbild, Agenda 21, Zukunftswerkstätten, Partnerschaften mit Städten usw.)
- die Förderung ehrenamtlichen Engagements von Schüler/innen z. B. in sozialen Einrichtungen und bei hilfsbedürftigen Personen

Erste empirische Analysen zu den Ergebnissen sowie entsprechende Dokumentationen (vgl. u.a. Net-Part Schule 2006) zeigen beachtliche Erfolge, die einen breiten Transfer dieses Gesamtkonzeptes wünschenswert erscheinen lassen. Aber selbst ohne eine sofortige Gesamtübernahme sind bereits einzelne Elemente übertragbar und begründen die Hoffnung, dass auch ein schrittweises Vorgehen durchaus erfolgreich sein kann. Als ein Beispiel seien hier die erfolgreichen schulischen Umsetzungen von M. Gollon angeführt, der die präventiven Funktionen von handlungsorientierten Unterrichtsmethoden über längere Zeit in der Schulpraxis erprobt hat. (s. Gollon In: Klees,/Marz/Moning-Konter 2003)

Überblickt man insgesamt die hier vorgestellten Konzepte, so ist je nach Situation nicht nur ein differenzierendes und integrierendes Vorgehen notwendig, sondern auch in der Realisierungsphase erweist sich eine permanente Beobachtung der Auswirkungen als unabdingbar, um ineffiziente Ansätze und Methoden zu korrigieren bzw. ersetzen zu können. Welche Möglichkeiten für besonders gefährdete Jugendliche geeignet erscheinen und in welchen Zusammenhang rechtsextreme Angebote hier einzuordnen sind, wird in der folgenden Übersicht zusammenfassend dargestellt:

Realität der gefährdeten Jugendlichen	Ihr Wunschtraum als Versprechen der Rechtsextremen	Mögliche pädagogische Antworten in einer demokratischen Schule
Ohnmacht	Macht	Mitwirkung und Beteiligung, Entscheidungstransparenz und Funktionsübertragung sowie positive Rückmeldungen
Vereinzelung	Gemeinschaft / Zusammenhalten	Gemeinsame Gespräche und Aktionen, Aufbau eines Wir-Gefühls besonders mit Ausländern
einstecken müssen	zuhauen	Konfliktanalyse und Entwicklung von humanen alternativen Lösungsmöglichkeiten durch Einbeziehung der gesamten Klasse
Versager, überflüssig	etwas leisten können, anpacken können	Handlungs- und problem-orientierter Unterricht, konkrete bewältigbare Aufgaben mit Erfolgserlebnissen
aussichtslose Lage	bessere Zukunft ("unsere Stunde kommt")	Subjektive Empfindungen aufarbeiten, positive Chancen und Beispiele herausstellen
alles vorgegeben, kein Raum für neue Erfahrungen, "tödliche Langeweile"	neue Gangart, neue Gedanken	Aktivitätsanregende Raumgestaltung, mehr Freiheit in den Lernformen und -bedingungen
Orientierungslosigkeit	Ziele, Ideale, bessere Wege, sinnvoll sich betätigen können	Gezielte Wertevermittlung besonders der Verfassung, der Normen und Regeln im schulischen Bereich
Alltag: "immer der gleiche Trott"	Abenteuer, etwas Verbotenes provozieren	Gestaltung von Freizeiten, Realbegegnungen, Öffnung zum gesellschaftspolitischen Umfeld

Die hier angesprochene pädagogische Arbeit mit bereits "gefährdeten Jugendlichen", darf diejenige mit so genannten "Normaljugendlichen" nicht außer Acht lassen. Im Folgenden werden daher für die „normale" Unterrichtssituation

Grundelemente von Präventionsunterricht dargestellt, die die Mindestanforderungen offizieller Lehrpläne unter Einbeziehung aller Schularten erfasst und in ihren Zielsetzungen auf eine Grundversorgung abzielen, um Jugendlichen Mindestkompetenzen von Analyse- und Beurteilungsfähigkeiten zu vermitteln.

Bausteine unterrichtlicher Präventionskonzepte - grundlegende Zielsetzungen und Begründungen

In den Feldern von Fremdenfeindlichkeit und Rechtsextremismus sind vielfältige Zielsetzungen, Inhalte und Methoden unterrichtsrelevant. Wenn das unbestrittene zentrale Ziel der schulischen Bildung der mündige Aktivbürger darstellt, so ergibt sich für die infrage stehenden Bereiche, die zentrale Frage, welche zentralen Kompetenzen anzubahnen und möglichst zu erreichen sind.

Der rheinland–pfälzische Lehrplan – als exemplarisches Beispiel wie in vielen anderen Bundesländern ähnlich – fordert als Aufgabe der Politischen Bildung eine Orientierung an dem Menschenbild des Grundgesetzes und fordert als eine zentrale Fähigkeit eine Selbstbestimmung in sozialer Verantwortung, die auf der Basis einer kritikfähigen Identifikation mit den Werten und Normen der Verfassung sowie auf der Grundlage rationalen Urteilens basiert.

Im konkreten Fall wird für alle verschiedenen Schularten im Bereich der „ Politischen Ordnung der BRD" festgelegt: „Kenntnis von Zielsetzungen und Methoden extremistischer Gruppen und Fähigkeit und Bereitschaft, sie nach demokratischen Grundwerten zu beurteilen. Untersuchungen von Situationen, in denen sich extremistische Einstellungen zur Lösung politischer Fragen widerspiegeln, z. B. Arbeitslosigkeit, Unterbringung von Asylbewerbern."

Als zentrales Kompetenzziel wird im kognitiven wie im affektiven Bereich eine Urteilsfähigkeit angestrebt, die sich zum einen auf die Kenntnis von Zielen und Methoden extremistischer Gruppen und zum anderen auf die Grundwerte als Beurteilungsbasis stützt. Entsprechend den verfassungsrechtlichen Vorgaben sind somit als zentrale Leitlinien vor allem die Menschenwürde, die körperliche Unversehrtheit und die Gleichheit - vgl. Artikel 1 – 3 der GG – von zentraler Bedeutung, da sie vor allem von extremistischen Gruppen negiert werden. Ohne eine nachhaltige kognitive Vermittlung aber auch einer wirksamen affektiven Identifizierung mit diesen Werten kann die zentrale Urteilskompetenz nicht erreicht werden. Hiermit eng verbunden ist die notwendige Einsicht, Gewaltanwendung zu ächten und sich im Rahmen der eigenen Möglichkeiten gegen Gewalt auszusprechen und zu engagieren. Die hier erkennbare notwendige Handlungsdimension wird in den Lehrplanvorgaben nicht explizit benannt, wird aber in der neueren didaktischen Diskussion immer stärker unter der Zielsetzung der „Zivilcourage" gefordert.

Sollen Analysekompetenzen im Blick auf extremistische Gruppen angebahnt werden, so ist eine grundsätzliche Auseinandersetzung mit Extremismus und dessen Abgrenzung von demokratischen Parteien unabdingbar. Ohne eine fundierte Kenntnis zentraler Kriterien für extremistische Bewegungen und die Fähigkeit sie anwenden zu können wird eine qualifizierte Urteilsbildung nicht gelingen.

Didaktisch – methodische Überlegungen

Sollen die hier herausgestellten zentralen Zielsetzungen realisiert werden, bedarf es in jedem Fall der didaktischen Reduktion, die Teilziele, ausgewählte Inhalte und Methoden im Blick auf die Lerngruppe und den zeitlichen Rahmen in eine adäquate Balance bringt, um ein nachhaltiges Lernen zu ermöglichen.

Im Blick auf die affektiven Zielsetzungen – Identifizierung u.a. mit körperlicher Unversehrtheit- sind Möglichkeiten der Betroffenheit und individueller Zugänge von besonderer Bedeutung, da derartige Zugangsweisen vor allem die Wirksamkeit des Lernens sicherstellen. Die im Lehrplan vorgesehene „Situationsanalyse von extremistischen Einstellungen bei politischen Fragen" eröffnet die Chance für eine realitätsorientierte Zugangsweise, die methodisch in vielfältiger Form umgesetzt werden kann wie z. B. Dokumentenanalyse, Plan – und Rollenspiele, Experteninterviews etc. Wichtig ist hier bei der Auswahl Situationen und Fälle zu finden, bei denen letztlich die intendierten Urteilskompetenzen exemplarisch erarbeitet werden können und die gleichzeitig den Lernenden einen emotionalen Zugang ermöglichen.

Bei der Auswahl von gestalterisch und inhaltlich geeigneten Materialien ergeben sich eine Vielfalt von Möglichkeiten wie Karikaturen, literarische Texte, Jugendbücher mit einschlägiger Bezugnahme, Liederauszüge bekannter Interpreten wie Die Ärzte, BAP etc., Filme, fächerübergreifende Projekte, die Einladung von Experten und Zeitzeugen sowie die Arbeit mit Gedenkstätten.

Im Blick auf die gewünschte selbständige Urteilsbildung sollten aber vor allem Methoden und Verfahren berücksichtigt werden, die die Selbsttätigkeit und die Auseinandersetzung mit kontroversen Standpunkten fördern. Soll die jeweilige Lerngruppe möglichst von sich aus aktiv werden, so bieten sich vor allem in der Planungsphase offene Lernformen wie etwa Brainstorming an, um zum einen die Vorkenntnisse und Interessenlagen zum Thema genauer erfassen und gleichzeitig in einer gemeinsamen Clusterbildung zentrale Fragestellungen und Vorgehensweisen in einer Feinanalyse auszuwählen und im Blick auf die zeitlichen Rahmenbedingungen in eine realistische Ablaufstruktur einzuordnen. Die eingangs formulierten zentralen Kompetenzen sollten hier auf die Gruppe bezogen in operationalisierten Teilzielen modifiziert werden, aber nicht in einer Randstellung verloren gehen.

Aus der grundlegenden kognitiven Zielsetzung – Analysekompetenz hinsichtlich des Erkennens von extremistischen Gruppen – resultiert eine notwendige Auseinandersetzung mit dem Begriff des Extremismus insbesondere mit der Definition und der damit verbundenen Abgrenzungsproblematik sowie eine Erarbeitung begründeter Kriterien für eine rationale Urteilsbasis.

Konkret bietet sich hier die immer wieder aktuell werdende Forderung nach einem Verbot der NPD an, wobei der jährlich erscheinende und jedem zugängliche Verfassungsschutzbericht eine informative Einstiegsmöglichkeit bietet. Die offizielle Definition der einschlägigen Begriffe sowie die Originalzitate extremistischer Gruppen eröffnen nicht nur eine direkte Information, sondern auch den Vergleich mit verschiedenen Gruppierungen, um die oft schwierige abstrakte Analyse und Abgrenzung zu erleichtern und letztlich ein differenziertes Urteilsvermögen anzubahnen. Parallel hierzu können geeignete Fallbeispiele, die in aktuellen Medienberichten immer wieder sehr anschaulich zur Verfügung stehen, die grundwerteverachtende Folgen von extremistischen Einstellungen unmittelbar erfahrbar machen.

Die Frage, inwieweit die geplanten Lernprozesse tatsächlich erreicht werden bzw. zumindest angebahnt werden, verweist auf die Möglichkeiten der Erfolgskontrollen, die sich in verschiedener Form wie Gruppendiskussionen, Einsatz von Anwendungsbeispielen, affektive und kognitive Tests etc. anbieten.

Fazit

Schulische und unterrichtliche Patentrezepte gegen Rechtsextremismus und Gewalt existieren nicht. Dies bedeutet aber nicht Hilflosigkeit und Resignation, sondern verweist auf den mühsamen Weg möglichst viele verschiedene Wege zu kennen, ihre Wirksamkeit abschätzen zu können und sie in kritischer Reflexion einzusetzen bzw. bei Misserfolg zu revidieren und sie durch alternative Möglichkeiten zu ersetzen. Politisch – pädagogische Ansätze können in ihrer Bedeutung nur als ein Teil einer umfassenderen gesellschaftlichen Gesamtstrategie gesehen werden und dementsprechend ist eine realistische Einschätzung der Erfolgswahrscheinlichkeit unabdingbar, um ein frühzeitiges Resignieren wegen überhöhter Erwarten zu vermeiden. Grundsätzlich gilt allerdings, dass pädagogische Konzepte weiter als unabdingbare Bestandteile einer gemeinsamen Strategie eine Rolle spielen, wobei die Verbesserung der Ressourcen und damit der unterrichtlichen Rahmenbedingungen ihre Nachhaltigkeit weiter verbessern würden.

Literaturverzeichnis

Backes, U. / Jesse, E. 1993: Politischer Extremismus in der Bundesrepublik Deutschland. Bonn

Backes, U. / Moreau, P. 1993: Die extreme Rechte in Deutschland. München

Beck, U. 1986: Risikogesellschaft. Frankfurt

Bergkessel,H.u.a. 2007: Demokratie lernen und leben. Bericht für Rheinland-Pfalz. Mainz

Billing, W. 1993: Fremdenfeindlichkeit und Gewalt. In: Normalität-Differenz-Asymmetrie, hrsg. v. E. Zwierlein, Philosophisches Forum, Bd. 7, S. 77-118

Bund-Länder-Kommission 2001: Gutachten für ein Modellversuchsprogramm. Bonn

Bundeszentrale für politische Bildung 2007: Unterrichtliche Präventionskonzepte. Informationen zur politischen Bildung aktuell. Berlin

Edelstein,W./Fauser,P. 2001: Demokratie lernen und leben. Bonn

Geißner.H. 1986: Rhetorik und politische Bildung. Frankfurt a. M.

Himmelmann,G. 2001: Demokratie Lernen als Lebens-, Gesellschafts- und Herrschaftsform. Schwalbach/Ts.

Himmelmann,G. 2004:Demokratie – Lernen. Was – Warum – Wozu. Berlin

Heitmeyer, W. u.a. 1992: Die Bielefelder RechtsextremismusStudie. Weinheim u. München

Held, J. / Horn, H. W. u.a.: "Du mußt so handeln, daß Du Gewinn machst...", in: Diss.Text, Nr.18, Duisburg 1991

Hoffmeister, D. / Sill, O. 1992: Zwischen Aufstieg und Ausstieg. Opladen

Jaschke, H.-G. 1994: Rechtsextremismus und Fremdenfeindlichkeit. Opladen

Klees, K./Marz, F./Moning-Konter, E. 2003: Gewaltprävention. Praxismodelle aus Jugendhilfe und Schule. München

Krafeld, F. J. 1992: Akzeptierende Jugendarbeit mit rechten Jugendcliquen. Bremen

Landeszentrale für politische Bildung Rheinland-Pfalz 1995: Nein!
Fremdenfeindlichkeit - Gewalt - Rassismus - Rechtsextremismus. Mainz

Marz, F. / Maurer, H. 1993: Rechtsextremismus und Jugend. Mainz:
Schriftenreihe des ILF

Merkens, K. 1998: Lebensstile Berliner Jugendlicher 1997. Berlin. In:
Frankfurter Rundschau vom 10. Juni 1998

Net-Part Schule 2006: Mitentscheiden und Mitverantworten von Anfang an.
Mainz (Videodokumentation)

Merkens, K.: Starker Trend nach rechts, in: Die Woche vom 12. Juni 1998, S.
6 f.

Rommelspacher, B. 1998: Ethnischer und eugenischer Rassismus, in:
Randschau – Zeitschrift für Behindertenpolitik Nr. 2193

Sander, W.: Rechtsextremismus als pädagogische Herausforderung für
Schule und politische Bildung, in: Verantwortung in einer unübersichtlichen
Welt. Bonn 1995, S. 215-226

Sarcinelli, U. (Hrsg.) 1987: Politikvermittlung. Beiträge zur politischen
Kommunikationskultur. Bonn

Schacht, K. u. a. 1995: Hilflos gegen Rechtsextremismus? Köln
Schubarth, W. 1993: Sehnsucht nach Gewissheit, in: Rechtsradikale Gewalt
im vereinigten Deutschland. Hrsg. v. Otto, H. U. / Merten, R. Opladen, S.256-
266

Schubarth,W. 2000: Pädagogische Konzepte als Teil der Strategien gegen
Rechtsextremismus. In: APuZ - B 39/2000 ,S.40 - 48

Stöss, R. / Niedermayer, O. 1998: Befragung im Mai/Juni 1998, zit. n.:
Frankfurter Rundschau vom 2. Juli 1998

SINUS-Studie über rechtsextremistische Einstellungen bei den Deutschen.
Reinbek bei Hamburg 1982

Verlage bes. für weitere Unterrichtseinheiten und – materialien:
Bergmoser u. Höller Verlag 52088 Aachen
Verlag an der Ruhr – 45472 Mühlheim
Wochenschau-Verlag – 65824 Schwalbach/Ts.
Klett-Verlag – 70178 Stuttgart

Bernd Rückwardt

Schule ohne Rassismus – Schule mit Courage (SOR/SMC)

Problemstellung

„Drogen? – Mobbing? – Diskriminierung ? - Fremdenfeindlichkeit? – Rassismus? – Rechtsextremismus? - Gewalt ? „Das gibt es an meiner/unserer Schule nicht! " – Dies ist eine oft gehörte Aussage von Schulleiterinnen und Schulleitern. Sogar Schulen, die sich mit großem Erfolg bemühen, die genannten Erscheinungen durch vorbildliche Arbeit in den Griff zu bekommen, können nicht ausschließen, dass Schülerinnen und Schüler, Lehrerinnen/Lehrer und Eltern immer einmal wieder mit diesen Problemen konfrontiert werden. Leider wird oftmals weggeschaut, aufkommende Probleme werden ignoriert oder gar vertuscht („Wir wollen doch dem Ruf unserer Schule nicht schaden!"). Der Kopf wird allzu gern in den Sand gesteckt. Doch die Wirklichkeit sieht oftmals anders aus. Zahlreiche Studien[1] belegen, dass beispielsweise rechtsextremes Gedankengut in der Mitte der Gesellschaft angekommen ist.

Informationstagung gegen Fremdenfeindlichkeit und Rechtsextremismus

Die Landeszentrale für politische Bildung Rheinland-Pfalz hat mit zahlreichen Kooperationspartnern (u.a. mit der Universität in Landau, dem Ministerium des Innern und für Sport des Landes Rheinland-Pfalz, jugendschutz.net, dem Netzwerk für Demokratie und Courage, dem Rat für Kriminalitätsverhütung der Stadt Ludwigshafen, dem Aussteigerprogramm (R)AUSwege und der Elterninitiative gegen Rechts) für Rheinland-Pfalz ein Konzept unter dem Motto „Fremdenfeindlichkeit und Rechtsextremismus? – Wir tun was! – Eine Initiative für Rheinland-Pfalz" entwickelt, um vor allem Multiplikatorinnen und Multiplikatoren in der schulischen und außerschulischen politischen Bildung komprimiert einen Überblick über die rechtsextremistische Szene in Rheinland-Pfalz zu vermitteln und daran anschließend im Rahmen von Infoshops Möglichkeiten für die praktische Arbeit vor Ort anzubieten. Die eintägige Veranstaltung wurde bislang in Landau, Bad Dürkheim, Ludwigshafen, Worms und Wittlich mit großem Erfolg durchgeführt. Für 2008 sind weitere Informationstagungen in Koblenz und Trier und eventuell auch in Zweibrücken vorgesehen.

In Ludwigshafen wurde erstmals durch eigene Referenten, Vertreter der Schülerverwaltung (SV) des Leininger-Gymnasiums Grünstadt, das Konzept von „Schule ohne Rassismus – Schule mit Courage " (SOR-SMC) vorgestellt. Die Veranstalter der Informationstagung gingen von dem Gedanken aus, nicht nur

---

[1] Oliver Decker und Elmar Brähler unter Mitarbeit von Norman Geißler, Vom Rand zur Mitte, Rechtsextreme Einstellungen und ihre Einflussfaktoren in Deutschland, Berlin 2006

die Multiplikatoren sondern auch frühzeitig Schülerinnen und Schüler in die Präventionsarbeit einzubeziehen. Dies ist auf hervorragende Weise gelungen.

Das Projekt „Schule ohne Rassismus – Schule mit Courage"

„Schule ohne Rassismus – Schule mit Courage" ist eine europäische Jugendbewegung. Nationale Koordinierungsstellen existieren mittlerweile in Belgien, (dort begann die Bewegung 1988) den Niederlanden, in Deutschland (seit 1995 dabei), in Österreich und in Spanien. Europaweit gibt es inzwischen fast 800, in Deutschland über 400 und in Rheinland-Pfalz 11 Schulen, die den Titel „Schule ohne Rassismus – Schule mit Courage" tragen dürfen. (siehe den Beitrag von Rückert/Müller in diesem Band). Weitere Schulen, z.B. in Frankenthal, Zweibrücken und Speyer befinden sich z.Zt. im Vorbereitungs- bzw. im Antragsverfahren.

„Schule ohne Rassismus – Schule mit Courage" ist ein Projekt von und für Schülerinnen und Schülern, die gegen alle Formen von Diskriminierung, insbesondere Rassismus, aktiv vorgehen und einen Beitrag zu einer gewaltfreien, demokratischen Gesellschaft leisten wollen. Gemeinsam ist in allen beteiligten Ländern folgende Grundidee: Schulen, die sich dem Netzwerk anschließen, einigen sich in einer Selbstverpflichtung mehrheitlich (mindestens 70% der Schulgemeinschaft, d.h. der Schülerinnen und Schüler, der Lehrerinnen und Lehrer und der sonstigen Bediensteten wie Sekretärinnen, Hausmeister, Reinigungskräfte, Schulsozialarbeiter) aktiv nicht nur gegen Rassismus in engeren Sinne, sondern gegen alle Formen von Diskriminierung (z.B. aufgrund der Religion, der sozialen Herkunft, des Geschlechts, körperlicher Merkmale, der politischen Weltanschauung und der sexuellen Orientierung) vorzugehen.

Die Ziele

Das Projekt „Schule ohne Rassismus – Schule mit Courage" hat folgende Ziele:

- Sensibilisierung von Schülerinnen und Schülern für alle Formen von Diskriminierung und Rassismus

- Förderung des Engagements von Schülerinnen und Schülern gegen Diskriminierung und für Integration und Chancengleichheit

- Förderung humaner und demokratischer Denk- und Handlungsmuster bei Schülerinnen und Schülern

- Qualifizierung von Schülerinnen und Schülern und Lehrerinnen und Lehrern

- Nachhaltiger Abbau von Rassismus, Diskriminierung und Gewalt in unserer Gesellschaft

Wie wird man „Schule ohne Rassismus – Schule mit Courage?

Die folgenden drei zentralen Grundsätze müssen von der qualifizierten Mehrheit (mehr als 70 %) der Schulgemeinschaft akzeptiert und durch Unterschrift bekräftigt werden, die im Beitrag von Rückert/Müller in diesem Band dargestellt werden:

1. „Ich werde mich dafür einsetzen, dass es zu einer zentralen Aufgabe meiner Schule wird, nachhaltige und langfristige Projekte, Aktivitäten und Initiativen zu entwickeln, um Diskriminierungen, insbesondere Rassismus, zu überwinden."

2. „Wenn am meiner Schule Gewalt, diskriminierende Äußerungen oder Handlungen ausgeübt werden, wende ich mich dagegen und setze mich dafür ein, dass wir in einer offenen Auseinandersetzung mit diesem Problem gemeinsam Wege finden, uns zukünftig einander zu achten."

3. „Ich setze mich dafür ein, dass an meiner Schule ein Mal pro Jahr ein Projekt zum Thema Diskriminierungen durchgeführt wird, um langfristig gegen jegliche Form von Diskriminierung, insbesondere Rassismus, vorzugehen."

Das weitere Vorgehen

Der Titel Schule ohne Rassismus – Schule mit Courage wird den Schülerinnen und Schülern in einem feierlichen Festakt übergeben. Die Schülerinnen und Schüler sollen eine Patin oder einen Paten für ihre Schulen suchen, dabei kann es sich um eine prominente Persönlichkeit, z. B. aus den Bereichen Kunst, Politik, Medien oder Sport kommen (s. Beitrag Rückert/Müller). Indem sich die Paten öffentlich für das Anliegen einsetzen, werden die Schülerinnen und Schüler nicht nur am Tag der Titelübergabe, sondern dauerhaft unterstützt. Wenn am Ende des Festaktes das Schild „Schule ohne Rassismus – Schule mit Courage" gut sichtbar an der Schule angebracht wird, haben alle dazu beigetragen, ihrer Schule in diesem Sinne auch öffentlich ein zusätzliches, neues Profil zu geben.

Das Netzwerk

Die Schülerinnen und Schüler werden bei ihren Aktivitäten von einem Kooperationsnetz unterstützt. Dieses besteht aus der Bundeskoordination, den Landeskoordinationen sowie aus regionalen und überregionalen Kooperationspartnern. Hierzu gehören zivilgesellschaftliche Gruppen, Organisationen der Jugendarbeit, NGOs, Landesverbände der GEW und staatliche Stellen wie die

Landeszentralen für politische Bildung. Das Kooperationsnetz bietet Beratung und Information für Schülerinnen und Schüler, aber auch für Pädagoginnen und Pädagogen und Multiplikatorinnen und Multiplikatoren an.

Besonderheiten

Betont werden muss, dass „Schule ohne Rassismus – Schule mit Courage" ein Projekt ist, das aus den Reihen der Schülerinnen und Schüler kommt (s. Beitrag Rückert/Müller in diesem Band). Die Entwicklung der Aktionsideen und deren Umsetzung erfolgt in ihrer eigenen Initiative, wobei sie nach Möglichkeit mit den Lehrerinnen und Lehrern kooperieren.

Durch die handlungsorientierte Ausrichtung des Projekts wird Sach- und Fachwissen nicht nur intellektuell vermittelt, sondern mit sozialer und praktischer Erfahrung verknüpft. Die Schülerinnen und Schüler erlernen so wichtige Schlüsselqualifikationen für ihren künftigen beruflichen Werdegang und ihre Rolle als mündige Bürgerinnen und Bürger. Hierzu gehören nicht nur vordergründig interkulturelle Kompetenz, Demokratiebewusstsein und gesellschaftliches Teilhaben, sondern auch selbständiges Planen und Umsetzen von Projektideen mit einhergehender fachlicher Qualifizierung je nach Projektart (z.B. Internet, Öffentlichkeitsarbeit, Dokumentation, Management, Kunst, Menschenrechte) sowie Arbeiten im Team und innerhalb des Kooperationsnetzes.

Adressen / Ansprechpartner

Schule ohne Rassismus – Schule mit Courage (SOR – SMC):
www.schule-ohne-rassismus.org
Hier gibt es umfangreiches Informationsmaterial, insbesondere das Start-Info mit allen erforderlichen Unterlagen.

Landeszentrale für politische Bildung Rheinland-Pfalz:
www.politische-bildung-rlp.de

Jugendschutz.net: www.jugendschutz.net

Netzwerk für Demokratie und Courage: www.netzwerk-courage.de

Rat für Kriminalitätsverhütung der Stadt Ludwigshafen: Kontakt Tel. 0621/504-2707

Universität Koblenz-Landau, Campus Landau: moning@uni-landau.de

(R)AUSwege aus dem Extremismus – Rheinland-Pfälzisches Aussteigerprogamm: Telefon: 0800 454600

Elterninitiative gegen Rechts – Hilfen für Eltern von rechtsextremistisch orientierten Jugendlichen:
www.lsjv.de/kinder_jugend_und_familie/elterninitiative_gegen_rechts

Maurice Rückert / Fabian Müller

"Schule ohne Rassismus – Schule mit Courage";
Ein europaweites Projekt an Schulen und seine Umsetzung am Leininger-Gymnasium in Grünstadt

Maurice Rückert

Das Projekt

Als Reaktion auf die verstärkten Aktivitäten rechtsradikaler Parteien entwickelten SchülerInnen und JugendarbeiterInnen im Jahre 1988 in Belgien das Projekt „Schule ohne Rassismus" um aktiv gegen Diskriminierungen und Rassismus vorzugehen. Nachdem es erfolgreich anlief wurde es 1992 in den Niederlanden übernommen, 1995 wurde es durch den Verein Aktion Courage e.V. auch in Deutschland initiiert und verbreitete sich zunächst regional in Nordrhein-Westfalen und Niedersachsen, später deutschlandweit. Seit 1999 wird die Idee auch in Österreich umgesetzt, seit 2002 in Spanien. Mittlerweile gilt die mehrfach ausgezeichnete Aktion als größtes Schulnetzwerk in Deutschland und Europa.

In Deutschland steht die Aktion seit dem Jahr 2000 unter dem erweiterten Motto „Schule ohne Rassismus-Schule mit Courage"(kurz: SOR-SMC), hiermit möchte man das Aktionsfeld erweitern und das aktive Handeln stärker hervorheben. Das Projekt richtet sich somit nicht nur gegen Rechtsextremismus oder Rassismus, sondern gegen Diskriminierungen jeglicher Art.

Im Gegensatz zu vielen anderen schulischen Projekten kann SOR-SMC nur von Schülern angestoßen, eingeführt und geleitet werden, was für viele Schulen eine echte Herausforderung darstellt. Es liegt an den Schülern, die Schulgemeinschaft vom Sinn des Projektes zu überzeugen und sie zur Unterstützung zu bewegen. Da SOR-SMC versucht, die gesamte Schulgemeinschaft mit einzubeziehen, kann sich schon zum Einführungsprozess, einer Unterschriftenaktion, jede in der Schule tätige Person auf freiwilliger Basis zu den drei zentralen Projektgrundsätzen bekennen:

1. Ich werde mich dafür einsetzen, dass es zu einer zentralen Aufgabe meiner Schule wird, nachhaltige und langfristige Projekte, Aktivitäten und Initiativen zu entwickeln, um Diskriminierungen, insbesondere Rassismus, zu überwinden.

2. Wenn an meiner Schule Gewalt, diskriminierende Äußerungen, oder Handlungen ausgeübt werden, wende ich mich dagegen und setze mich dafür ein, dass wir in einer offenen Auseinandersetzung mit diesem Problem gemeinsam Wege finden, zukünftig einander zu achten.

3. Ich setze mich dafür ein, dass an meiner Schule einmal pro Jahr ein Projekt zum Thema Diskriminierungen durchgeführt wird, um langfristig gegen jegliche Form von Diskriminierung, insbesondere Rassismus vorzugehen.

Wie man den Kriterien bereits entnehmen kann legt die Struktur des Projektes Wert auf Integration, Identifikation und Engagement vieler Personen. Erst ab mindestens 70% Zustimmung der Mitglieder der Schulgemeinschaft kann eine Schule dem Netzwerk beitreten. Hierbei ist unbedingt zu beachten dass niemand zur Unterschrift genötigt wird oder aufgrund seiner Ablehnung diskriminiert wird. Es liegt an den initiierenden Schülern, ihre Mitschüler, Lehrer und Hausangestellten zu überzeugen, sich evtl. Mitstreiter im Lehrerkollegium zu suchen und eine schulspezifische Projektplanung zu entwickeln. Auch darf dabei nicht vergessen werden, dass dies mehr als nur eine Unterschrift ist, vielmehr ein Bekenntnis und eine Vertragszeichnung.

Wenn die Unterschriftenaktion erfolgreich abgeschlossen wurde geht es darum, einen prominenten Projektpaten zu finden, der die Aktion an der Schule dauerhaft unterstützt und sich öffentlich für die Belange der Projektschule einsetzt. Auch hier ist von den Schülern Eigeninitiative gefordert, Personen anzusprechen und für das Projekt zu begeistern. Der Ideenvielfalt sind hier keine Grenzen gesetzt, hunderte namhafte Personen und Gruppen aus Politik, Sport, Musik, Film und Fernsehen engagieren sich bereits für SOR-SMC, darüber hinaus zahlreiche Zeitzeugen, Theologen und weitere Funktionäre, die sich mit der Aktion verbunden fühlen. Exemplarisch seien hier Campino, Sebastian Kehl, Cem Özdemir, Oli P. und Benno Fürmann genannt.

Ist auch diese Voraussetzung erfüllt geht es daran, einen Festakt zu konzipieren, bei dem der Titel „Schule ohne Rassismus – Schule mit Courage" verliehen wird. Dessen Gestaltung bleibt der jeweiligen Schule überlassen. Als symbolische Anerkennung wird der aufgenommenen Projektschule hierbei ein Metallschild überreicht, welches sie auch Besuchern gegenüber deutlich sichtbar als teilnehmende Schule im Netzwerk ausweist.

Nun gehen die Aktivitäten erst richtig los, die gesamte Schulgemeinschaft ist aufgefordert, die Kriterien des Projektes nachhaltig umzusetzen und kontinuierlich Aktionen in diesem Bereich durchzuführen, hierbei ergeben sich unzählige Möglichkeiten, sodass es an Ideen eigentlich kaum mangelt. Es steht jeder Schule frei, sich z.B. Partner und Unterstützer in der Region zu suchen, Gemeinschaftsprojekte mit anderen Schulen zu verwirklichen, Referenten und Experten in die Schule einzuladen, unterrichtliche Projekte zu entwickeln oder die Thematik in Arbeitsgemeinschaften zu behandeln.

Die Struktur in Deutschland

Auch wenn jede Schule sich innerhalb des Netzwerks individuell dem Thema widmet und bei den Projektkriterien viele gestalterische Freiheiten gelassen werden ist eine bundesweite Netzwerkzentrale unerlässlich. Ab 1995 existierte in Bonn eine Koordinationsstelle von Aktion Courage e.V. die die Aktivitäten in Niedersachsen und Nordrhein-Westfalen bündelte. Im Jahr 2000 übernahm Sanem Kleff die Projektleitung, die Bundeskoordination wurde von Bonn nach Berlin verlegt. Seitdem wurde das Projekt bundesweit verbreitet, mittlerweile wird auch in den neuen Bundesländern ein proportional gleich hoher Anteil an Projektschulen erreicht wie im restlichen Land. Deutschlandweit existieren zurzeit(Stand 24.10.2007) 387 Projektschulen aller Schultypen, Ziel ist es, bis 2011/2012 ein Netzwerk von 1000 Schulen aufzubauen welches dann rund 800000 Schüler erreichen würde. Die Bundeskoordination organisiert die inhaltliche Weiterentwicklung der Aktion, die Titelverleihungen, ein jährliches Vernetzungstreffen und hält Kontakt zu bundesweiten Kooperationspartnern. Sie entwickelt bundesweite Workshops und Projekte, darüber hinaus erwartet die Bundeskoordination von jeder teilnehmenden Schule einen jährlichen Bericht über die Tätigkeiten vor Ort. Zurzeit gibt es in 12 Bundesländern auch regional eingerichtete Landeskoordinationen, die vor Ort Unterstützung leisten und auch auf dieser Ebene mit Kooperationspartnern zusammenarbeiten. Kooperationspartner sind beispielsweise das Archiv der Jugendkulturen, diverse Landeszentralen für politische Bildung, die Gewerkschaft Erziehung und Wissenschaft und das Presse- und Informationsamt der Bundesregierung.

Das erfolgreiche Netzwerk wurde mittlerweile mehrfach ausgezeichnet, unter anderem mit dem Aachener Friedenspreis(1997), der Buber-Rosenzweig-Medaille 2001) und dem Botschafter der Toleranz(2004).

Die Verbreitung in Rheinland-Pfalz

In Rheinland Pfalz existieren derzeit 11 Schulen ohne Rassismus

Schule	Titelverleihung	Pate
Geschwister-Scholl-Realschule Betzdorf	18.03.1999	Mike Litt, Moderator 1Live
IGS Hamm/Sieg	28.06.2002	Ohne PatIn
Gymnasium Kusel	02.07.2002	1. FCK, Amateurmannschaft
IGS Kurt Schumacher Ingelheim	08.11.2002	Brothers Keepers, Musiker
Gymnasium am Römerkastell Alzey	08.11.2002	Doris Ahnen
Gymnasium Birkenfeld	14.03.2005	Nicole; Axel Redmer, Landrat
IGS Rockenhausen	12.01.2006	Kurt Beck
Leininger-Gymnasium Grünstadt	14.12.2006	Manfred Geis, MdL
Pamina-Schulzentrum Herxheim	26.03.2007	Prof. Dr. Reinhold S. Jäger, ZEPF Landau
BBS Südliche Weinstraße Edenkoben	21.06.2007	Theresia Riedmaier, Landrätin
Dietrich-Bonhoeffer-Gymnasium Schweich	04.07.2007	Christoph Pistorius, Superintendent; Doris Ahnen

Darüber hinaus befinden sich weitere Schulen in z. B. Bad Dürkheim und Frankenthal auf einem guten Weg, dem Netzwerk beitreten zu können. Im Bundesvergleich betrachtet findet das Projekt in Rheinland-Pfalz bisher leider nur wenig Beachtung, mit ein Grund dafür ist eine trotz zahlreicher Bemühungen noch nicht existierende Landeskoordination. Daher ergab sich im Verlauf der landesweiten Reihe von Infotagungen „Fremdenfeindlichkeit und Rechtsextremismus? – Wir tun was!" die Idee, das Netzwerk „Schule ohne Rassismus – Schule mit Courage" den anwesenden Multiplikatoren vorzustellen und nahe zu legen. Das dortige Interesse zeigte, dass durchaus Nachfrage und konkreter Informationsbedarf zur Umsetzung bestehen.

Die Vorgeschichte am Leininger-Gymnasium

Oftmals gibt es einen konkreten Anlass, um SOR-SMC an einer Schule einzuführen, in Grünstadt brachten zwei schwere Steine alles ins Rollen und bewegten uns dazu, gezielt nach Initiativen gegen Rassismus Ausschau zu halten. Im Jahr 2006 mietete die NPD in Kirchheim und Altleiningen je eine Gaststätte an mit dem Ziel, dort nationale Schulungszentren einzurichten. Beide Orte liegen im Einzugsgebiet unseres Gymnasiums, die NPD betrieb offensiv Werbung an Bahnhöfen und in Zügen, versuchte mit Konzerten, Freibierabenden, Flohmärkten, Schülerzeitungen etc. Jugendliche anzuwerben. Neben dem allgemeinen Aufschrei in der Region gab es auch an unserer Schule rege Diskussionen wie man mit der NPD-Präsenz umgehen sollte. Erwartungsgemäß gab es viele Stimmen, die absolute Ignoranz und Zurückhaltung forderten, um rechtsextremen Kräften keine Plattform zu bieten. Die Ansicht, dass eine offene Auseinandersetzung mit der Thematik sinnvoller ist als sie totzuschweigen setzte sich jedoch durch. Nachdem das Lehrerkollegium und die Schulleitung zunächst abwartend reagiert hatten, wurden von Seiten der Schüler mehrfache konkrete Initiativen gefordert und an die damalige Schülervertretung herangetragen. Dort wurden mehrere Vorschläge diskutiert und wieder verworfen. Im Rahmen einer Recherche beim Sommercamp der Landesschülervertretung in Wiesbaden im Sommer 2006 stießen die Teilnehmer des Leininger-Gymnasiums schließlich auf eine viel versprechende Projektinformation. Bereits nach einer kurzen Diskussion vor Ort wurde beschlossen, die Umsetzung der Aktion an unserer Schule mit aller Kraft anzustreben und durchzusetzen. Die Faszination des Projektes bestand zum einen aus dem umfangreichen, sich erschließenden Aktionsfeld, und zum anderen aus der hohen Eigenverantwortung der Schüler. Es ermöglichte uns die Behandlung der Rechtsextremismus-Thematik sowie vieler weiterer Aspekte im Bereich Diskriminierung, Rassismus und demokratische Grundprinzipien. Die Integration in den Leitbegriff "gegenseitiger Respekt", der an unserer Schule zwar verankert wurde, jedoch über Jahre hinweg eine bloße Phrase blieb, erwies sich als weiterer Vorteil. Schulintern beschlossen wir, den Begriff „Courage" in den Vordergrund zu rücken, da dieser den Kampf gegen Rassismus und Rechtsextremismus bereits mit einschließt und zudem die Notwendigkeit des aktiven Mitwirkens aller Beteiligten hervorhebt.

Die Einführung

Schon in den Sommerferien wurde aus ehemaligen und zukünftigen Schülervertretern eine Gruppe gebildet, in der die Einführung der Aktion am Leininger-Gymnasium gebündelt werden sollte. Zu Beginn des neuen Schuljahres wurde die Schulleitung über das Vorhaben in Kenntnis gesetzt, diese stimmte dem

Projektansinnen frühzeitig zu und unterstützte uns bisher während der gesamten Umsetzungsphase bestmöglich. Im Rahmen von Stufenversammlungen wurde die Schülerschaft über die Details und Hintergründe informiert, sowie die notwendige Unterschriftenaktion erläutert, selbiges geschah auch auf einer Lehrergesamtkonferenz sowie in einer Sitzung des Schulelternbeirats. Die Resonanz auf Schülerseite war durchaus beeindruckend, denn über 90% der Jugendlichen stimmten per Unterschrift dem Plan zu. In den Reihen der Lehrer konnten trotz einiger Vorbehalte dank der großen Überzeugungskraft von Schulleitung und engagierten Mitstreitern im Lehrerkollegium knappe 70% Zustimmung gewonnen werden. Die Angestellten der Schule, wie etwa Hausmeister und Sekretärinnen, sowie die Pächter des Kiosks stimmten bereits nach kurzer Information über die Ziele des Projektes einstimmig zu. Erfreulicherweise entschlossen sich die Mitglieder des Schulelternbeirats ebenfalls zur Unterschrift, um ihren Willen zum Engagement zum Ausdruck zu bringen. In der Gesamtwertung ergab sich somit eine klare Zustimmung von über 88%, was die Projektkriterien weitaus mehr als erfüllte. Schnell erklärte sich ein junger Lehrer dazu bereit, als Unterstützer und Mitstreiter zu fungieren und eine Vermittlerrolle zwischen den Interessen von Schülern und Schulleitung einzunehmen. Seinem unermüdlichen Einsatz ist es zu verdanken, dass mittlerweile auch viele Initiativen von Seiten der Lehrer umgesetzt wurden, da seine Arbeit viele seiner Kollegen dazu bewegte, sich ebenfalls in das Projekt einzubringen. Im Rahmen einer Informationsveranstaltung knüpfte er zusammen mit Vertretern der Schüler einen ersten Kontakt zu Dr. Bernd Rückwardt von der Landeszentrale für politische Bildung Rheinland-Pfalz, woraus eine produktive Zusammenarbeit resultierte. Auf der Suche nach möglichen Projektpaten fiel relativ früh der Name des Landtagsabgeordneten Manfred Geis., der bereits durch frühere Aktivitäten mit dem Leininger-Gymnasium vertraut und verbunden war. Dieser sicherte nach kurzem persönlichem Gespräch seine Mitarbeit zu, was ein weiteres Kriterium zur Aufnahme in das europaweite Netzwerk erfüllte. In einem gemeinsamen Kraftakt von Schülern und Lehrern konnte am 14.12.2006 unter Einbeziehung mehrerer Arbeitsgemeinschaften und zahlreicher Einzelpersonen die feierliche Verleihung der Auszeichnung in der prall gefüllten Aula in Anwesenheit der Ehrengäste vollzogen werden. Damit war die Einführungsphase erfolgreich abgeschlossen und der Rahmen für eine langfristige Projektarbeit gegeben.

Bisherige Projekte und Ideen

Als Vorteil erwies sich, dass am Leininger-Gymnasium auch in früheren Schuljahren bereits einige Aktionen in diesem Kontext entwickelt wurden, beispielsweise durch die bundesweit bekannte Arbeitsgemeinschaft "Neue Musik". Aufgrund einer Initiative von Schülerseite in Zusammenarbeit mit der offenen Jugendarbeit Leiningerland konnte am 02.12.2006 ein "Rock gegen Rechts" Konzert in der Region durchgeführt werden, bei dem mehrere Schulbands vertreten waren. Auch im Unterricht wurden zuweilen verwandte Themen aufgegriffen oder in bis dahin unbekannter Form behandelt. An dieser Stelle ist ein Besuch des Comic-Zeichners Eric Heuvel zu erwähnen, welcher die Geschichte Anne Franks auf seine Weise der Jugend nahe bringen möchte und diesen ungewöhnlichen Weg mit Schülern unserer Schule diskutierte. Seine Werke sind mittlerweile in der Schulbibliothek im Klassensatz vorhanden und können somit regelmäßig im Unterricht eingesetzt werden. Die Idee, in Grünstadt einige der wohlbekannten "Stolpersteine" des Künstlers Gunther Demnig zu verlegen, äußerte eine engagierte Lehrerin bereits lange vor der Einführung des Projektes "Schule mit Courage". Ein „Stolperstein" ist ein gravierter Metallquader, der vor einem Haus in den Bürgersteig eingelassen wird und an eine Person erinnert, die einstmals dieses Haus bewohnte und während der Zeit des Nationalsozialismus deportiert wurde. Bundesweit wurden bisher über 12000 Steine verlegt, auch in vielen rheinland-pfälzischen Städten und Gemeinden sind sie bereits anzutreffen. Mittlerweile wurden auch in Österreich und Ungarn erste Steine verlegt. Alle weiteren Informationen finden sie unter www.stolpersteine.com. Dieses Kunstprojekt konnte nun in den Projektrahmen miteinbezogen werden, nach anfänglicher Zurückhaltung hat die Stadtverwaltung Grünstadt unserem Anliegen mittlerweile zugestimmt, sodass die Verlegung voraussichtlich im Mai 2008 vonstatten gehen kann. Durch die exzellente Vorarbeit der Lehrerin liegen alle notwendigen Recherchen bereits in der Schublade, auch Sponsoren haben sich frühzeitig gefunden. Die „Stolpersteine" bieten uns die Möglichkeit, unsere Arbeit auch in die Stadt hinaus auszudehnen und sie nicht nur auf den Schulalltag zu beschränken. Sie sind unserer Meinung nach ein wirksames Mittel, die Erinnerung an die jüdische Gemeinde in Grünstadt wach zu halten und insbesondere auch jüngere Menschen auf persönliche Schicksale während der NS-Zeit in unserer Region aufmerksam zu machen. Kurz nach der Titelverleihung äußerte ein bilingual gebildeter Deutschlehrer die Absicht, eine multikulturelle Lesung durchzuführen. Durch seine langjährige Unterrichtstätigkeit in Istanbul ist es ihm möglich, deutsche und türkische Literatur vergleichend zu behandeln, was er mit einer Gruppe interessierter Oberstufenschüler derzeit in Form einer Projektgruppe durchführt. Mittelfristig soll eine Abschlussveranstaltung vor Publikum stattfinden. Dieselbe Lehrkraft initiierte auch ein Nachhilfeprojekt mit der benachbarten Grundschule. Begabte Oberstufenschüler unseres Gymnasiums erklären sich darin bereit, Grundschüler mit Migrationshintergrund im Erlernen der deutschen Sprache zu unterstützen. In einem Leistungskurs für Bildende Kunst wurden die Themen Toleranz und Menschlichkeit in einer Reihe von Druckgrafiken aufgegriffen. Eine öffentliche Ausstellung der Ergebnisse ist angedacht. Aktuell läuft ebenfalls im Kunstunterricht ein Fotografieprojekt unter dem Titel „Spuren und Fragmente", welches das ehemalige jüdische Leben in der Region beleuchtet. Nachdem wir auf die Projektangebote des Netzwerks für Demokratie und Courage Rheinland-Pfalz gestoßen waren, ließen wir zunächst probeweise in einer Mittelstufenklasse einen Projekttag durchführen. Aufgrund der durchweg positiven Erfahrungen wird dieser zur festen jährlichen Einrichtung in einer kompletten Klassenstufe werden. Eine lange Zeit geplante Vortrags-

und Diskussionsveranstaltung in Kooperation mit Polizei und Verfassungsschutz konkretisiert sich momentan. Eine weitere Vortragsveranstaltung ergab sich durch das Engagement eines Ethiklehrers mit Unterstützung einer ortsansässigen Papeterie. Unter dem Titel "Die Menschenwürde im Zeitalter ihrer Abschaffung" stellte Herr Prof. Dr. Bernhard H.F. Taureck von der Universität Braunschweig seine Thesen vor und gab Gelegenheit zur Diskussion. Besonders erfreut waren wir, dass auch bisher unbeteiligte Schüler mit Ideen und Vorschlägen an uns herantraten. Beispielsweise wird die Schülerzeitung ihre nächste Ausgabe dem Thema Diskriminierung widmen, ein Schüler möchte den Begriff Courage in einem Filmprojekt aufgreifen. Im Rahmen des Bundesprogramms "Jugend für Vielfalt, Demokratie und Toleranz - gegen Rechtsextremismus, Fremdenfeindlichkeit und Antisemitismus", erhält der Landkreis Bad Dürkheim zurzeit Fördermittel und unterstützt durch seinen lokalen Aktionsplan "Rechtsextremismus? - Wir tun was!" Aktionen in der Region, was eine sinnvolle Einbettung unserer Initiativen im Umland ermöglicht. Trotz der allgemein guten Erfahrungen wollen wir nicht unerwähnt lassen, dass auch wir mit Niederlagen zu kämpfen hatten die uns die Grenzen des Machbaren aufzeigten. Beispielsweise plante ein örtlicher Kulturverein in unserer Schule einen Nachmittagsworkshop zum Antikriegstag mit friedenspolitischen Inhalten. Da außer den Organisatoren weder Mitglieder der Schulgemeinschaft, noch Privatpersonen bereit waren, kurzfristig samstags nachmittags freiwillig in die Schule zu kommen, musste dieser leider ausfallen. Aufbauend auf den damaligen Erfahrungen soll nun unter stärkerer Einbindung der Schule ein neuerlicher Versuch unternommen werden, den Workshop in modifizierter Form durchzuführen. Nach einem knappen Jahr ziehen wir eine weitgehend positive Zwischenbilanz, nach derzeitigem Stand hat sich das Projekt bewährt. Um die Nachhaltigkeit der Aktion zu gewährleisten entsteht zurzeit eine Arbeitsgemeinschaft, die auch jüngere Schüler mit den Zielen des Netzwerks vertraut machen soll und aus der hoffentlich weitere Ideen erwachsen werden. Diese AG wird neben dem erfahrenen Projektleiter von Lehrerseite auch die Gleichstellungsbeauftragte der Stadt Grünstadt sowie einen pensionierten Lehrer als weitere Betreuer mit einbinden. Auch hier wird größter Wert auf die Eigeninitiative der Schüler gelegt.

Persönliche Beweggründe und Meinungen

Das erste, was ich von dem Projekt mitbekam, war die Unterschriftenaktion, bei der auch ich meine Zustimmung bekundete, aus dem Grund, dass ich nicht tatenlos zusehen möchte wenn etwa Ausländer wegen ihrer Herkunft oder ihrer Hautfarbe diskriminiert werden. Außerdem fand ich es gut, dass die Projektverantwortung in Händen der Schülerschaft liegt und von Seiten der Lehrer nichts vordiktiert werden kann. Deshalb ist es mir eine Freude an den Ideen und Umsetzungen meiner Vorgänger anzuknüpfen und weiterhin gegen alle Arten von Diskriminierung an unserer Schule vorzugehen. Bei allem Ernst sollte es dennoch möglich sein Humor walten zu lassen, sofern die Betroffenen, etwa bei Witzen, darüber lachen können. Was mich persönlich dazu bewegt hat, an diesem Projekt aktiv teilzunehmen war die Veranstaltung in der Aula, bei der unserer Schule die Auszeichnung "Schule ohne Rassismus-Schule mit Courage" verliehen wurde. Denn ich war aktiv an der Vorbereitung und Durchführung der Veranstaltung als Lichttechniker beteiligt und hatte somit an diesem Abend die Möglichkeit, mehr über das Projekt zu erfahren. Ich finde man kann stolz darauf sein, dass an unserer Schule mit so großer Geschlossenheit für das Projekt gestimmt wurde und neben Fabian und mir einige Personen aktiv an den Aktionen in der Schule und auch außerhalb mitwirkten und hoffe dass sich Ideen wie etwa das Konzert gegen Rechts in Asselheim auch in Zukunft durchsetzten können. Um die Nachhaltigkeit des Projekts zu sichern, wurden Mitstreiter der jüngeren Klassenstufen gesucht, da es mir sehr am Herzen liegt, dass das Leininger-Gymnasium auch weiterhin als "Schule mit Courage" aktiv bleibt, war ich daran interessiert, mich selbst an der Fortführung zu beteiligen. Ich kannte bereits bevor ich mich intensiver mit diesem Projekt befasst habe die meisten der aktiven Akteure, was mir den thematischen Einstieg erleichterte. Zudem war ich zusammen mit Fabian auf der Infotagung "Fremdenfeindlichkeit und Rechtsextremismus? - Wir tun was!" in Worms, an der ich in Sachen Rechtsextremismus einen ersten Eindruck über Methoden und Kennzeichen bekommen konnte. In nächster Zeit gilt es, sich weiter mit dem Projekt auseinanderzusetzen und sich in die Materie einzuarbeiten sowie Fortbildungen zu besuchen. Da ich selbst viel mit Musik zu tun habe und mit vielen meiner Freunde im Hip-Hop Bereich, vor allem als Rapper, aktiv bin habe ich vor, in nächster Zeit wieder ein Konzert gegen Rechts umzusetzen, allerdings nicht nur mit Rockbands, sondern auch mit Künstlern anderer Genres wie etwa im Rapbereich, da gerade diese Musikart stark von Migranten geprägt und gehört wird die ich versuchen möchte anzusprechen. Mein Ziel ist es, vor allem über die Musik die Thematik einer Schule mit Courage zu verdeutlichen und somit auch gerade die Jugendlichen mehr anzusprechen, da es sich in unserem Alter oft um Themen wie eben Musik dreht, in der man seine Gefühle und Gedanken zum Ausdruck bringen kann. Auf diesem Gebiet wurde ja schon so manche Aktion durchgeführt, wie etwa der Wettbewerb "Rap for Q-rage" auf Bundesebene, der im Jahr 2006 auf Initiative der Bundeskoordination in Berlin stattfand. Natürlich würde es gerade mich freuen wenn solche Projekte jährlich geboten werden, denn dann bestünde für viele deutschlandweit die Chance ihr Hobby mit dem Projektinhalt in Verbindung zu bringen, was zum einen viel Spaß bringt und zum anderen zeigt, dass man sich mit dieser Thematik identifiziert. Ich hoffe, dass ich viele Personen dazu bewegen kann, aktiv an dem europaweiten Netzwerk mitzuwirken und unseren Stand als "Schule mit Courage" zu festigen. Wir freuen uns auf diese Herausforderungen und nehmen sie gerne an!

Maurice Rückert

Kann die Auseinandersetzung mit Themen wie Rechtsextremismus, Rassismus und Diskriminierung Spaß machen? Darf sie überhaupt Spaß machen? Ich bin der Meinung, sie muss sogar Spaß machen. Nur so können wir Jugendliche zur Mitarbeit bewegen. „Schule mit Courage" bietet uns diese Möglichkeit. Niemand wird gezwungen, sich mit trockener Fachliteratur auseinanderzusetzen oder monotonen Vorträgen zu lauschen, Wissen aufzusaugen und zu verinnerlichen. Stattdessen können alle Mitglieder der Schulgemeinschaft selbst aktiv Hand anlegen und sich an der Stelle einbringen, wo sie sich wohl fühlen oder Vorkenntnisse besitzen. Jeder kann eigene Vorschläge einbringen und mit Mitstreitern umsetzen.

Dadurch, dass sie Schüler die Zügel in der Hand halten wird ein hoher Identifikationsgrad erreicht, niemand hat das Gefühl, von den Lehrern etwas aufgepresst zu bekommen. Zugleich wird ein großes Maß an Eigeninitiative ermöglicht und gefordert, im Rahmen eines breit definierten Korridors von Möglichkeiten hat die Schule die Chance, ihren individuellen Weg zu gehen, jede Schule des Netzwerks findet einen anderen Zugang zur thematischen Auseinandersetzung. Der große Gestaltungsspielraum und die starke Mitbestimmung der Schüler waren für mich ausschlaggebend, bereits nach dem Lesen der Kurzinfo Pläne zur Umsetzung zu schmieden, die mich ein halbes Jahr lang bis zur Durchführung des Festaktes nicht mehr loslassen sollten.

Nachdem wir im Vorfeld lange verschiedene konkrete Maßnahmen gegen die NPD-Präsenz diskutiert und verworfen hatten bot sich hier die Chance, eine weitaus größere Projektplattform zu etablieren. Probleme mit Rechtsextremismus waren und sind an unserer Schule glücklicherweise kein Thema, bei aller Präventionsabsicht wollten wir den Begriff NPD nicht zu sehr in den Vordergrund rücken um den Schülern keine zusätzlichen Anreize zu geben. Mit der Auszeichnung als „Schule mit Courage" setzten wir nach außen hin ein deutliches Zeichen und distanzierten uns von den Tätigkeiten der NPD im Umland, womit unser ursprüngliches Hauptziel erfüllt war. Zugleich jedoch bot sich schlagartig eine Fülle von weiteren Themen zur Auseinandersetzung, unter „Diskriminierungen jeglicher Art" fallen neben dem Rechtsextremismus auch im Schulalltag weitaus ausgeprägtere Probleme wie z.B. Mobbing auf dem Schulhof oder Vorurteile gegenüber Schülern mit Migrationshintergrund.

Bedingt durch die aktuelle Problematik wird der Rechtsextremismus sicherlich ein wichtiger Punkt in unserer Projektarbeit bleiben, die Projektkriterien ermöglichen uns jedoch neben der Handlungsvielfalt auch jederzeit eine Anpassung in unserer Ausrichtung. Sollte sich die NPD in einigen Jahren aus der Vorderpfalz zurückziehen, dürfte das öffentliche Interesse am Kampf gegen rechts schnell abflauen, wie Erfahrungen in anderen Regionen bereits gezeigt haben. Für breit angelegte Projekte und Bündnisse auf kommunaler Ebene dürfte dies das Ende bedeuten. Als „Schule mit Courage" sind wir dagegen auch weiterhin verpflichtet, die festgelegten Kriterien zu erfüllen, ein Einschlafen des Engagements würde dem Ruf der Schule schweren Schaden zufügen, nicht zuletzt, weil die Einführung des Projektes aufgrund des Bezugs zur NPD-Präsenz große mediale Aufmerksamkeit hervorrief. Formal gibt es zwar keinerlei Zwang, die „Schule mit Courage" als langfristige Institution zu etablieren, eine Umkehr scheint jedoch ausgeschlossen. Leider musste ich miterleben, dass manche Schüler ihren großen Worten in der Einführungsphase später wenig bis gar keine Taten folgen ließen und sich nach dem Festakt aus dem Projekt zurückzogen. Umso erfreulicher ist es, das bis dato unauffällig erscheinende Schüler plötzlich regelrecht aufblühten und durch ihr Engagement überraschten. Durch solche Begebenheiten wird unser Projekt mit Emotionen und Leben erfüllt, die hohe Verantwortung der Schüler führt durchaus zu Aggressionen untereinander, erfordert Kompromisse, Toleranz und Disziplin. Hier lernen die Schüler unbewusst wichtige soziale Fähigkeiten, die ihnen im späteren Beruf ungemein nützlich sein können. Hier ist kein Lehrer zur Hand, der Verweise erteilt und Störer aus der Gruppe entfernt. Die Aktion baut darauf, dass die Schüler sich selbst zusammenraufen und zurechtweisen, gegenüber Lehrern und Eltern diplomatisch und dennoch fordernd zu agieren und ihre Ziele auch in schwierigen Situationen konsequent weiterzuverfolgen. Alles in allem ein ungemein faszinierender Prozess, der mich mit vielerlei Überraschungen sowohl in positiver als auch in negativer Hinsicht konfrontierte.

Die Umsetzung der „Schule mit Courage" war bisher trotz vieler Mitstreiter und Unterstützer ein Kraftakt, bürokratische Mauern stehen an Schulen leider allzu oft hoffnungsvollen Ideen im Wege. In diesem Fall haben wir es geschafft, mit den Köpfen buchstäblich durch die Wand zu gehen, das Projekt war es wert, an einigen Stellen anzuecken. Aufgrund des breiten Handlungsspektrums und der Struktur des Projektes habe ich als Mitinitiator die Sicherheit, dass die Schule in Gemeinschaftsleistung über lange Zeit wichtige und nachhaltige Arbeit leistet, unabhängig von der politischen Lage oder der personellen Besetzung von Schulleitung, Elternbeirat und Schülervertretung. Da meine aktive Schulzeit mittlerweile beendet ist arbeite ich zurzeit vorwiegend von zuhause aus an Teilprojekten mit, die keine ständige Anwesenheit vor Ort erfordern. Darüber hinaus ist es mir ein Anliegen, andere Schulen in Rheinland-Pfalz über das Netzwerk zu informieren und bei der Einführung zu unterstützen, die Resonanz auf die Vorträge bei den Infotagungen haben gezeigt, dass die Projektidee sehr gut aufgenommen wird und wir durchaus mit einer Reihe von Neugründungen rechnen können, sofern Vertreter der Schulen auf die Aktion aufmerksam gemacht werden. Ein Missverständnis, das ich in Gesprächen mit Lehrern immer wieder feststellte möchte ich abschließend noch klarstellen: Wenn sie als Lehrkraft oder Elternteil jetzt über das Netzwerk der Schulen ohne Rassismus informiert wurden sollten sie die Idee zunächst an ihre Schüler weiterreichen und nicht an die Schulleitung. Es ist äußerst schwierig, die Projektidee „von oben herab" anzugehen. Wenn eine Gruppe Schüler vom Sinn der Aktion überzeugt ist und die Umsetzung wie oben beschrieben vorantreibt lässt sich das Ziel wesentlich einfacher erreichen. Um interessierten Schülern die Möglichkeit zu bieten, mit Gleichaltrigen über das Thema zu diskutieren und Erfahrungen auszutauschen finden sie unsere Kontaktdaten am Ende dieses Beitrages. Allen Akteuren die jetzt das Projekt „Schule ohne Rassismus – Schule mit Courage" an einer Schule umsetzen wollen, wünsche ich starke Nerven, engagierte Mitstreiter, eine kooperative Schulleitung und von ganzem Herzen Viel Erfolg!

Fabian Müller

Tipps und Anregungen

Durch die unterschiedlichen regionalen Gegebenheiten entwickelt jede Schule ihr eigenes Profil, es gibt keine „Standardschule" zur Orientierung. Die Umsetzung am Leininger-Gymnasium ist lediglich ein Beispiel, und soll keinesfalls als Anleitung für andere Schulen gelten. Resultierend aus unseren Erfahrungen möchten wir ihnen jedoch einige Punkte mit auf den Weg geben, die wir schulübergreifend als sinnvoll erachten. Generell ist es schon bei der Einführung sinnvoll, die Last auf mehrere Schultern zu verteilen und möglichst viele Institutionen und Funktionsträger innerhalb der Schulgemeinschaft mit einzubinden. Kaum eine Schulleitung wird sich der Aktion in den Weg stellen sofern man ihr die Vorzüge und Besonderheiten der Aktion erläutert, allerdings gilt auch hier das Prinzip der Freiwilligkeit. Oberstes Ziel sollte zunächst sein, ein formales „OK" zu erhalten, Engagement und persönlichen Einsatz seitens der Schulleitung kann man weder voraussetzen noch erzwingen und ist daher auch in den Projektregularien nicht als Kriterium vorhanden. Es liegt an den Schülern, die Einführung voran zu treiben und sich Mitstreiter auf Seiten der Lehrer und Eltern zu suchen. Diese Struktur löst in Reihen der Lehrer zum Teil Verunsicherung aus, die Befürchtung etwas von seinen Schülern vordiktiert zu bekommen ist ungewohnt und mit ein Hauptgrund für die eventuelle Ablehnung der Unterschrift. Grade hier ist es wichtig, innerhalb der Lehrerschaft Unterstützer zu finden, die sich bereit erklären, unter ihren Kollegen Überzeugungsarbeit zu leisten. Oberstes Prinzip muss sein, auch Ablehnung zu akzeptieren und keinesfalls einen Gruppendruck hervorzurufen. Die Entscheidung zur Unterschrift ist freiwillig, wenn sich jemand nicht mit den Kriterien anfreunden kann hat die Schulgemeinschaft das zu respektieren. Die Aufnahmegrenze wurde bewusst bei 70% angesiedelt, eine Hürde die für die Schulgemeinschaft eine Anstrengung erfordert aber zugleich genügend Spielraum für Abweichler lässt. Ebenso wichtig ist die Einbindung von Partnern außerhalb der Schule wie regionale Zeitungen, Jugendverbände oder Einrichtungen der politischen Bildung. So kann die Schule von vorhandenem Potential profitieren und zugleich ihr Anliegen im Umland festigen.

Weitere Informationen sowie alle notwenigen Einführungsunterlagen erhalten sie bei der

Bundeskoordination
Schule ohne Rassismus – Schule mit Courage
Ahornstr. 5
10797 Berlin

Bürozeiten: Mo-Fr 10-17 Uhr

Tel: 030 214586 0
Fax: 030 214586 20

schule@aktioncourage.de

Äußerst empfehlenswert ist die Homepage der Bundeskoordination, die noch wesentlich ausführlicher und aktueller informiert als wir es soeben tun konnten:

www.schule-ohne-rassismus.org

Auch unsere Schule können sie gerne kontaktieren, zuständige Kontaktperson ist Herr Ingo Hammann:
Leininger-Gymnasium
Kreuzerweg 4
67269 Grünstadt

Tel.: 06359 9321 0
Fax: 06359 9321 44

lein-gym@lg.bildung-rp.de

Selbstverständlich stehen auch wir ihnen gerne direkt mit Rat und Tat zur Seite, insbesondere um Schülern die Möglichkeit zu bieten, mit Gleichaltrigen Kontakt aufzunehmen, über das Projekt zu diskutieren, Erfahrungen auszutauschen und sich so zu vernetzen oder gemeinsame Aktionen zu starten.

Sie erreichen uns unter:

maurice.rueckert@web.de

fabianmuellersteinborn@t-online.de

oder per Post an die Adresse des Gymnasiums.

Wolfgang Holzner

Möglichkeiten des Engagements in Schulen gegen rechtes Gedankengut am Beispiel der AGgegenRECHTS an der Integrierten Gesamtschule (IGS) in Kandel/Südpfalz

1. Vorbemerkungen

In einer sich ständig verändernden, komplexer werdenden Welt mit vielen Problemfeldern fallen der Institution Schule – ob das wünschenswert ist oder nicht – per se Aufgaben zu, die ihr ursprünglich nicht zugedacht waren. Seit geraumer Zeit wird daher auch vom „Reparaturbetrieb der Gesellschaft" gesprochen. Eine der Aufgaben des Sozialkunde-, Geschichts-, Religions- oder Ethikunterrichtes ist die Heranbildung von selbstständig denkenden, kritischen Individuen, damit sie spätestens nach der Schulzeit als mündige Staatsbürger am demokratischen Geschehen, bei wirtschaftlichen, wissenschaftlichen, kulturellen und sozialen Themenbereichen mitwirken können. Ist damit aber latent vorhandener Neigungen zu Rassismus und Rechtsradikalismus vorgebeugt worden? Prävention kann nie hundertprozentigen Erfolg haben. Eine weitere Möglichkeit, dieses Feld zu bearbeiten besteht im Rahmen von außerunterrichtlichen Aktivitäten, z.B. im Bereich der Arbeitsgemeinschaften. Der Vorteil darin: Schüler, die sich konkret für ein Thema interessieren, arbeiten selbstständiger, selbstbestimmter, interessenorientierter und damit sicher ausdauernder an einer Sache. Außerschulische Aktivitäten, auch am Wochenende oder abends, werden so zu engagiertem Handeln. Oft erfahren solche Unternehmen dann auch außerschulische Beachtung in der Medienwelt, strahlen damit aus auf weitere soziale Felder, und können somit Multiplikatorenfunktion erfüllen. Der Schritt zur Bildung von Netzwerken ist dann nicht mehr weit: Es entstehen gemeinsame Informationsportale (Web-Seiten), „Mailinglisten", Veranstaltungsreihen zwischen Schulen und anderen Institutionen im Bildungsbereich und der Gesellschaft allgemein. Im Folgenden sollen Beispiele dargestellt werden, die das eben Genannte verifiziert haben bzw. Anregungen für die weitere Arbeit geben. Dabei ist für den Autor klar, dass kein Anspruch auf Vollständigkeit oder Systematik gelegt werden kann. Vielmehr wird eine Art genetischer Ansatz sichtbar, der die Möglichkeiten von Aktivitäten darstellt, die einerseits von der Schülerseite her kommen, andererseits mit Hilfe von vielfältigen Angeboten von Außen initiiert und organisiert werden können.

2. Gründe für eine AGgegenRECHTS

Seit dem Jahr 2003 gibt es die so genannte AGgegenRECHTS an der IGS in Kandel. Sie besteht aus einer jährlich wechselnden Schülerzahl, die zwischen 3 und 15 liegen kann – je nach Interessen und Anlässen. Schüler und Schülerinnen der Jahrgänge 9 bis 13 interessierten sich im Gründungsjahr besonders für das Phänomen des Rechtsradikalismus'. Leiter und Koordinator ist der Autor dieses Artikels, der auch die Aktivitäten auf einer Internetseite (eine Art Kommunikationsplattform für alle Interessierten und Sympathisanten: Auf der

Seite www.igs-kandel.de im AG-Bereich ist ein Link zur Seite der AG zu finden.) protokolliert. Nach einem Rockkonzert des örtlichen Jugendzentrums kam es zu tätlichen Auseinandersetzungen zwischen rechten und linken Jugendlichen. Dies ist vor dem Hintergrund einer rechtsradikalen Szene im Raum Annweiler, Kandel, Karlsruhe zu sehen. Damals gab es auch eine Internetseite, die die Kandeler Rechten betrieben: „Nationaler Widerstand Kandel". Die Mitglieder und deren Aktivitäten haben sich in der Folge der „Karlsruher Kameradschaft" angeschlossen. Nur punktuell treten Rechte noch in Kandel auf, so z.B. bei der Veranstaltung „Der Nazis neue Kleider", bei Diskussionsveranstaltungen zum Thema von Landtagsabgeordneten, nach Demonstrationen in der Umgebung oder auf dem Wochenmarkt, wo sie in Zusammenarbeit mit der NPD dann auch deren „Schülerzeitung" der „Schinderhannes" verteilen. 2003 kamen Schüler und Schülerinnen auf den Autor zu und bekundeten Interesse daran, dass es einen Ort und eine Zeit in der Schule geben sollte, wo Gleichgesinnte, die gegen rechtes und rassistisches Gedankengut etwas unternehmen wollten, sich treffen könnten. Da der Autor selber in einer Kandeler („Dialog statt Hass") und einer Landauer Initiative (Initiative gegen Rechts und für ein gewaltfreies Miteinander) gegen Rechts und gegen Rassismus engagiert ist, war man sich schnell einig: Eine AG wurde gegründet. Zunächst gab man sich schnell den Namen „AGgegenRECHTS", doch soll hier betont werden, dass nicht nur von Seiten des Autors, sondern auch von Schülern und Schülerinnen Extremismen jeglicher Art abgelehnt werden. (Bisher hat sich aber noch kein besserer Name gefunden.) Gleich in der ersten Sitzung wurden einmal die Ängste verbalisiert, die die Jugendlichen hatten, wenn sie z.B. abends auf dem Bahnhof stehen oder am Wochenende Feste und Feierlichkeiten besuchen. Schnell war man sich einig, dass Informationsbedarf besteht darüber, warum Jugendliche (rechts-)extremistisch werden. Das führte schnell zur jüngeren Geschichte Deutschlands, der Zeit des Nationalsozialismus. Ausflüge zu Ausstellungen und Veranstaltungen wurden ins Auge gefasst, geplant und durchgeführt (siehe unten). Will man eine solche AG am Leben erhalten, erfordert es mehr Einsatz, als der Autor zunächst gedacht hatte. Eigentlich wollte dieser vornehmlich den Schülern und Schülerinnen Ort und Zeit bieten, sowie Beratung und Begleitung bei ihren Unternehmungen. Es zeigte sich bald, dass es dann doch notwendig war, Ideen zu geben, organisatorisch stärker zu wirken, Transporte zu übernehmen, Veranstaltungen zu koordinieren etc. Auch Informationsschreiben, Korrespondenzen, andere Schriftstücke, Plakate und zu allererst die ständige Betreuung der oben genannten Homepage erforderten einen Zeiteinsatz, der weit über das normale Maß hinausging und geht. Das Problem: Die Schüler und Schülerinnen sind im 13. Schuljahr schon sehr auf die Abiturvorbereitungen fixiert. Diejenigen aus dem neunten Jahrgang sind rar, so dass das „Hauptklientel" von Klasse 10 bis 12 aktiv sind. Dabei kann das Interesse aber von Thema zu Thema und von Zeit zu Zeit sehr schwanken. Mit diesem Mangel an kontinuierlichem Engagement und Zielgerichtetheit ist es schwierig umzugehen. Das größte Problem aber ist ganz praktischer Natur: Es ist eigentlich keine Zeit zu finden, an denen alle Schüler und Schülerinnen teilnehmen können, da sie alle (vor allem ab Klasse 11) verschiedene Stundenpläne haben. So wird zwar offiziell eine Kernzeit angeboten, ständig werden aber Einzeltermine abgesprochen, die auch an Wochenenden oder gar einmal am Pfingstmontag oder in den Herbstferien liegen können, wie geschehen. Die größte Motivation, bei der Stange zu bleiben, ist von Fahrten ausgegangen; die Fahrt nach Auschwitz im April 2007 war die aufwendigste, aber auch lohnenswerteste. Will man solch eine Unternehmung gründlich planen, organisieren und durchführen, darf man als Lehrkraft über den Zeitaufwand nicht nachdenken... Bevor hier in der Folge die vielfältigen Aktivitäten der AG in den Jahren 2003 bis 2007 dargestellt werden, sind zunächst aber einige grundlegende Gedanken aufzulisten, die den Hintergrund für die Arbeit bilden. Einerseits ist es wichtig, solche Impulse aus der Schülerschaft auf- und ernst zu nehmen. Der klassenübergreifende Aspekt wirkt sich interessant aus: Man fühlt sich in einer Art „Community", da man auf wichtigen Gebieten des Denkens dieselben Interessen und Einstellungen hat. Somit ist eine solche AG eine Veranstaltung, die das Schulleben direkt bereichert, Schule zu einem Ort werden lässt, wo Schüler nicht nur zum Lernen hingehen. Natürlich gibt es, wie in jeder Gruppe, mehr oder weniger Aktive. Es stellte sich heraus, dass S., C. und L. zu Beginn der „harte Kern" waren – immer interessiert, motiviert, aktiv. Nach dem diese aus der Schule „herausgewachsen" sind rücken z.B. M. und C. nach, die etwas anders an die Sache herangehen, aber nicht minder engagiert sind. Dann gibt es Schülerinnen und Schüler, die „nur" sympathisieren, aber bei gewissen Aktionen praktisch gerne helfen. Andere sind mit mehr ideologischem Hintergrund beim Thema und haben eine ganz eigene Sicht der Dinge. Sie können wichtige Informationen liefern, die aus der so genannten autonomen Szene kommen. Wieder andere stehen dazwischen, geben aktiv ihrer Meinung Ausdruck und helfen Veranstaltungen auch inhaltlich zu organisieren. Andererseits haben Lehrer in der Schule einen vorgegebenen Bildungsauftrag auf der Basis des Grundgesetzes – unserer demokratischen Grundordnung und des Schulgesetzes. Hier ist aber bei diesem Themenkomplex eine schwierige Gradwanderung zu vollziehen. Die Lehrkraft darf nicht agitieren und ist als Beamter zu parteipolitischer Neutralität verpflichtet. Es gab sehr schnell von einigen Schülern den Vorschlag: „Wir wollen mal eine „Demo" machen". Hier muss die Lehrkraft nicht nur die eben genannten Grundsätze beachten. Realisierbarkeit und Sicherheitsaspekte spielen eine große Rolle. Die Lehrkraft muss sich immer bewusst sein, dass sie im Rahmen von Schulveranstaltungen die Verantwortung trägt. Daher ist ihre Aufgabe die Moderation, d.h. das „Kunststück" zu vollbringen, einerseits den Schülern die Motivation zu belassen, aber andererseits sie immer wieder darauf hinzuweisen, dass es vielfältige Aspekte zu beachten gibt. Auch ist zu fragen und von großer Bedeutung, ob Forderungen, Aufrufe und Aktivitäten zu einer bestimmten Zeit realistisch oder geschickt vorgetragen sind. Denn es gilt auch abzusehen, ob eine Aktivität effektiv ist oder ein großer Aufwand betrieben wird, der ins Leere gehen könnte. Die Lehrkraft muss also hier mit Geschick Beratungsaufwand so betreiben, dass er die Absichten der Schüler nicht ins Gegenteil verkehrt oder gar „abwürgt". Es gilt die Interessen der Schüler partnerschaftlich zu begleiten. Einmal war es notwendig, dass der Besuch z.B. einer Gegendemonstration zwar gemeinsam vorbesprochen und durchgeführt, aber (samstags) zur Privatangelegenheit erklärt wurde. Die Risiken in großen Menschenmengen waren für die Lehrkraft/den Autor nicht abschätzbar.

Der Autor ist sich bewusst, dass es sich um kein einfaches Thema handelt, dass es nur eine kleine Anzahl von Schülern gibt, die sich für diesen manchmal „schweren Stoff" (z.B. Besuch von Konzentrationslagern; geschichtliche Hintergründe etc.; Erarbeitung von Präsentationen) dauerhaft interessieren. Dafür ist unser Zeitalter zu sehr „kommerzialistisch" angehaucht und andere Themen stehen im Interessensfokus von Jugendlichen. Allerdings sind Zeitzeugen, wenn sie gut sind, erfahrungsgemäß eine packende Angelegenheit. Die großen Auseinandersetzungen zwischen den Ideologien flachten vor allem nach dem Fall des Eisernen Vorhangs ab. Aber auch in der Zeit nach 1968 wurde die Jugend in gewissem Maße unpolitischer. Heute erscheint sie, bis auf wenige Ausnahmen, als eher „brav" und angepasst, konsumorientiert (fit and fun) und ist froh, wenn sie einen Platz in der Gesellschaft und Arbeitswelt findet. Die Ich-Bezogenheit ist bis hin zu manchen esoterischen Auswirkungen sichtbar, gesellschaftlich wird das „Single-Dasein" mit seinen demoskopischen Auswirkungen beklagt. Was Peter Bender (Das Ende des ideologischen Zeitalters, Klett-Cotta 1981) auf anderer Ebene herausstellte, nämlich, dass sich Ideologien einander annähern, ist vielleicht heute Ausdruck dessen: Die Gesellschaft an sich wird moderater, anerkanntermaßen aber aufgrund zweier Pole: Sie wird einerseits unpolitischer, andererseits differenzierter, so dass die Unterschiede nicht mehr so deutlich erscheinen. Dieses ist auch bei den politischen Parteien zu sehen. Viele können kaum Unterschiede zwischen SPD und CDU mehr erkennen, was zu Politikverdrossenheit führt. Und sogar die NPD nimmt sich ökologischer Themen und Themen der Globalisierung an, beteiligt sich an Hartz-IV-Protesten. Ja sie findet Nähe zu Palästinensern und Iranern und sogar Antiamerikanismus wird genährt, um ihre einfachen, tumben Wahrheiten und Antworten zu untermauern. Desorientierung kann eine weitere Folge sein. Die Fronten sind unklar, auch die „Neo-Nazis" haben nicht mehr alle Springerstiefel und Glatzen. Da die Masse der Jugendlichen, Schüler, Studenten also nicht mehr so offensichtlich engagiert ist wie zu „APO-Zeiten", ist es auch schwierig, in der differenzierten Außenwelt große, gemeinsame Themen zu finden und zu verfolgen. Die Jugendorganisationen der Parteien können Auffangbecken sein für Interessierte. Im schulischen, aber mehr noch im privaten Bereich gibt es genügend „Ablenkungen" bzw. Betätigungsfelder, die dem Einzelnen dann doch wichtig erscheinen (Stichwort „Reizüberflutung"). Umso mehr sind diejenigen Schüler, Jugendlichen, aber auch bei der Elternschaft zu schätzen, die sich diesen problembeladeneren Themen zuwenden.

All dies kann Hintergrund für Fragen sein, die in einer AG angegangen werden. Sie kann also Orientierung sein für interessierte Schülerinnen und Schüler. (Interessant ist der oft hohe Anteil von Schülerinnen! in unserer AGgegen-RECHTS. Ob dieses ein Ausdruck dafür ist, dass Mädchen eher Empathie empfinden als Jungen?) Eine Motivation für Schüler und Schülerinnen ist daher wohl aus dem letzten Satz folgender Definition her dann ersichtlich:

Rechtsextremismus ist eine Sammelbezeichnung für politische Handlungsweisen und Ideologien, die den demokratischen Verfassungsstaat ablehnen und durch eine auf das eigene Volk, eine Nation oder Rasse bezogene Volksgemeinschaft ersetzen wollen. Dieses Ziel ist stets mit einer ideologischen Abwertung und aktiven Ausgrenzung bestimmter Menschengruppen verbunden." (http://de.wiktionary.org/wiki/Rechtsextremismus)

Im Weiteren heißt es dort, und dagegen wenden sich Schüler, mit Gerechtigkeitsempfinden besonders, ja es ist ihnen, wie dem Autor gegenüber in vielfältiger Form geäußert, zuwider:

> „Rechtsextremisten verneinen die fundamentale Gleichheit aller Menschen, die den Menschenrechten zu Grunde liegt. Sie schränken deren universale Geltung damit tendenziell ein. Für sie sind Menschen durch biologische oder kulturelle Herkunft soweit vorgeprägt (Sozialdarwinismus), dass eine friedliche, gleichberechtigte und selbst bestimmte Koexistenz unter ihnen unmöglich ist. Daraus werden bestimmte Freund-Feind-Haltungen als naturnotwendig abgeleitet, was praktisch immer zu einer Intoleranz gegenüber bestimmten Menschengruppen führt. Rechtsextremisten streben eine Vereinheitlichung der Gesellschaft zu einem national, ethnisch, rassisch und/oder kulturell homogenen "Volkskörper" an. Vielfalt, Selbstbestimmung und Chancengleichheit werden zu Gunsten von Einheitszwang und Unterordnung bekämpft. Auch vorstaatliche Menschenrechte werden nicht garantiert. Dieses Demokratieverständnis steht im Gegensatz zu westlichen Demokratietheorien, wie sie u. a. die freiheitlich-demokratische Grundordnung ("FDGO") der Bundesrepublik Deutschland festschreibt."

Weitere Elemente, gegen die sich eine AG wie auch eine Institution wie die Schule richten müssen (einige tun dies demonstrativ als „Schule ohne Rassismus") sind:

> Fremdenfeindlichkeit, offener oder verdeckter Rassismus, Antisemitismus, Geschichtsrevisionismus, Leugnung des Holocaust, ein Hang zur Gewaltbereitschaft, Duldung von gewaltbereiten Neonazis, Militarismus. Insgesamt also: „Verachtung und Intoleranz gegenüber allen, die von der selbst gesetzten, meist nicht genauer definierbaren "Norm" abweichen, wie Homosexuelle, Behinderte, ethnische Minderheiten und politisch anders Denkende." (http://de.wiktionary.org/wiki/Rechtsextremismus)

Die Definition des deutschen Verfassungsschutzes hebt darüber noch hinaus besonders hervor:

> Eine solche Weltanschauung steht im „Gegensatz zu den grundlegenden Prinzipien der freiheitlich demokratischen Grundordnung steht." (http://www.verfassungsschutz.de/)

Die Problematik des NPD-Verbotes ist oft auch Diskussionsanlass unter den Schülerinnen und Schülern gewesen.

In einem Seminar über Stammtischparolen, organisiert von der Universität Landau (Dr. Elke Moning) und der Landeszentrale für Politische Bildung RLP (Dr. Bernd Rückwardt), lernten unsere Schüler bewusst den Unterschied zwischen „Einstellungen" und „Verhalten". Wie differenziert die grundlegenden Definitionen betrachtet werden müssen, zeigt noch folgendes Zitat (http://de.wiktionary.org/wiki/Rechtsextremismus):

„… unterscheiden die Bundesbehörden den Rechtsextremismus bisher nicht eindeutig vom Rechtsradikalismus. Beide Begriffe lassen sich aufgrund der Vielfalt der dazu gehörenden Handlungs- und Denkweisen nicht klar abgrenzen. Überdies hat sich ihre Bedeutung gewandelt: Nach früherem amtlichen Sprachgebrauch galt Rechtsextremismus in der Bundesrepublik als gerade noch mögliche und erlaubte Spielart der parlamentarischen Demokratie an ihren "extremen Rändern". Rechtsradikalismus (von radix = die Wurzel) dagegen galt als die gefährlichere Form, die die parlamentarische Demokratie an der Wurzel ausrotten wolle. Heute definiert man Radikalismus umgangssprachlich meist umgekehrt: nämlich so, dass er weniger extrem sei und mehr die Einstellung als das Verhalten betreffe, während der Extremismus nicht vor Gewalt gegen die Verfassungsordnung zurückschrecke. Da sich die Begriffe letztlich nur durch ihr Ziel, nicht durch ihre Methoden eindeutig bestimmen lassen, verwirft die heutige Politologie meist die Unterscheidung des "Extremen" vom "Radikalen". Zugleich verwenden einige Politologen "Extremismus" jedoch weiterhin als gemeinsamen Oberbegriff zur Einordnung verschiedener politischer Strömungen und Organisationen, die im Gegensatz zur FDGO stehen würden."

Presseartikel über Aktionen der AG haben auch schon Reaktionen hervorgerufen. Beispielsweise wurde nach der Aktion „Gesichtzeigen – Deine Stimme gegen Rechts" am letzten Schultag des Schuljahres 2006/2007 wohl eine Gegenreaktion hervorgerufen: Rechte klebten die IGS und benachbarte Realschule mit „Heß-Aufklebern" zu, da das 20-jährige Gedenken seines Todestages anstand. Eine Mahnwache der NPD in Hauenstein rief dann in der Folge Leserbriefe hervor, an der sich der Autor auch beteiligte, da er so recht aktuell auch Eltern anderer Regionen informieren konnte. Rechtsextremistisch motivierte Straftaten nehmen auch in Rheinland-Pfalz zu. (In anderen Bundesländern: Die Namen Mölln, Solingen, Lichtenhagen, kürzlich Halberstadt etc. ermahnen zur Aktion…) Initiativen gegen Rechts, wie die anfangs genannten, sind daher inzwischen vielfältig und bilden Netzwerke. So wurde aus verschiedenen Initiativen und Institutionen heraus dann das „Netzwerk Südpfälzischer Initiativen gegen Rechts und für ein gewaltfreies Miteinander" gegründet. Regelmäßig trifft sich diese Runde meist im Frank-Loebschen Haus in Landau, um Aktivitäten zu planen. So findet quasi eine Zusammenarbeit zwischen Initiativen und Schule (IGS) statt. Umgekehrt strahlen die Aktivitäten der Schule in andere Schulen aus, wie weiter unten noch beispielhaft belegt wird.

3. Einfluss der Musik auf Schüler und Jugendliche

Zu einer nicht zu unterschätzenden Gefahrenquelle bei der Beeinflussung von Jugendlichen ist vor allem der Rechtsrock geworden, da Musik als „Türoffner" zur rechten Szene dient. Dem Autor ist bekannt, dass Bands wie Landser von Jugendlichen oft „einfach so" kritiklos gehört wird. Die Schüler und Schülerinnen waren sich meist gar nicht bewusst, was sie da so genau hören, da die Texte (wohl absichtlich) ja nicht immer sehr verständlich vorgetragen werden. Bestätigt wird dieses in folgendem Zitat. Am letzten Schultag vor den Sommerferien 2007 gab es daher eine Aktion vor der IGS Kandel vor allem zur Aufklärung in Hinblick auf die "Projekt Schulhof-CD".

4. Ziele der AGgegenRECHTS

Die AG...

- ... bietet Schülerinnen und Schülern der IGS Kandel die Möglichkeit sich mit der Problematik von Extremismus, vor allem heute dem Rechtsextremismus, zu beschäftigen. Eigene Erfahrungen, Ängste und Interessen können Ausgangspunkte für die Schülerinnen und Schüler sein.
- ... kommt der Forderung von vielen Politikern bis hin zum Bundespräsidenten nach und stellt sich der Verantwortung, die alle Bereiche der Gesellschaft haben, vor allem im Hinblick auf jüngste Forschungen, Umfragen und Statistiken, nach denen in weiten Teilen der Bevölkerung Zweifel an der Demokratie als geeigneter Staatsform vorherrschen, andererseits aber auch rechtes Gedankengut latent vorhanden ist.
- ... hält eine Erinnerungs- und Gedenkkultur aufrecht. Sie versucht regelmäßig Gedenktage in den Horizont des Schullebens zu rücken (z. B.: 27.1. / 8.5. / 9.11. etc.)
- ... organisiert Informationsveranstaltungen, bietet Fortbildungen für die Mitglieder und Interessierte an.
- ... führt (ggf. auch mehrtägige) Fahrten zu Gedenkstätten und in Konzentrationslager durch (Natzweiler-Struthof, Osthofen).
- ... unterstützt Schülerinnen und Schüler finanziell, um an ihren Aktivitäten teilnehmen zu können.
- ... erarbeitet Unterrichtsmedien verschiedenster Art und bietet sie zur Ausleihe für Lehrer und Schüler an.
- ... hilft Fahrten zu Gedenkstätten vorzubereiten – z. T. liegen diese ausgearbeitet bis hin zum Elternanschreiben auf der Homepage vor
- ... beobachtet und reagiert auf aktuelle Entwicklungen. Z. B. www.jugenschutz.net : Dort ist es uns schon auf Hinweis eines Schülers gelungen, eine illegale Seite verbieten zu lassen.
- ... beobachtet einschlägige Presseartikel und Internetseiten, die über aktuelle Geschehnisse berichten, um dann konkret darauf zu reagieren (durch Aktionen die Vorfälle in den Horizont des Schulalltages rücken)
- ... hält Kontakt zu Politikern, Presse und kulturellen Institutionen.
- ... arbeitet mit Initiativen gegen Rechts und der Universität Landau zusammen, um latentem rechten Gedankengut in all seinen Erscheinungsformen entgegen zu treten.
- ... unterhält eine Homepage (Kommunikationsplattform), auf der Aktionen angekündigt und protokolliert werden. Eine Linksammlung wird sukzessive erstellt und bietet Informationsmöglichkeiten.
- ... sammelt Spenden auf einem gesonderten Konto für ihre Zwecke.

- ... hält Kontakt zu ehemaligen AG-Mitgliedern, die weiterhin mitarbeiten dürfen.

5. Auflistung der bisherigen Aktivitäten der AGgegenRECHTS

Seit nun fast fünf Jahren hat die AG erstaunlich viele Aktivitäten organisiert und durchgeführt. Die folgende Auflistung kann Ideen geben für Gruppen, die in dieser Richtung arbeiten wollen. Hier kann aus Platzgründen keine vollständige Darstellung geschehen, aber auf der AG-Seite im Internet sind detaillierte Berichte zu lesen oder herunter zu laden: (www.igs-kandel.de). Beispiele für Aktivitäten sind:

- 10.05.2003: Plakatausstellung „Hass vernichtet" von Irmela Mensah-Schramm in der IGS: Die Berlinerin Irmela Mensah-Schramm entfernt Nazislogans, Hakenkreuze und rassistische Schmierereien.
- 24.05.2004: Besuch der Neueröffnung der Ausstellung im KZ Osthofen
- Januar bis Juli: Zeitzeugeninterviews konkret: aus der Umgebung von Kandel
- 8./9./10. November 2004: Veranstaltung „Der Nazis neue Kleider" (Apabiz/Berlin: Falko Schumann) in der IGS und zwei weiteren Landkreisen. Informationen über Outfit, Musik und Symbolen der Rechten. Drei Veranstaltungen morgens für SchülerInnen und drei abends für die Öffentlichkeit. Während dieser Veranstaltung: Beginn der Gründung eines Netzwerkes von Schulen zwecks gemeinsamer Veranstaltungen in den Landkreisen GER, SÜW und LD.
- 9.5.2005 und 10.5.2005: Erlebnisse als „Flakhelfer": Veranstaltungsreihe an der IGS im Jahr der "60. Wiederkehren des Kriegsendes". Auch für die interessierte Öffentlichkeit abends.
- Die Zeitzeugen K. Mehler und D. Wolf, mit 15 Jahren zum Luftwaffenhelfer ausgebildet, berichten. Herrn Mehlers Buch "Davongekommen" beschreibt mit einem Wort schon, was er empfand, als er dann nach 2 Jahren in französischer Kriegsgefangenschaft wieder ins zerstörte Mannheim zurückkam.
- 20. Juni 2005: Alle Klassen (120 Schüler/innen!) eines 9. Jahrganges fahren das erste Mal der IGS Kandel gemeinsam nach Natzweiler-Struthof, dem einzigen Konzentrationslager auf französischem Boden - nicht weit von Kandel im Elsaß. Begleitung und Beratung: Eberhard Dittus, Bildungsreferent bei der evangelischen Landeskirche Speyer.
- 3.11.2005: Schülerinnen und Schüler der IGS sind nach einem Gespräch mit dem Beauftragten des Ministerpräsidenten für die grenzüberschreitende Zusammenarbeit, Herrn Clemens Nagel, zur Wiedereröffnung der Ausstellung beim KZ Natzweiler-Struthof eingeladen worden. Dort fand ein Festakt in Anwesenheit des französischen Staatspräsidenten Jacques Chirac statt. (Einweihung des "Centre européen du resistant deporté") Die AG-Teilnehmer waren zum gemeinsamen Essen eingeladen. Auch französische

Schüler waren anwesend. Abends: Einladung durch die Landesschau SWR>> in Mainz, um die Aktion vorzustellen.
- 11.05.2006: Verleihung der Georg-Bernard-Plakette in Saarbrücken durch die IG-Metall und Gedenken an den Tag der Bücherverbrennung in der IGS.
- 13.03.2007: Workshopangebot bei der Info-Tagung „Fremdenfeindlichkeit und Rechtsextremismus – Wir tun was" (LPB, Uni LD, Rat für Kriminalitätsverhütung LU)
- 16.-20.04.2007: Studienfahrt nach Auschwitz und Krakau
- Juni/Juli 2007: Vorstellung der AG in den evangelischen Kirchen von Lauterbourg und Lingenfeld
- 06.07.2007: Aktion Gesicht zeigen - Deine Stimme gegen Rechts; Verteilung von Infomaterial über die „Schulhof-CD" der NPD

Geplante Aktionen: Plakataktion aus Anlass der rechten Aufkleber; Video über die Auschwitzreise und Vorstellung der Projekt am 09.11.07; 09.11.07: Vorstellung der IGS in der ev. Kirche Rülzheim; am 18.11. in Jockgrim; Bau eines Gedenkplatzes für Auschwitz und Natzweiler auf dem Schulgelände mit Steinen von dort.

6. Ausblick

- Die nun seit geraumer Zeit institutionalisierte Gedenkkultur an der Schule soll weiter fortgesetzt werden. In allen Gedenkreden von namhaften Politikern, Historikern und Betroffenen wird auf die ständige Aufgabe hingewiesen, Verantwortung für das Vergangen zu übernehmen. Nur wer weiß, was geschehen ist, kann aktuelle Ereignisse interpretieren und dann reagieren.
- Das Thema „Kinder im Nationalsozialismus" wird in Niedersachsen in Klasse 6 im Fach Gesellschaftslehre angesiedelt. Dieses hat den Vorteil, dass man (kindgerecht) das Thema in einer Entwicklungsphase ein erstes Mal angeht, in der die Empathiefähigkeit der Kinder besonders groß ist. Prägungen durch solche Unterrichtsinhalte bewirken dann eventuell, dass in späteren Jahren Vorurteile durch äußere Einflüsse nicht so festgeklopft werden können, wie man es zuweilen erleben kann.
- Im Jahr 2008 ist eine Ausstellung in der IGS geplant vom „Reichsbanner Schwarz-Rot-Gold" (Hans Bonkas)

7. Wichtige Links für die tägliche Arbeit

Die Seite der AGgegenRechts der Integrierten Gesamtschule Kandel, ist zu erreichen im AG-Bereich der Schulseite: www.igs-kandel.de oder direkt: http://www.igskandel.de/projekt/schule/dia_hass/diahass1.htm. Dort findet sich ein Link zur „Linkseite" mit einer Sammlung von Adressen, die der Autor im Laufe der Arbeit für wichtig und aufhebenswert fand, sie wird weiterhin aktualisiert werden: http://www.igskandel.de/projekt/schule/dia_hass/links.htm Sollten hier Fehler zu finden sein, ist der Autor dankbar für eine Rückmeldung – Kontakt über die Seite bzw. Schule.

8. Wichtige Kontakte:

... die jeder in seinem Gebiet suchen kann:
Schulämter, Jugendämter, Landes- und Bundeszentralen für Politische Bildung, Gedenkstätten, Landesmedienzentrale, Kontakt zu den Kirchen (Bildungsreferenten), Sponsoren z.B. aus kirchliche Organisationen, aus der Wirtschaft: örtlicher Buchhändler, sonstige örtliche Unternehmen, die, wenn man entsprechende Anschreiben verfasst und die Zielrichtung gut formuliert, gerne spenden.

Hans Berkessel

Unterrichtsmaterialien: Rechtsextremistische Musik – Einstiegsdroge in die rechte Szene

Die im Zusammenhang mit dem o.a. Beitrag „Rechtsextremismus im Alltag" angebotenen Unterrichtsmaterialien, die als Arbeitsblätter mit Aufgabenvorschlägen konzipiert sind, erheben nicht den Anspruch einer umfassenden Unterrichtsreihe. Sie sollen vielmehr Anregungen und unmittelbar umsetzbare Materialien zur Auseinandersetzung mit dem Thema „Rechtsextremismus im Alltag" am Beispiel rechtsextremistischer Musik bieten. Die hier abgedruckten Materialien können – am besten – arbeitsteilig in Gruppen in einer bis zwei Doppelstunden bearbeitet werden. Sie wurden bei einem Jugendseminar zum Thema Rechtsextremismus und im Sozialkundeunterricht der Jahrgangsstufe 9 erprobt und sind sowohl in den beiden letzten Klassen der Sekundarstufe I, in Kursen der gymnasialen Oberstufe als auch in Workshops mit außerschulischen Jugendgruppen einsetzbar. Als Einstieg bietet sich ein Zeitungsbericht über eine Debatte im Mainzer Landtag zur NPD-Schulhof-CD an (**M 1**). Ein Ausschnitt aus dem Comic im Begleitheft zur CD (**M 2**) ermöglicht eine Auseinandersetzung mit Stereotypen der NPD-Propaganda und zugleich den kreativen Entwurf von Gegenpositionen. Es wird empfohlen, im Anschluss zunächst eine Klärung des Begriffs „Rechtsextremismus" vorzunehmen (**M 4**), damit die Zuordnung der Musikbeispiele anhand von zuvor erarbeiteten Kriterien erfolgen kann. Material **M 5** bietet die Möglichkeit, sich einleitend kurz über Umfang, Vielfalt und (ökonomische) Bedeutung der rechtsextremen Musikszene zu informieren. Dies kann aber alternativ auch durch eine vorbereitende Internet-Recherche, durch eine Auswahl aus verfügbarem Filmmaterial[1] oder ähnliches ersetzt werden. Die Liedbeispiele aus der Schulhof-CD[2] (**M 3**) sollten dann im Mittelpunkt der Erarbeitung und abschließenden Diskussion stehen. Die Fragen und Arbeitsanregungen sind dabei so formuliert, dass sie den Lehrenden ausreichende Hinweise auf die Kernaussagen des jeweiligen Liedes geben. Wenn darüber hinaus Bedarf an einer Analyse- und Interpretationshilfe besteht, so finden sich in der „Argumentationshilfe" der Arbeitsstelle Neonazismus der Fachhochschule Düsseldorf weitere Informationen und Hinweise.[3] Will man das Thema „Rechtsextremismus im Alltag" auch um den Aspekt rechtsextremistischer Zeichen und Symbole oder im Blick auf die Bedeutung

---

[1] Vgl. z. B. Rainer Fromm: Filmdokumentation „Rechtsextremismus heute – zwischen Agitation und Gewalt". In Wölfe im Schafspelz. Eine Kampagne der Polizei für weiterführende Schulen gegen Rechtsextremismus und seine neuen Erscheinungsformen. Stuttgart 2005 [Programm Polizeiliche Kriminalprävention der Länder und des Bundes, Zentrale Geschäftsstelle, E-Mail: info@polizei-beratung.de; www.polizei-beratung.de]

[2] Alle Liedtexte sind mit freundlicher Genehmigung der Autoren entnommen aus: Argumentationshilfe gegen die „Schulhof-CD" der NPD, hrsg. von: Arbeitsstelle Neonazismus, Fachhochschule Düsseldorf u. Argumente & Kultur gegen Rechts e. V., Bielefeld 2005, S. 19, 22, 27, 30; www.arbeitsstelle-neonazismus.de

[3] Ebd.

des Rechtsextremismus im Internet erweitern, so bietet sich hierfür zahlreiche weiter führende Literatur.[4]

---

[4] Einige der einschlägigen neueren Publikationen mit einführendem Charakter seien hier beispielhaft genannt: Archiv der Jugendkulturen (Hrsg.): Reaktionäre Rebellen. Rechtsextreme Musik in Deutschland. Berlin 2001; Christoph Butterwege: Rechtsextremismus. Freiburg 2002; Margitta-Sybille Fahr: Spirit of 88. Rechtsextreme Zeichen und Symbole. Erfurt 2005; Rainer Fromm/Barbara Kernbach: Rechtsextremismus im Internet. Die neue Gefahr. München 2001; Michael Kohlstruck: Rechtsextreme Jugendkultur und Gewalt. Eine Herausforderung für die pädagogische Praxis. Berlin 2002; Armin Pfahl-Traughber: Rechtsextremismus in der Bundesrepublik. München ³2001; Richard Stöss: Rechtsextremismus im vereinten Deutschland. Bonn 2000. Besonders hingewiesen sei an dieser Stelle auf den informativen Beitrag von Alfred Janzik: Die Einstiegsdroge. Rechtsextremistische Skinhead-Musik, in: Praxis Politik, Heft 6/2006: Musik und Politik, S. 46 - 49

M1 Rechte werben mit Schulhof-CD

M1 Rechte werben mit Schulhof-CD
NPD-Aktion auch in Rheinland-Pfalz / Diskussion im Mainzer Landtag

MAINZ Die Polizei fährt derzeit verstärkt Streife an rheinlandpfälzischen Schulen. Grund ist eine Aktion der NPD, die bundesweit 200000 CDs verteilt. **Die Schulen seien im Vorfeld gewarnt worden**, erklärte Innenminister Karl-Peter Bruch (SPD) gestern im Landtag.

Von
Markus Lachmann

Die Aktion der NPD geht auf Peter Marx zurück, der den Bundestagswahlkampf der Partei leitet und Landesvorsitzender in Rheinland-Pfalz ist. Die CD mit dem Titel „Hier kommt der Schrecken aller linken Spießer und Pauker" richtet sich an junge Menschen und Erstwähler im Umfeld von Schulen. Während die CD im Saarland offenbar in hoher Stückzahl verteilt wurde, tauchte sie in Rheinland-Pfalz bislang nur vereinzelt auf - etwa in Kaiserslautern, Ludwigshafen, Meisenheim am Glan, Trier und im Kreis Bad Kreuznach. Die Methode der rechten Rattenfänger ist nach Angaben des Ministers nicht neu: Schon 2004 habe die neonazistische Skinheadszene CDs mit dem Titel „Anpassung ist Feigheit" verteilt. Während dieses Produkt einem gerichtlichen Beschlagnahmebeschluss unterliege, habe die Staatsanwaltschaft bei der „Schulhof-CD" aufgrund der Texte keine rechtliche Handhabe, die Aktion zu verbieten.

Die Landesregierung werde rechtsextremistischen Bestrebungen weiter entschieden entgegentreten, sagte Bruch. Er setzt auf Aufklärung an den Schulen. Friedel Grützmacher (Grüne) forderte, die Auseinandersetzung mit Rechtsextremismus auf Lehrfächer wie Deutsch, Musik, Kunst, Biologie und Sport auszuweiten.

Nach Angaben von Dieter Klöckner (SPD) enthält die CD Rock- und Protestsongs, an deren Ende die Nationalhymne stehe. „Da dreht sich nicht nur mir der Magen um." Wichtig sei, dass sich alle - Schüler, Lehrer, Eltern - mit dem Gedankengut der Rechtsextremen auseinander setzten.

„Eine gefährliche Werbung für die NPD in gefährlicher Verpackung", sagte Gerd Schreiner (CDU). Er wies auf gestiegene Zahlen bei der Jugendarbeitslosigkeit hin. „Wir müssen jungen Menschen wieder Perspektiven geben - nur so kann man den Rechtsextremen dauerhaft den Nährboden entziehen." Reinhold Hohn (FDP) forderte, den Rechten „mit aller Entschlossenheit" entgegenzutreten. „Wir dürfen es nicht zulassen, dass Kinder in den braunen Sumpf geraten."

Quelle: Mainzer Allgemeine Zeitung vom 15.09.2005

1. Welche Unterschiede zwischen Deutschland und europäischen Nachbarländern werden im Einleitungstext genannt? Worauf will der Verfasser aufmerksam machen?
2. Lies den Zeitungsartikel und fasse Hintergründe und Ziele der NPD-Schulhof-Aktion zusammen.
3. Welche Maßnahmen schlagen die Landesregierung und die im Landtag vertretenen Parteien vor?
4. Was haltet ihr von dem Vorschlag, das Thema Rechtsextremismus auch in den Fächern Deutsch, Musik, Kunst, Biologie und Sport zu behandeln? Diskutiert nach den Regeln einer Pro- und Contra Debatte.

M2 Ausschnitt aus dem Comic im Begleitheft zur NPD-Schulhof-CD

M2 Ausschnitt aus dem Comic im Begleitheft zur NPD-Schulhof-CD

1. Welche Gründe werden in der Comic-Szene genannt, die Alexander davon überzeugen sollen, zur NPD zu kommen?
2. Wie ist der Comic aufgebaut? Spricht er euch an? Diskutiert in der Klasse über Inhalt und Gestaltung des Comics.
3. Entwirf einen „Gegen-Comic", in dem du den handelnden Personen Argumente in den Mund legst, die Alexander überzeugen, dass dies nicht der richtige Weg zur Lösung seiner Probleme ist.

M3 Liedbeispiele aus der CD

4. Sleipnir: Rebellion

Sie tragen keine Bomberjacken, sind trotz allem national,
Gehen zum Fußball oder Partys, ihre Köpfe sind nicht kahl.
Man kann nur schwer erkennen, wer sie sind und was sie wollen,
Doch wenn es um Deutschland geht, dann hört man sie von weitem grollen:
Refrain:
Eine Jugend rebelliert!
Auf den Straßen, in den Gassen - von überall kommen sie her!
Eine Jugend rebelliert!
In den Städten, auf den Dörfern - wir werden immer mehr!
Das System bescheißt uns alle und jeder ist gefragt,
Ob du Glatze hast oder nicht, ist völlig scheißegal!
Wir haben nichts zu verlieren, zu gewinnen gibt's genug,
Brecht die Mauern in euren Köpfen und hört uns richtig zu!
Refrain
[Erstmals veröffentlicht auf: Sleipnir: Exitus, CD, Boundless-Records, 2004.]

6. Noie Werte: Wer die Wahrheit spricht, verliert

Ich kenne deinen Namen, ich kenne dein Gesicht,
Du bist die Faust nicht wert, die deine Nase bricht,
Das, was du schreibst, hat wirklich immer Hand und Fuß,
Die Wahrheit umdrehen, ist, was du machen musst, was du machen musst.
Refrain:
Dein Gewissen beißt dich nicht - du bist Überzeugungstäter.
Ehrlichkeit erwarte ich nicht - die bekomm ich nicht von dir.
Dein Gewissen beißt Dich nicht - du bist Überzeugungstäter.
Ich weiß wie dein Spiel heißt - wer Wahrheit spricht verliert.
Der Feind steht rechts, dass weiß doch jedes Kind,
Und dieser Staat ist auf dem rechten Auge blind.
Du bist der Arm, der hier das Unrecht lenkt,
Und schaffst Verwirrung, dass keiner mehr klar denkt, dass keiner mehr klar denkt.
Refrain
Du folgst Befehlen, für dich zählt nur Profit,
Du wirst erleben, wenn du ihr Opfer bist,
Dass Spiel geht weiter und du bist aus ihm raus.
Du wirst schon sehen und ich - ich lach dich aus, ich lach dich aus, ha ha.
Refrain
[Erstmals veröffentlicht auf: Noie Werte: Am Puls der Zeit, CD, G.B.F.-Records, 2000.]

M3 Liedbeispiele aus der CD

11. Annett: Zeit, zu rebellieren

Es ist Zeit, zu rebellieren, es ist Zeit um aufzustehen,
Denn den Missstand in meinem Lande, will ich nicht länger mit ansehen.
Es ist Zeit, sich zu melden, deshalb stehe ich heute hier;
Will mich nicht mehr ruhig verhalten, die Alltagssorgen wegtrinken beim Bier.

Refrain:
Deshalb stehe auf du deutsches Volk, hast viel schlimmes Leid hinter dich gebracht;
Es ist deine Heimat, dein Land, dein Tod -
Deutschland braucht dich jetzt in seiner Not.

Es ist Zeit endlich zu lernen, es ist Zeit, um aufzustehen,
Dass Deutschland wieder uns gehöre, ein Lichtblick, es wär' wunderschön.
Andere Länder, andere Sitten - da funktionierts auch, schaut doch hin,
Bleibt ein Volk nur unter sich - oder sag: Zieht's dich nach Polen hin?

Refrain
Doch wenn ein Deutscher im Staat weniger zählt, wie ein Flüchtling oder ein anderer hier,
Dann frag ich laut: Läuft hier nicht was schief? Denn die Leiden(den) sind wir.
Jetzt frag ich mal: Hört mir mal zu, wenn Deutschland stirbt - würdest helfen Du?
Weißt Du wie viel Deutsche vor lauter Elend nicht mehr lachen?
In einem Einkaufswagen herumfahren all ihre Sachen?
Wie viele Deutsche schlafen unter Brücken?
In diesen Dreck, da würdest du dich nicht bücken.
Wie viele auf dem Babystrich Euch hörig sind, und in Deutschland, das gibt's Hungert auch noch ein Kind.
Und geht es eurem Volk zu Hause schlecht,
Dann setzten sich hier reiche Menschen zusammen,
Und tüfteln wie sie einen Hilfskonvoi bekommen,
Durch Dreck, durch Hitze und ekligen Schlamm.
Doch würdet ihr das auch für die Deutschen machen oder würdet ihr sagen:
Nix verstehen und heimlich lachen, wenn unser Land liegt in Schutt und Asche,
Packt ihr dann wenigstens eure Tasche?
Der Deutsche - so heißt es, ist ein Rassist,
Doch nein - das ist er wirklich nicht.
Wir helfen gern, doch irgendwann ist Schluss,
Weil auch irgendwann mal das Volk an sich alleine denken muss.
Und wenn es die da oben nicht langsam kapieren,
Dann wird in Deutschland bald gar nichts mehr passieren.

Vermischung pur ist das das Ende vom Lied -
Und es eine Minderheit an Deutschen in Deutschland gibt.
Refrain
[Erstmals veröffentlicht auf: Annett: Eine Mutter klagt an..., CD, Pühses Liste, 2001]

M3 Liedbeispiele aus der CD

13. Frank Rennicke: Das Mädel mit der Fahne

Im Mai '45 in Hamburg es war
Ich sing Euch ein Lied, von dem was geschah
Es ist die Geschichte und viele sind gleich
Von dem Mädchen mit der Fahne vom deutschem Reich
Das Mädel war fünfzehn als der Feind im Reich stand
Doch ihr Herz gab nicht auf, ihren Kampf für das Land
Und so nahm sie zur Hand in der bittersten Not
Die Fahne des Reiches schwarz, weiß und rot.
Auf einem Motorrad ein Engländer kam
Und sah nun das Mädel mit der Fahne im Arm
Doch es durfte nicht sein, das in seinem Bereich
Man die Fahne noch zeigte vom deutschem Reich
Er lacht über sie, noch mahnend er schreit
Komm, gib mir die Fahne, sei brav und gescheit
Komm, gib mir die Fahne, hör' auf mein Gebot
Hier zeigt niemand die Farben schwarz, weiß und rot
Von der Fahne zu lassen das zwingst du mich nicht
Eher färbt sie mein Blut, so trotzig sie spricht
Noch trag ich ein Messer, und das Leben ist gleich
Wenn ich sterbe so fall' ich für die Fahne vom Reich
Er stieg auf sein Krad, mit bleichem Gesicht
Und fuhr seinen Weg als noch leise er spricht
Warum geht nur ein Kind noch jetzt in den Tod
Warum nur dieses Opfer für schwarz, weiß und rot
Und noch an dem Abend sank die Fahne dahin
Das bewaffnete Mädel kam ihm nicht aus dem Sinn
Ihr Leib war zerschossen, die Lippen ganz bleich
Sie starb noch am Abend für die Fahne vom Reich
Das Opfer des Mädchens - vergesst Ihr es nie
Verliert nie den Stolz und kämpfet wie sie
Bis es endlich soweit, dass auch hier irgendwann
Die Zeichen des Reiches man zeigen kann
Die Zeichen des Reiches man zeigen kann
[Erstmals veröffentlicht auf: Frank Rennicke: Der Väter Land, CD, Eigenproduktion, 1997]

Quelle: Argumentationshilfe gegen die „Schulhof-CD" der NPD, hrsg. von: Arbeitsstelle Neonazismus, Fachhochschule Düsseldorf u. Argumente & Kultur gegen Rechts e. V. Bielefeld, 2005, S. 19, 22, 27, 30

1. Wogegen richtet sich letztlich die „Systemkritik" in Lied 4 „Rebellion"? Mit welchen „Werten" wird sie verbunden? Welche Rolle spielt dabei das „Outfit" der Beteiligten?
2. Gegen welche Berufsgruppe wird in Lied 6 Stimmung gemacht? Wie wirkt die Zeile „Ich kenne deinen Namen, ich kenne dein Gesicht" auf euch? Diskutiert.
3. Was wird in Lied 11 „Zeit zu rebellieren" beklagt? Was wird als Ursache dieser Situation unterstellt? Welches Merkmal rechtsextremistischer Ideologie wird hier sichtbar (vgl. auch M4)?
4. Welche Situation wird in Lied 13 „Das Mädel mit der Fahne" beschrieben? Ist sie realistisch? In welcher Rolle wird „das Mädel" hier dargestellt? An welches historische Lied aus der Zeit des Nationalsozialismus erinnert die Symbolik der Fahne?

M4 Was ist Rechtsextremismus?

[...] Aus einschlägigen Untersuchungen rechtsextremistischer Gruppierungen lassen sich etwa die folgenden *fünf Merkmale* einer rechtsextremen Ideologie bzw. Einstellung ableiten, die sich allerdings in unterschiedlich deutlicher Ausprägung feststellen lassen, und die auch nicht unbedingt alle gleichzeitig auftreten müssen:

1. Ein *aggressiver Nationalismus* als Ausdruck eines übersteigerten Nationalgefühls, das auf Kosten anderer Nationen, Nationalitäten oder Ethnien ausgelebt wird.
2. Eine *aktive Intoleranz* als gelebte Ablehnung und Diskriminierung alles Fremden, Anderen, die den Glauben an das Recht des Stärkeren und die Diffamierung Andersdenkender einschließt.
3. *Antisemitismus und Rassismus* als biologistische Theorien, die basierend auf einem vulgären Sozialdarwinismus die unabänderliche Zugehörigkeit des einzelnen Menschen zu einer „Volksgruppe" unterstellen und dieser typische Charaktermerkmale zuweisen, die dann auf alle Gruppenmitglieder projiziert werden. Darüber hinaus wird in rassistischen Theorien die natürliche Überlegenheit der eigenen Gruppe oder Rasse behauptet und daraus das Recht zur Benachteiligung, Ausgrenzung und Verfolgung anderer als „minderwertig" angesehener Gruppen, insbesondere ethnischer Minderheiten, abgeleitet, bis hin zur Rechtfertigung und Ausübung von Gewalt. Bei den aktuellen wie den historischen Erscheinungsformen des Antisemitismus als spezifischer Variante des Rassismus wird zur Feststellung und Legitimation des behaupteten Andersseins der Minderheit der Juden eine eigentümliche Vermischung religiöser, kultureller und ethnischer Unterschiede im Zusammenleben herangezogen. Dabei werden weitgehend die alten nationalsozialistischen Stereotype antisemitischer Argumentation bruchlos übernommen, unabhängig von der realen Präsenz jüdischen Lebens im eigenen Lebensumfeld.
4. *Militarismus und Führerkult* als Umgangs- und Herrschaftsformen innerhalb der rechtsextremistischen Gruppe, die unbedingten Gehorsam und Unterordnung nach innen, dem „Führer" gegenüber, mit militaristisch-aggressivem Auftreten in der Öffentlichkeit und einer mindestens latenten, oft aber virulenten Gewaltbereitschaft nach außen verbindet.
5. *Verherrlichung des NS-Staates* als Vorbild oder Propagierung des „starken Staates" bis hin zur Diktatur, meist einhergehend mit der Leugnung oder Verharmlosung der NS-Verbrechen. [...]

M5 Rechtsextreme Musik

Bis Anfang der neunziger Jahre konnten die vergleichsweise wenigen Bands auf dem Gebiet des Rechtsrock (R.A.C. = Rock against Communism) ihre Musik weitgehend unbeachtet von einer größeren Öffentlichkeit spielen, produzieren und vertreiben. Es handelte sich größtenteils um Skinheadbands, die den „proletarisch-anarchischen Kult von Saufen und Raufen, von Party und Pogo-Tanzen, von Rebellion und Randale" bedienten. Dabei fanden sich - schon vor der deutschen Einigung - in den Texten neben Gewalt verherrlichenden und Männlichkeitsrituale widerspiegelnden Passagen auch solche mit eindeutig nationalistischen oder rassistischen/antisemitischen Aussagen, so etwa im „Deutschland-Lied" oder in „Türken raus" der „Böhsen Onkelz". Inwieweit hinter diesen Liedern ein geschlossenes rechtsextremes Welt- und Menschenbild oder die Absicht steht, durch „anstößige" Inhalte im Sinne einer subkulturellen Abgrenzung zu provozieren, kann nicht pauschal beantwortet werden. Unverkennbar ist aber, dass die Kader rechtsextremer Parteien und Gruppierungen versuchten, die rechten Skins für ihren politischen Kampf zu instrumentalisieren und die Szene insgesamt zu vereinnahmen. [...] Insgesamt kam es aber Ende der achtziger und Anfang der neunziger Jahre zu zahlreichen Neugründungen von Nazi-Skinbands wie „Kraftschlag", „Radikahl", „Kroizfoier", „Landser", „Oithanasie" oder „Störkraft", die wie schon die Band „Kraft durch Froide" ideologisch klar im rechtsextremistischen Lager stehen und – nicht zuletzt durch die mediale Aufmerksamkeit – eine zunehmend wachsende Bekanntheit und Fan-Gemeinde verzeichnen können. Daneben erreicht die rechtsextreme Liedermacherszene mit Vertretern wie Frank Reinnicke, Jörg Hähnel, Lars Hellmich oder Annett (Balladen und Folk Songs im Stile von Reinhard Mey, Hannes Wader oder Ulla Meinecke) einen immer größeren Zuhörerkreis, insbesondere eine „gediegenere rechte Zuhörerschaft", die sich nur schwer mit der rechts orientierten Skinhead-Kultur identifizieren konnte. Auffällig ist, dass die meisten dieser Barden Mitglieder der NPD oder ihr verbundener „Kameradschaften" sind. So sind denn auch die Vertriebsstrukturen zu einem erheblichen Teil abhängig von Versandfirmen, die sich im NPD-Besitz befinden. Allein der NPD-Verlag „Deutsche Stimme" hält in seinem Angebot über 600 verschiedene CD-Titel vorrätig. „Heute gibt es in Deutschland etwa 100 bis 120 rechte Musikgruppen, die in den 90er Jahren bei über 50 deutschen Plattenlabels insgesamt etwa 750 verschiedene CDs eingespielt haben und damit zum Teil sechsstellige Verkaufszahlen erreichten. [...] Neben ausgewiesenen Skinhead-Versandnetzen, z.B. dem Blitz-Versand und dem ‚Blood & Honour'-Netzwerk, werden vom Sigill-Versand Gothic- und Neufolk-Scheiben feilgeboten. Über eine breite Angebotspalette verfügen professionelle Verlage und Versandstellen wie Rock-Nord, Signal-online, der Nord- oder der Wikingerversand oder ‚Pühses Liste', die im NPD-Katalog des Verlages ‚Deutsche Stimme' auftaucht. [...] Eines der effektivsten und weitest reichenden Vertriebsnetze hat jedoch ‚Blood & Honour' (Blood & Honour = Blut und Ehre – Wahlspruch der HJ) aufgebaut. Diese als Unterstützungsnetz von rechten Skinheadbands für rechte Skinheadbands gedachte Organisation ist heute zu einem weltweit tätigen, millionenschweren Musikunternehmen mutiert [verändert]."

Für die subkulturelle Szene des Rechtsextremismus hat gerade die Musik über die Funktion einer kulturellen Selbstverständigung hinaus auch die eines „trojanischen Pferdes". Das heißt, dass gerade der Teil der Fans, der diese Musik nicht in erster Linie aus politische Überzeugung hört und kauft, durch die Inhalte, Rituale und das Gemeinschaftserlebnis allmählich auch eine höhere Affinität zu rechtsextremistischem Gedankengut und/oder eine höhere Gewaltbereitschaft entwickeln kann.

Quelle: Hans Berkessel, Nationalsozialismus und Rechtsextremismus: historische Kontinuitäten - aktuelle Entwicklungen – eine Einführung. In: Informationen für den Geschichts- und Gemeinschaftskundelehrer, Heft 65/2003: „Rechtsextremismus und Politische Bildung", Schwalbach/Ts.: Wochenschau-Verlag, S. 5 – 18

1. Lies den Text aus einer Fachzeitschrift (M 4), kläre die Begriffe, z. B. Nationalismus, Intoleranz, Antisemitismus/Rassismus, Militarismus mit Hilfe eines Lexikons oder des Internets und bereite ein Kurzreferat vor zum Thema „Was ist Rechtsextremismus?"
2. Fasse die Entwicklung der rechtsextremen Musikszene, die in M 5 beschrieben wird, mit eigenen Worten zusammen und skizziere die zunehmende wirtschaftliche Bedeutung rechtsextremistischer Musik.
3. Worin besteht nach der Meinung des Autors von Text M 5 die Gefahr, die von der „subkulturellen Szene" des Rechtsextremismus ausgeht? Erkläre in diesem Zusammenhang die Begriffe „trojanisches Pferd" und „Subkultur".
4. Überlegt, ob ihr nicht z. B. im Rahmen einer Projektwoche das Thema „Rechtsextremismus" oder „rechtsextreme Musik" vertiefen wollt. Plant ggf. gemeinsam mit eurem Sozialkunde-, Gesellschaftslehre- oder Geschichtslehrer ein solches Projekt.

Die Autorinnen und Autoren

Hans Berkessel, Jg. 1955; Pädagoge und Historiker, Lehrer an der "IGS Kurt Schumacher" Ingelheim und regionaler Fachberater Geschichte für Rheinhessen, Leitung historisch-pädagogischer Arbeitsgruppen zur Gedenkstättenarbeit und zur Geschichte des Nationalsozialismus in Rheinland-Pfalz. Zahlreiche Veröffentlichungen zur Sozial- und Kulturgeschichte des 19. und 20. Jahrhunderts und zur politischen Bildung.

Christian Dornbusch, Jg. 1970; Promotionsstipendiat der Friedrich-Ebert-Stiftung an der Heinrich-Heine-Universität Düsseldorf, Arbeitsschwerpunkt Jugend- und Kultursoziologie sowie Rechtsextremismus, schreibt regelmäßig für die Zeitschrift "Der Rechte Rand", veröffentlichte 2006 mit Hans-Peter Killguss das Buch "Unheilige Allianzen Black Metal zwischen Satanismus, Heidentum und Neonazismus".

Herbert Heitland, Jg. 1960, Landesamt für Soziales, Jugend und Versorgung - Landesjugendamt -, Ansprechpartner für das Projekt (R)Auswege, das rheinland-pfälzische Aussteigerprogramm aus dem Extremismus.

Wolfgang Holzner, Jg. 1953; Realschullehrer, IGS Kandel, Fächer: Mathematik, Physik, Chemie, CIT.

Hans-Jürgen Ladinek, Jg. 1948; Polizeibeamter des Landes Rheinland-Pfalz, Kriminalhauptkommissar, "Beauftragter für Jugendsachen" bei der Polizeidirektion Ludwigshafen am Rhein, stellvertretender Geschäftsführer des "Rates für Kriminalitätsverhütung der Stadt Ludwigshafen am Rhein".

Fritz Marz, Jg. 1939; Dr. phil., Akademischer Direktor an der Universität Koblenz-Landau, Studium der Politikwissenschaft, Geschichte und Wirtschaftswissenschaften in Heidelberg und Mainz, 1. und 2. Staatsexamen sowie 7 Jahre Schuldienst am Gymnasium, Promotion in Politikwissenschaft an der Universität Heidelberg. Publikationen und Arbeitsschwerpunkte vor allem in den Bereichen Politische Bildung und Didaktik der Sozialkunde, Umweltpolitik und Umweltbildung, Bildungs- und Kommunalpolitik.

Sabine May, Jg. 1967; Diplom-Pädagogin, seit 1994 im Dezernat "Polizeiliche Kriminalprävention" beim Landeskriminalamt Rheinland-Pfalz in Mainz beschäftigt.

Elke Moning, Jg. 1967; Dr. phil., Akademische Oberrätin im Institut Allgemeine Didaktik an der Universität Koblenz-Landau, Diplompädagogin (Allgemeine Erziehungswissenschaft, Betriebspädagogik), mehrere Jahre Lehrerin an Grund- und Hauptschulen im Saarland und Rheinland-Pfalz, Lehre und Forschung im Bereich Allgemeine Didaktik, Erziehungswissenschaft, Betriebspädagogik.

Andreas Müller, Jg. 1958; nach Abitur und Wehrdienst Verwaltungsausbildung in der Bundeswehrverwaltung. Seit 1983 im rheinland-pfälzischen Verfassungsschutz in verschiedenen Aufgabenbereichen tätig. Ab 1991 verantwortlich für die Öffentlichkeitsarbeit.

Fabian Müller, Jg. 1988; bis 2007 Schüler des Leininger-Gymnasiums Grünstadt, dort tätig in Arbeitsgemeinschaften, Ausschüssen, Projektgruppen, Schülervertretung. Mitinitiator des Projektes "Schule ohne Rassismus – Schule mit Courage". Derzeit im Zivildienst im Naturfreundehaus Rahnenhof in Hertlingshausen. Parallel dazu weitere Mitarbeit in Einzelprojekten am Gymnasium. Vortragstätigkeiten zu SOR-SMC bei Veranstaltungen der LPB. Unterstützung und Beratung neu entstehender Projektschulen. Mitarbeit in einer politischen Jugendgruppe. Anstreben eines Studiums Lehramt für Sozialkunde oder Polit- / Sozialwissenschaften.

Oskar Niedermayer, Jg. 1952, Studium der Volkswirtschaftslehre und Politischen Wissenschaft an der Universität Mannheim. Promotion und Habilitation an der Universität Mannheim. Nach Lehrstuhlvertretungen an den Universitäten Konstanz und Heidelberg, seit 1993 Professor für Politische Wissenschaft an der Freien Universität Berlin. Seit 1990 Sprecher des Arbeitskreises Parteienforschung der Deutschen Vereinigung für Politische Wissenschaft. Zahlreiche wissenschaftliche Publikationen im Bereich der Politischen Soziologie, insbesondere zu Parteien-, Wahl- und Rechtsextremismusforschung sowie zu den politischen Orientierungen und Verhaltensweisen der Bürger.

Jendrik Petersen, Jg. 1959, Studium der Erziehungswissenschaften mit den Schwerpunkten Erwachsenenbildung, Betriebspädagogik, Organisationspsychologie, Neuere Geschichte und Politikwissenschaften an der Universität der Bundeswehr Hamburg und der Erziehungswissenschaftlichen Hochschule Rheinland-Pfalz, Promotion und Habilitation an der HSU-Universität der Bundeswehr Hamburg. Seit 2001 Universitätsprofessor für Betriebspädagogik und Didaktik an der Universität Koblenz-Landau – Campus Landau. Seit 1997 Partner der Unternehmensberatung Projektgruppe wissenschaftliche Beratung (PwB). Forschungs- und Beratungsfelder: Managementdiagnostik, Personal- und Führungskräfteentwicklung, Mitarbeiterführung, Konfliktmanagement.

Maurice Rückert, Jg. 1991, besucht die Klassenstufe 11 des Leininger-Gymnasiums in Grünstadt, interessiert sich sehr für Musik und schreibt seit er 14 ist eigene Rap-Songs, mit denen er versucht, seine Gedanken auszudrücken, sich vor allem somit gegen Probleme wie etwa Rassismus zu wehren und Menschen verschiedener Herkunft miteinander in Kontakt zu bringen.

Bernd Rückwardt, Jg. 1942; Diplom-Kaufmann, Dr. rer. pol., Ministerialrat i.R., nach dem Studium der Betriebswirtschaftslehre: Dekanassistent an der Universität Münster, danach Forschungsreferent am Forschungsinstitut für öffentliche Verwaltung bei der Deutschen Hochschule für Verwaltungswissenschaften Speyer, anschließend praktische Tätigkeiten in der öffentlichen Verwaltung (Bezirksregierung Rheinhessen-Pfalz und Bundesministerium des Innern), ab 1988 Medienreferent der Landeszentrale für politische Bildung Rheinland-Pfalz, ab 2004 Leiter der Außenstelle Pfalz der LpB in Kaiserslautern, zuständig für Europapolitik, Migration und Extremismus, insbesondere Rechtsextremismus. Langjähriger Kommunalpolitiker in Speyer, 25 Jahre Fraktionsvorsitzender im Speyerer Stadtrat.

Angelika Stock, Jg. 1962; Dipl.-Sozialarbeiterin (FH), Studium an der Fernuniversität Hagen Politikwissenschaft, Rechtswissenschaft und Psychologie. Stadt Ludwigshafen am Rhein, Dezernat Soziales, Integration und Sport, Geschäftsführerin des Rates für Kriminalitätsverhütung.

Stefan Werner; Sozialpädagoge und AAT-Trainer, arbeitet seit vielen Jahren mit Mehrfachgewalttätern. Er ist u.a. Leiter des Studienkurses "Gewaltprävention, Konfliktmanagement und Deeskalationstraining" an der FH Erfurt, in der Lehrerausbildung der Uni Landau sowie an vielen sozialen Einrichtungen als Coach tätig. Nebenbei arbeitet er als Sportmentalcoach.

Michael Wörner-Schappert; Jg.. 1967, Medienpädagoge, Mitarbeiter bei jugendschutz.net

Johanna Engelbrecht

Rechtsextremismus bei ostdeutschen Jugendlichen vor und nach der Wende

Frankfurt am Main, Berlin, Bern, Bruxelles, New York, Oxford, Wien, 2008. 187 S.
Res Humanae. Arbeiten für die Pädagogik.
Herausgegeben von Hans-Joachim Plewig, Helmut Richter und Horst Scarbath.
Bd. 10
ISBN 978-3-631-56976-4 · br. € 41.10*

Rechtsextremistische Ereignisse unter Jugendlichen in Ostdeutschland erregen bis heute immer wieder große Aufmerksamkeit in der Öffentlichkeit. Weniger bekannt ist, dass es bereits in der DDR Rechtsextremismus unter Jugendlichen gab. Obwohl der Faschismus laut Staatsideologie „mit Stumpf und Stil ausgerottet" worden war, erstarkte der Rechtsextremismus und fand seinen Höhepunkt in den Jahren um die Wende. Was könnten systembedingte Ursachen sein, die eine solche Entwicklung unterstützten? Inwieweit hat insbesondere die Erziehung in der DDR die Entstehung von Rechtsextremismus beeinflusst? Anhand von Studien wird untersucht, ob die rechtsextremistischen Jugendlichen in der DDR und den neuen Bundesländern nicht vielmehr als Verlierer der Modernisierung gesehen werden müssen. Schließlich stellt sich für den Zeitraum nach der Wende die Frage nach pädagogischen Präventions- und Interventionskonzepten.

Aus dem Inhalt: Erziehung in der DDR · Rechtsextremismus unter Jugendlichen in der DDR · Umgang der staatlichen Organe mit dem jugendlichen Rechtsextremismus · Ursachen für den Rechtsextremismus in der DDR · Rechtsextremismus unter Jugendlichen in Ostdeutschland nach der Wiedervereinigung: rechtsextremistische Einstellungen, Gruppierungen, Ereignisse · Rechtsextremismus in Ostdeutschland als Produkt der autoritären Erziehung in der DDR oder als Folge von Modernisierungsprozessen · Individualisierungstheorem von W. Heitmeyer, Theorie vom autoritären Charakter · Übertragung des Individualisierungstheorems und der Theorie vom autoritären Charakter auf Rechtsextremismus in Ostdeutschland · Akzeptierende Jugendarbeit

Frankfurt am Main · Berlin · Bern · Bruxelles · New York · Oxford · Wien
Auslieferung: Verlag Peter Lang AG
Moosstr. 1, CH-2542 Pieterlen
Telefax 00 41 (0) 32 / 376 17 27

*inklusive der in Deutschland gültigen Mehrwertsteuer
Preisänderungen vorbehalten

Homepage http://www.peterlang.de